主 编 苗 伟

农民知法用法1001问

NONGMIN ZHIFA YONGFA 1001WEN

执行主编：甘国斌 秦 伟

山西出版集团
山西人民出版社

图书在版编目（CIP）数据

农民知法用法1001问/苗伟主编.—太原：山西人民出版社，2009.2

ISBN 978-7-203-05983-7

Ⅰ.农… Ⅱ.苗… Ⅲ.法律-中国-问答 Ⅳ.D920.5

中国版本图书馆CIP数据核字（2008）第170857号

农民知法用法1001问

主　　编：苗　伟
责任编辑：秦继华
装帧设计：清晨阳光（谢成）工作室

出 版 者：山西出版集团·山西人民出版社
地　　址：太原市建设南路21号
邮　　编：030012
发行营销：0351-4922220　4955996　4956039
0351-4922127（传真）　4956038（邮购）
E-mall：sxskcb@163.com　发行部
sxskcb@126.com　总编室
网　　址：www.sxskcb.com

经 销 者：山西出版集团·山西人民出版社
承 印 者：太原红星印刷厂

开　　本：850mm×1168mm　1/32
印　　张：10.875
字　　数：280千字
印　　数：1—6500册
版　　次：2009年2月第1版
印　　次：2009年2月第1次印刷
书　　号：ISBN 978-7-203-05983-7
定　　价：20.00元

目　录

土地承包篇

农业生产经营篇

农民进城务工篇

医疗卫生保障篇

农村婚姻家庭篇

人口与计划生育篇

村民自治篇

如何打官司篇

律师说法篇

土地承包篇

哪些人有权承包本集体经济组织发包的土地?

《中华人民共和国农村土地承包法》(以下简称《农村土地承包法》)规定,农村集体经济组织成员有权依法承包由本集体经济组织发包的农村土地。主要体现在以下三个方面。

(一)本农村集体经济组织成员是指本集体经济组织内的所有成员。比如家庭承包中的承包方是农村集体经济组织的农户。发包方将土地发包给农户经营时,应当按照每户所有成员的人数来确定承包土地的份额,也就是通常所说的“按户承包,按人分地”,也叫“人人有份”。由于每个集体经济组织成员在本集体经济组织中均享有成员权,也由于农村土地是农民的基本生产资料,也是他们的基本生活保障,因此,每个农村集体经济组织的成员都享有土地承包权。如村集体中的每个村民,只要一出生,不论年长年幼,是男是女,都有承包权。《农村土地承包法》规定:“任何组织和个人不得剥夺和非法限制农村集体经济组织成员承包土地的权利。”因此,任何组织和个人不得以民族、种族、性别、职业、家庭出身、宗教信仰、教育程度、财产状况、居住期限等理由,剥夺和非法限制农村集体经济组织成员的承包权利。任何组织和个人剥夺和非法限制农村集体经济组织成员的承包权利的,应当依照本法和其他法律的规定,承担法律责任。

(二)有权承包本集体经济组织发包的土地的是本集体经济组织的成员。如果土地是由村农民集体经济组织发包的,村集体经济组织成员有权承包。如果土地是由村内两个以上农村集体经济组织各自发包的,那么各该集体经济组织的成员有权承包。由于乡(镇)农民集体所有的农业用地大多面积较小,因此一般不向本集体经济组织所有成员发包。

（三）农村集体经济组织成员有权承包的土地是农村集体所有的土地以及国家所有依法由农民集体使用的农村土地。按照《中华人民共和国宪法》（以下简称《宪法》）和《土地管理法》等法律规定，农村和城市郊区的土地，除由法律规定属于国家所有的以外，属于农民集体所有；宅基地和自留地、自留山，属于农民集体所有。农民集体所有有三种主要形式：一是村农民集体所有；二是村内两个以上农村集体经济组织的农民集体所有；三是乡（镇）农民集体所有。农村土地主要包括耕地、林地、草地、荒山、荒沟、荒丘、荒滩、养殖水面等。

农村姑娘出嫁后，村委会能立即收回其承包的土地吗？

根据《农村土地承包法》第二十七条、第三十条规定，承包期内，妇女结婚，在新居住地未取得承包地的，发包方不得收回其原承包地。在现实中，农村妇女结婚往往在男方家落户。有的情况下，男方家是属于另外一个农村集体经济组织的，该妇女在新居住地如果未获得承包土地，其从原集体经济组织获得的承包土地，发包方不得收回。

新增人口未能得到承包地，村委会是否可以将死亡人口的承包地收回分给他们？

为了促进农民对承包地的投入，稳定土地承包制度，我国《农村土地承包法》规定，在承包期内不允许随意调整土地，因此，农村土地承包实行“增人不增地，减人不减地”的法律制度，新增人口未能得到承包地，村委会是不可以将死亡人口的承包地收回分给他们的。

但为了解决农村人口增加需要增加口粮田的现状，《农村土地承包法》规定，以下土地可以作为承包给新增人口的土地，由新增人口依法承包：(1)集体经济组织依法预留的机动地；(2)依法以开垦、复垦等方式增加的土地；(3)集体经济组织依法收回和承包方自愿交回的土地；(4)已经办理审批手续的非农业建设占用耕地，自批准之日起连续两年未使用，县级以上人民政府依法无偿收回交由农村集体经济组织恢复耕种的土地。

承包期内，村委会可以任意调整承包地吗？

在我国广大农村，存在着村民委员会以各种理由，将农民的土地进行随意调整、变更的现象，严重损害了承包人的利益。根据《农村土地承包法》第二十七条“承包期内，发包方不得调整承包地”的规定，在承包期内，作为发包方的村民委员会是无权任意调整承包地的。只有在遭遇因自然灾害严重毁损承包地等特殊情形下，对个别农户之间承包的耕地和草地需要适当调整，须经村民会议 2/3 以上成员或 1/3 以上村民代表同意，并报乡镇政府和县农业部门批准，才可进行适当调整。

农村土地承包时，是否需要家庭所有成员签字？

目前，我国农村土地承包主要采取家庭承包的方式，农村土地承包的承包方是以家庭为单位的，因此，是以农户作为承包方同发包方签订土地承包合同的。但是，签订合同的承包方并不是农户的全体人员，而是该农户的户主或者其代表，不需要家庭所有成员签字。合同签订后，由该户的全体成员共同经营，共享、共担风险。

村民可否以其土地承包经营权抵押清偿债务？

我国地少人多，实行最严格的耕地保护制度。目前，我国农村社会保障体系尚未全面建立,土地承包经营权和宅基地使用权是农民基本生产生活保障。因此,根据现行的《中华人民共和国担保法》第三十四条、第三十七条,《最高人民法院关于适用〈中华人民共和国担保法〉若干问题的解释》第五十二条,《农村土地承包法》第四十四条、第四十九条以及《最高人民法院关于审理涉及农村土地承包经营纠纷案件适用法律问题的解释》第十五条等规定可以看出,当前以家庭承包方式承包的土地,其土地承包经营权是不允许抵押清偿债务的。

但是,根据《中华人民共和国物权法》第一百三十三条的规定,通过招标、拍卖、公开协商等方式取得的农村“四荒”地(荒山、荒沟、荒丘、荒滩)上的土地承包经营权,由于该经营权是通过市场流转的方式取得的,与具有社会保障性质的因家庭承包方式取得的土地承包经营权不同,其可以进行抵押、入股。

外出务工农民的土地承包经营权如何保护?

根据《农村土地承包法》的规定,只要是农村集体经济组织成员,就有权依法承包由集体经济组织发包的农村土地。任何组织和个人不得剥夺和非法限制农村集体经济组织成员承包土地的权利。

外出务工农民是为了改善生活而暂时离开本村,并没有改变其本村集体经济组织成员的性质,所以外出务工的农民即使没有在发包期间回家也不能就此剥夺其承包经营权,也不能因为外出务工的人员长时间未回家就将其原承包的土地任意收回。

对外出农民回乡务农,只要在土地二轮延包中获得了承包权,就必须将承包地还给原承包农户继续耕作。村民委员会已经将外出务工农民的承包地发包给别的农户耕作的,如果是短期合同，应当将承包收益支付给拥有土地承包权的农户，合同到期后，将土地还给原承包农户耕作。如果是长期合同，可以修订合同，将承包地及时还给原承包农户；或者在协商一致的基础上，通过给予或提高原承包农户补偿的方式解决。对外出农户中少数没有参加二轮延包，现在返乡要求承包土地的，要区别不同情况，民主协商，妥善处理。如果该农户的户口仍在农村，原则上应同意其继续参加土地承包，有条件的应在机动地中调剂解决；没有机动地的，可通过土地流转等办法解决。

对土地撂荒的农户，能否将其承包地收回？

根据《农村土地承包法》的规定，在承包期内，发包方不得随意调整土地。《农村土地承包法》对发包方收回承包地做了严格的限定，并未规定此种情形下发包方可以收回承包地。从维护土地承包经营权人的利益出发，发包方无权将农户的承包地收回。任何组织和个人不能以土地撂荒为由收回农户的承包地，已收回的要立即纠正，予以退还。否则，农户可以依法向有关政府部门投诉，或者向人民法院起诉，要求返还承包地。

因弃耕而转包给他人的土地能否要回？

土地是农民安身立命的根本，农民弃耕撂荒大多有着深刻而复杂的原因，农民放弃耕地不能简单地理解为农民永久性放弃土地承包经营权。最高人民法院《关于审理涉及农村土地承包纠纷案件适用法律问题的解释》第六条规定：“因发包方违法收回、调整承包地，或者因发包方收回承包方弃耕、撂荒的承包地产生的纠纷，按照下列情形分别处理：一、发包方未将承包地另行发包，承包方请求返还承包地的，应予支持；二、发包方已将承包地另行发包给第三人，承包方以发包方和第三人为共同被告，请求确认其所签订的承包合同无效，返还承包地并赔偿损失的，应予支持。”由此可见，不论发包方是否将该承包地与他人另行建立承包合同关系，土地承包经营权人弃耕撂荒后又要求返还承包地的，应当允许。

村委会能否以壮大集体经济为由，预留大量土地不承包给农户？

实行家庭联产承包责任制以来，农村经济有了很大发展，农村经济就其所有制性质来划分，实质上是由集体经济和家庭经济两大块组成的。由于体制的问题，农村经济的两种形态中，家庭经济发展较快，在双层经营中占绝对优势；在农村经济发展中居主导地位；在社会总产值中占重要比例。相反，集体经济不仅没有发展，反而呈现出萎缩、弱化状态，有的甚至成了有名无实的空壳状态。在集体经济组织不够强大的地方，村委会既承担了发展本村社区公益事业等村民自治工作，又承担了发展村级集体经济的职责。但村委会的资产是只有所有权没有支配处置权的集体所有的土地，为了集体经济的发展壮大，村委会常常在农村土地上做文章，出现损害农民利益的现象。

根据我国《农村土地承包法》第六十三条规定，村委会预留机动地的，机动地面积不得超过本集体经济组织耕地总面积的5%。如果村委会以壮大集体经济为由，将本村耕地土地预留，超出了法律规定，则属于违法，村民可以向当地政府部门反映，要求制止该违法行为。

为了规模经营，发包方能否要求承包方将其承包的土地集中流转给其他单位或者个人经营？

根据《农村土地承包法》的规定，土地承包经营权流转的主体是承包方，承包方有权依法自主决定土地承包经营权是否流转和流转的方式。承包期内，发包方不得单方面解除承包合同，不得假借少数服从多数强迫承包方放弃或者变更土地承包经营权，不得以划分“口粮田”和“责任田”等为由收回承包地搞招标承包。因此，发包方应一方要求而强制承包方将其承包的土地集中流转给其他单位或者个人经营的行为侵害了农民权利，违反了法律规定。

村民将其承包地转包给其他人，需要发包方同意吗?

《农村土地承包法》规定，承包方可以在一定期限内将部分或者全部土地承包经营权转包给第三方耕种，承包方与发包方的承包关系不变。转包主要发生在农村集体经济组织内部农户之间。转包人是享有土地承包经营权的农户，承包人是承受土地承包经营权转包的农户。转包人对土地承包经营权的产权不变。承包人享有土地承包经营权使用的权利，获取承包土地的收益，并向转包人支付转包费。转包无须经发包人许可，但转包合同需向发包人备案。发包方不能以没有经过发包方同意，而干涉农民转包其承包经营权的权利。

在承包地上能否种植大树？影响他人种粮怎么处理?

依据《国务院关于坚决制止占用基本农田进行植树等行为的紧急通知》，国家不允许在基本农田里植树，林业部门不得颁发林权证，已经颁发的要立即收回并注销。已经植树的，当地政府应做好工作，限期将其移植至非基本农田；在规定期限不能移植的，允许农民拔树种田。根据我国民事法律规定，承包地的相邻各方，应当按照有利生产、团结互助、公平合理的精神，处理截水、排水、通行、通风、采光等方面的相邻关系。

由于粮食属于植物类别，在较强的光照条件下才能进行光合作用，而光合作用的好坏直接影响植物正常生长，影响粮食产量和品质，因此，粮食生长对光照的要求比较高。在承包地内种植林木容易给他人种植的水稻、玉米、小麦等粮食作物造成遮阴，影响他人粮食作物的光合效果，从而给相邻方造成经济损失，应该依法予以纠正。

侵害农民土地承包经营权益的行为有哪些？

从目前看，侵害农民土地承包经营权益的行为主要有：(1)干涉承包方依法享有的生产经营自主权。如干涉农民自主安排的生产经营项目，强迫农民购买指定的生产资料或者按指定的渠道销售农产品。(2)违法收回农户承包地，如强行收回外出务工就业农民的承包地，收回承包地抵顶欠款，违法收回进入小城镇落户农民的承包地，以划分“口粮田”和“责任田”等为理由收回承包地搞招标承包，用收回农民承包地的办法搞劳动力转移等。(3)违法调整农户承包地。如承包期内用行政命令的办法硬性规定在全村范围内几年重新调整一次承包地，借颁发农村土地承包经营权证书之机重新承包土地等。(4)不落实二轮承包政策。对适合实行家庭承包的耕地，第一轮耕地承包合同到期后，如不执行延长土地承包期 30 年政策，不与农户签订土地承包合同，不发放农村土地承包经营权证书，超额预留机动地等。(5)利用职权变更、解除土地承包合同。如因承办人或负责人的变动而变更或解除承包合同，因集体经济组织分立或者合并而变更或解除承包合同等。(6)强迫承包方流转土地承包经营权。如强制收回农民承包地搞土地流转，乡镇政府或村级组织出面租赁农户的承包地再进行转租或发包,假借少数服从多数,强迫承包方放弃或者变更土地承包经营权而进行土地承包经营权流转等。(7)阻碍承包方依法流转土地承包经营权。如对承包方合法流转土地承包经营权做出限制等。(8)侵占承包方的土地收益。如小调整时随意提高承包费,截留、扣缴承包方土地流转收益,截留、挪用征地补偿费用等。(9)违法发包农村土地。如未经本集体经济组织成员的村民会议 2/3 以上成员或者 2/3 以上村民代表的同意将农村土地发包给本集体经济组织以外的单位或者个人,将机动地长期用于对外发包,侵吞土地发包收入,泄露土地承包标的秘密等。(10)侵害妇女依法享有的土地承包经营权。如承包时对妇女实行有别于男子的歧视性土地承包政策,承包期内违法收回出嫁女承包地等。

承包方能够转让所承包的土地吗?

根据国家有关法律、法规、政策的规定,所谓土地承包的转让权,是经发包方同意,承包方将全部或者部分土地承包经营权让给其他从事农业生产经营的农户,由该农户与发包方确立新的承包关系,向发包方履行承包合同规定的义务,并享有承包合同约定的权利。承包合同一经转让,原承包方与发包方依据承包合同规定的权利和义务关系即行终止。

土地承包合同的转让必须符合以下条件:(1)转让权的行使必须在原承包合同的承包期内。(2)必须经发包方同意。(3)转让给本集体经济组织以外的单位或个人时,必须经村民会议 2/3 以上成员或者 2/3 以上村民代表的同意,并报乡(镇)人民政府批准。(4)应当签订转让合同,并报发包方和农民承包合同管理机关备案。(5)不得擅自将耕地转为非耕地。债务人不得以土地抵债款。符合以上条件,即可行使转让权。

《农村土地承包法》在哪些方面加强了对农民土地承包经营权的保护?

《农村土地承包法》对于保护土地承包经营权有以下几个方面的规定:

(一)承包期内,发包方不得收回承包地。(1)承包期内,承包方全家迁入小城镇落户的,应当按照承包方的意愿,保留其土地承包经营权或者允许其依法进行土地承包经营权流转。(2)承包方全家迁入小城镇落户,转为非农业户口的,应当按照承包方的意愿,保留其土地承包经营权,也允许承包方依法将土地承包经营权进行流转。(3)承包期内,承包方全家迁入设区的市,转为非农业户口的,应当将承包的耕地和草地交回发包方。承包方不交回的,发包方可以收回承包的耕地和草地。承包期内,承包方交回承包地或者发包方依法收回承包地时,承包方对其在承包地上为提高土地生产能力进行了投入的,有权获得相应的补偿。

(二)承包期内,发包方不得调整承包地。承包期内,因自然灾害严重毁损承包地等特殊情形对个别农户之间承包的耕地和草地需要适当调整的,必须经本集体经济组织成员的村民会议 2/3 以上成员或者 2/3 以上村民代表的同意,并报乡(镇)人民政府和县级人民政府农业等行政主管部门批准。承包合同中约定不得调整的,按照其约定。

(三)承包期内,承包方可以自愿将承包地交回发包方。承包方自愿交回承包地的,应当提前半年以书面形式通知发包方。承包方在承包期内交回承包地的,在承包期内不得再要求承包土地。

(四)承包期内,妇女结婚,在新居住地未取得承包地的,发包方不得收回其原承包地;妇女离婚或者丧偶,仍在原居住地生活或者不在原居住地生活但在新居住地未取得承包地的,发包方不得收回其原承包地。

（五）承包人应得的承包收益,依照《中华人民共和国继承法》(以下简称《继承法》)的规定继承。林地承包的承包人死亡,其继承人可以在承包期内继续承包。

任何组织和个人侵害承包方的土地承包经营权的,应当承担民事责任。(1)发包方有干涉承包方依法享有的生产经营自主权;违反本法规定收回、调整承包地;强迫或者阻碍承包方进行土地承包经营权流转;假借少数服从多数强迫承包方放弃或者变更土地承包经营权而进行土地承包经营权流转;以划分"口粮田"和"责任田"等为由收回承包地搞招标承包;将承包地收回抵顶欠款;剥夺、侵害妇女依法享有的土地承包经营权;其他侵害土地承包经营权等行为之一的,应当承担停止侵害、返还原物、恢复原状、排除妨害、消除危险、赔偿损失等民事责任。(2)国家机关及其工作人员有利用职权干涉农村土地承包,变更、解除承包合同,干涉承包方依法享有的生产经营自主权,或者强迫、阻碍承包方进行土地承包经营权流转等侵害土地承包经营的行为,给承包方造成损失的,应当承担损害赔偿等责任;情节严重的,由上级机关或者所在单位给予直接责任人员行政处分;构成犯罪的,依法追究刑事责任。

家庭承包的承包方全家迁入小城镇落户后,发包方能否收回其承包地?

《农村土地承包法》第二十六条规定,承包期内,承包方全家迁入小城镇落户的,应当按照承包方的意愿,保留其土地承包经营权或者允许其依法进行土地承包经营权流转。因此,承包方全家迁入小城镇落户后，发包方不能收回其承包地。主要是因为，目前我国小城镇的社会保障制度尚不健全，在农村如何建立适应我国国情和市场经济要求的社会保障体制，还需要深入研究。所以，这部分人在小城镇一旦遇到工作困难，还是要回到农村从事农业生产，承包地可作为其基本的社会保障。如果他们回到农村以后没有承包地可以耕种了，就会失去生活来源，搞不好会造成社会问题，影响社会安定。这里所说的小城镇，包括县级市、县人民政府驻地、镇，以及县以下小城镇。

在何种情况下，应当收回农村土地承包经营权证？

根据《农村土地承包经营权证管理办法》第二十条规定：承包期内，发生下列情形之一的，应依法收回农村土地承包经营权证：(1)承包期内，承包方全家迁入设区的市，转为非农业户口的。(2)承包期内，承包方提出书面申请，自愿放弃全部承包土地的。(3)承包土地被依法征用、占用，导致农村土地承包经营权全部丧失的。(4)其他收回土地承包经营权证的情形。

发包方享有哪些权利，应承担什么义务？

根据《农村土地承包法》第十三条、十四条规定，发包方享有的权利包括：(1)发包本集体所有的或者国家所有依法由本集体使用的农村土地；(2)监督承包方依照承包合同约定的用途合理利用和保护土地；(3)制止承包方损害承包地和农业资源的行为；(4)法律、行政法规规定的其他权利。

发包方应该承担的义务是：(1)维护承包方的土地承包经营权，不得非法变更、解除承包合同；(2)尊重承包方的生产经营自主权，不得干涉承包方依法进行正常的生产经营活动；(3)依照承包合同约定为承包方提供生产、技术、信息等服务；

(4)执行县、乡土地利用总体规划,组织本集体经济组织内的农业基础设施建设;(5)法律、行政法规规定的其他义务。

承包方享有哪些权利,应承担什么义务?

根据《农村土地承包法》第十六条、十七条规定,承包方享有的权利包括:(1)依法享有承包地使用、收益和土地承包经营权流转的权利,有权自主组织生产经营和处置产品;(2)承包地被依法征用、占用的,有权依法获得相应的补偿;(3)法律、行政法规规定的其他权利。

承包方应承担的义务包括:(1)维护土地的农业用途,不得用于非农建设;(2)依法保护和合理利用土地,不得给土地造成永久性损害;(3)法律、行政法规规定的其他义务。

土地承包应该如何进行?

土地承包应按如下程序进行:(1)本集体经济组织成员的村民会议选举产生承包工作小组;(2)承包工作小组依照法律、法规的规定拟订并公布承包方案;(3)依法召开本集体经济组织成员的村民会议,讨论通过承包方案;(4)公开组织实施承包方案;(5)签订承包合同。

农村土地承包合同应当具备哪些主要内容?

一般情况下,土地承包合同的主要内容包括:(1)发包方、承包方的名称,发包方负责人和承包方代表的姓名、住所;(2)承包土地的名称、位置、面积、质量等级;(3)承包期限和起止日期;(4)承包土地的用途;(5)发包方和承包方的权利和义务;(6)违约责任。

根据《农村土地承包法》的规定,土地承包合同应当采用书面形式。承包合同自成立之日起生效。承包方自承包合同生效时取得土地承包经营权。县级以上地方人民政府应当向承包方颁发土地承包经营权证或者林权证等证书,并登记造册,确认土地承包经营权。

农村土地能承包给本集体经济之外的人经营吗?

本集体经济之外的人经营农村土地的,主要通过两个途径取得:(1)由集体经济组织作为发包方将本集体经济组织的土地承包给本集体经济组织外的人经营。根据《农村土地承包法》第四十八条的规定,发包方将农村土地发包给本集体经济组织以外的单位或者个人承包,应当事先经本集体经济组织成员的村民会议2/3以上成员或者2/3以上村民代表的同意,并报乡(镇)人民政府批准。由本集体经济组织以外的单位或者个人承包的,应当对承包方的资信情况和经营能力进行审查后,再签订承包合同。“四荒”地及果园、茶园、桑园、养殖水面等不适宜家庭承包的土地,可以通过招标、拍卖、公开协商等方式对外承包的,可以由非本集体经济组织成员经营,但在同等条件下,本集体经济组织成员享有优先承包权。(2)承包方通过土地流转的方式将其承包的土地流转给本集体经济组织外的人经营。根据《农村土地承包法》的规定,承包方可以将其承包的土地流转给他人使用。常用的方式是承包方采取出租的方式将承包地流转给本集体经济组织之外的人经营。

土地承包合同在什么情况下可以解除?

根据《农业法》、《土地管理法》等法律规定,有下列情形之一的可以解除合同、中止土地承包合同:(1)经承包方及发包方双方协商同意,在不损害国家集体及其他人利益的情况下,承包方自愿放弃承包土地的;(2)承包方家庭成员全部外迁或者主要劳动力外迁,转入城市或其他村,户口也外迁的;(3)由于国家建设需要征用土地,承包方承包的土地全部被征用或者被批准占用的;(4)承包方在承包期内违反法律、法规、政策的规定,或者违反合同约定,闲置、抛荒耕地2年以上的,发包方有权收回该耕地,解除承包合同;(5)由于洪涝地震等自然灾害的不可抗力的原因使所承包的土地遭受严重破坏,所承包的土地合同已无法履行。

发包方在什么情况下可以收回村民承包的土地?

根据我国法律规定,两种情况下,发包方可以收回农民的承包地:(1)承包方全家迁入设区的市,转为非农业户口的,应当将承包的耕地和草地交回发包方。承包方全家迁入设区的市,转为非农业户口的,他们已经不属于农村集体经济组织的成员,不宜再享有在农村作为生产生活基本保障的土地承包经营权。同时,相对于小城镇而言,在设区的市,社会保障制度比较健全,承包方即使失去了稳定的职业或者收入来源,一般也可以享受到城市居民最低生活保障等社会保障。如果允许承包方保留其承包地,就会使其既享有土地承包经营权,又享有城市社会保障,有悖社会公平。此外,在设区的市,就业机会相对较多,承包方可以通过多种渠道实现非农就业,获得生活保障,其在农村享有的土地承包经营权所具有的基本生活保障的功能大大弱化。而在我国农村,由于人多地少,大部分地区存在人地矛盾。为缓解农村人地矛盾,发展农村经济,在这种情况下,承包方应当将其承包的土地交回发包方,使留在农村的农民有较多的土地耕种。(2)承包人死亡,承包经营的家庭消亡的。我国《农村土地承包法》规定,农村土地承包主要采取家庭承包的方式,农村土地承包的承包方是以家庭为单位的，因此，是以农户作为承包方同发包方签订土地承包合同的。当作为土地承包的一方家庭成员全部死亡，家庭不存在时，作为农村土地承包合同的另一方当事人已经丧失了存在的基础，其原来以家庭名义承包的土地理所当然地应该由发包方收回。

村民不想再种地了，能否将土地流转给他人，都有哪些方式？

《农村土地承包法》第十条规定，国家保护承包方依法、自愿、有偿地进行土地承包经营权流转。第三十二条规定，通过家庭承包取得的土地承包经营权可以依法采取转包、出租、互换、转让或者其他方式流转。第三十四条更明确地规定，土地承包经营权流转的主体是承包方，承包方有权依法自主决定土地承包经营权是否流转和流转的形式。第三十六条规定，土地承包经营权流转的收入归承包方所有，任何组织和个人不得擅自截留、扣缴。第四十三条规定，承包方在承包地上投入而提高土地生产能力的，土地承包经营权依法流转时，承包方有权获得相应的补偿。这些规定不仅肯定了土地承包经营权可以依法流转，明确了流转的具体方式，并且对承包方依法流转土地承包经营权进行保护，以充分保护承包方的权益。

村民在互换承包地时应注意哪些问题？

村民在互换承包地时应注意：(1)作为土地承包经营权流转的一种形式，互换必须坚持双方自愿、协商一致，集体经济组织等可以向承包方建议或者进行协调，但不得强迫任何一方当事人同意互换。(2)土地承包经营权互换限于属于同一集体经济组织的承包地，即双方当事人都应是本集体经济组织的农户。

不属于同一集体经济组织的承包地的土地承包经营权进行互换的，应当按照《土地管理法》等有关法律的规定办理。

(3)土地承包经营权互换后，当事人要求登记的，可以向县级人民政府申请登记，分别将互换后的土地承包经营权登记到双方当事人的名下。未经登记的，不能对抗第三人。

村民怎样才能合法地获得其他农民的土地进行规模经营?

有许多在外面挣了钱的农民朋友，带着资金和激情，想成片开发农村土地。但由于我国实行家庭联产承包责任制，农村土地大多数承包给了村民耕种，法律对农户承包土地的期限、权利的保护都进行了详细的规定。因此，过去依靠村民委员会的命令强制农民将其土地转包给某一个人或者单位耕作已经行不通。那么，如果有农民或者单位想为了农村经济的发展连片承包土地，其比较合法的方式应当是在友好协商的基础上，同涉及被占用土地的农户分别签订流转合同。如果是转让土地的，还应当经过发包方的同意。在签订合同时还应当注意，让农户代表承诺其有权代表家庭其他成员签订合同，并且已经将签订合同的情况告知了其他家庭成员，以避免日后发生不必要的麻烦。

哪些土地是机动地? 法律对农村机动地有什么要求?

“机动地”本来是一些地方在实施第一轮土地承包过程中，为解决人地矛盾、减少承包地调整次数，或者为解决集体经济组织开支问题，保留一些土地不实行家庭承包，而由集体经济组织统一组织经营或者实行招标承包经营的土地。如在承包期内，本村有嫁入妇女的，或者部分农户因自然灾害丧失承包地的，就可以将机动地承包给这些人。预留的机动地由集体经济组织掌握，或由集体暂时统一经营，或短期承包给某些农户。预留机动地是农村土地承包中的灵活做法，一旦发生人地矛盾，可以用机动地来解决，不必进行土地调整，既解决了无地农民的土地问题，也有利于保持土地承包关系的稳定。但预留的机动地不宜过多，预留过多，就会减少农民承包地的数量，损害农民的权益。在二轮承包过程中，中办发[1997]16号文件要求：对预留“机动地”必须严格控制。目前尚未留“机动地”的地方，原则上都不应留“机动地”。已留有“机动地”的地方，必须将“机动地”严格控制在耕地总面积5%的限额之内，并严格用于解决人地矛盾，超过的部分应按公平合理的原则分包到户。因此《农村土地承包法》第六十三条规定，在该法实施前(2003年3月1日)已经预留机动地的，机动地面积不得超过本集体经济组织耕地总面积的5%。不足5%的，不得再增加机动地。该法实施前未留机动地的，该法实施后不得再留机动地。

承包方能否在承包地上进行非农建设？应如何处理？

《农村土地承包法》第十六条规定承包方必须维持土地的农业用途，不得用于非农建设；要依法保护和合理利用土地，不得给土地造成永久性损害。《农村土地承包法》第六十条规定，承包方违法将承包地用于非农建设的，由县级以上地方人民政府有关行政主管部门依法予以处罚。承包方给承包地造成永久性损害的，发包方有权制止，并有权要求承包方赔偿由此造成的损失。

夫妻离婚时，双方可否要求人民法院对承包地经营权进行分割?

农村土地承包经营权是一种在土地上设立的独立于土地所有权的用益物权，属于财产权。它产生于承包合同，合同的承包方是以家庭成员组成的户，每个家庭成员对所承包的土地均有使用、收益的权利，当属家庭共同财产。这一家庭共同财产包括家庭中的夫妻以土地承包经营权为内容的夫妻共同财产。既然土地承包经营权能够作为夫妻共同财产，那么，在离婚之时依法当然应予分割。家庭土地承包经营权益作为夫妻共同财产予以分割时，为保护家庭成员的合法权益，促进农业生产的健康发展，在遵循处理夫妻共同财产一般原则的基础上，结合家庭土地承包经营权的特点，还应遵循以下特有原则：(1)严格保护离婚妇女的土地承包经营权原则；(2)有利于生产，方便经营、管理的原则；(3)保障家庭成员享有均等的土地承包经营权的原则。分割的方式通常采用分割、折价补偿、代耕、轮耕等方式。

女方离婚后，发包方能否收回其承包地?

《农村土地承包法》第三十条规定："承包期内，妇女结婚，在新居住地未取得承包地的，发包方不得收回其原承包地；妇女离婚或者丧偶，仍在原居住地生活或者不在原居住地生活但新居住地未取得承包地的，发包方不得收回其原承包地。"《妇女权益保障法》第三十条第二款规定："妇女结婚、离婚后，其责任田、口粮田和宅基地等，应当受到保障。"为了保护妇女利益，保证离婚后的妇女能够拥有一份承包地，根据上述法律规定，妇女离婚或者丧偶，如果该妇女仍在原居住地生活，原居住地应当保证该妇女有一份承包地，其已取得的承包地应当由离婚或者丧偶妇女继续承包，发包方不得收回；妇女离婚或者丧偶后不在原居住地生活，而是迁到其他地方，那么，新居住地所在村、村民小组应当为妇女解决一份承包地，在解决之前，妇女原居住地的承包方应当保留妇女的土地承包经营权，不得收回其承包地。

农民可以在自己的承包地上建房吗？

农村村民建住宅应尽量使用原有的宅基地和村内空闲地，不得占用耕地。如确实需要占用耕地的，必须按照《土地管理法》第四十四条规定办理审批手续。但是，如果农村村民承包经营的土地属于基本农田保护区内的耕地，按照《基本农田保护条例》第十七条“禁止任何单位和个人在基本农田保护区内建窑、建房、建坟、挖沙、采石、采矿、取土、堆放固体废弃物或者进行其他破坏基本农田的活动”的规定，农村村民不得占用其承包经营的土地建房。

农民可否砍伐承包土地、荒山、荒坡上种植的树木？

除农村居民采伐自留地和房前屋后个人所有的零星林木外，农村居民采伐自留山和个人承包集体的林木，必须由县级林业主管部门或者其委托的乡、镇人民政府审核发放采伐许可证，按许可证的规定进行采伐，不得无证砍伐。

土地承包经营权能继承吗？

《农村土地承包法》第三十一条规定，承包人应得的承包收益，依照《继承法》的规定继承。农村土地承包分为“家庭承包”和“其他方式的承包”两种方式。“家庭承包”是广大农村普遍推行的、以户为单位的承包方式，是农村集体经济组织内部人人有份的针对耕地、林地等农村土地的承包方式。“其他方式的承包”是针对不宜采取家庭承包方式的荒山、荒沟、荒丘、荒滩即“四荒”地等农村土地,通过招标、拍卖、公开协商等方式的承包,这类承包的承包人可以是农村集体经济组织以外的个人或组织。根据我国《继承法》规定,按照承包合同办理。合同规定原承包人亡故后由继承人继续承包的,则由其继承人继续承包;合同未作继承规定的,则承包人亡故后,合同依法解除。但在“家庭承包”方式中,只有林地的承包人死亡,其继承人可以在承包期内继续承包;而耕地的承包经营权是不可以继承的,因为耕地承包是以农户为生产经营单位进行的承包,只是在分配土地时按照人口计算土地的数量。家庭中部分成员死亡的,由于作为承包方的户还存在,因此不发生继承问题,由家庭中的其他成员继续承包;家庭成员均死亡的,其承包经营权终止,土地承包经营权由发包方收回,同样不发生继承问题。

转包土地,粮补资金由谁领?

粮食直补政策,是中央鼓励农民种粮而实施的一项惠农政策,做好粮食直补工作,是落实“三农”政策的一项重要措施。对于农村中,土地已转包、转租的,农民之间土地转包合同中对粮食直补由谁领取有约定的,按照合同约定处理;没有合同约定的,粮食直补资金原则上应发给种粮的业主或农民。

征收农村集体土地应当具备什么条件?履行什么程序?

土地征收,也是指国家为了公共利益的需要,根据法律、法规规定,将集体所有的土地收为国家所有的一种具体行政行为。《土地管理法实施条例》规定,征收土地方案经依法批准后,由被征收土地所在地的市、县人民政府组织实施,并将批准征地机关、批准文号，征收土地的用途、范围、面积以及征地补偿标准、农业人员安置办法和办理征地补偿的期限等，在被征收土地所在地的乡（镇）、村予以公告。被征收土地的所有权人、使用权人应当在公告规定的期限内，持土地权属证书到公告指定的人民政府土地行政主管部门办理征地补偿登记。市、县人民政府土地行政主管部门根据经批准的征收土地方案，会同有关部门拟订征地补偿、安置方案，在被征收土地所在地的乡（镇）、村予以公告，听取被征收土地的农村集体经济组织和农民的意见。征地补偿、安置方案报市、县人民政府批准后，由市、县人民政府土地行政主管部门组织实施。

土地被征收后可获得哪些补偿？

征收耕地的补偿费用包括土地补偿费、安置补助费以及地上附着物和青苗的补偿费。

征收耕地的土地补偿费，为该耕地被征收前3年平均产值的6～10倍。其计算公式为：土地补偿费=前三年平均年产值×补偿倍数（6<补偿倍数<10），征收耕地的安置补助费按照需要安置的农业人口数计算。需要安置的农业人口数，按照被征收的耕地数量除以征地前被征收单位平均每人占有耕地的数量计算。每一个需要安置的农业人口的安置补助费标准，为该耕地被征收前3年平均年产值的4～6倍。但是，每公顷被征收的耕地，最高不得超过被征收前3年平均年产值的15倍。其计算公式为：A：当（被征地块需要安置人数×补偿倍数）>15时，总安置费=该被征收地块前三年年平均产值×15；B：当（被征地块需要安置人数×补偿倍数）≤15时，总安置费=该被征收地块前三年年平均产值×补偿倍数×被征地块需要安置人数。

被征收土地上的附着物和青苗的补偿标准，由省、自治区、直辖市规定。

地上附着物和青苗补偿费应当补偿给谁？

由谁领取？地上附着物补偿费是指对被征收土地上的各种地上建筑物、构筑物，如房屋、水井、道路、管线、水渠等的拆迁和恢复费以及被征收土地上林木的补偿或者砍伐费等。青苗补偿费是指征收土地时，对被征收土地上生长的农作物，如水稻、小麦、玉米、土豆、蔬菜等造成损失所给予的一次性经济补偿费用。根据《土地管理法实施条例》第二十六条规定，地上附着物及青苗补偿费归地上附着物及青苗的所有者所有。因此，地上附着物及青苗属于谁，补偿款就应该给谁。对于那些已经通过出租、转包、互换等流转程序流转的土地，如果在该土地征收时，地上附着物为现耕种人所建、青苗为现耕作人所栽种的，依据最高人民法院《关于审理涉及农村土地承包纠纷案件适用法律问题的解释》第二十二条规定，承包方已将土地承包经营权以转包、出租等方式流转给第三人的，除当事人另有约定外，青苗补偿费归实际投入人所有，地上附着物补偿费归附着物所有人所有。

土地补偿费应当补偿给谁？

土地补偿费是因国家征收土地对土地所有者在土地上的投入和收益造成损失的补偿。补偿的对象是土地所有权人，一般为村民委员会。

在分配土地补偿费时，能否区分老户、新户、女儿户，进行不同的分配？

每个集体经济组织成员在本集体经济组织中均享有成员

权，也由于农村土地是农民的基本生产资料，也是他们的基本生活保障，因此，每个农村集体经济组织的成员都享有土地承包权。《农村土地承包法》规定："任何组织和个人不得剥夺和非法限制农村集体经济组织成员承包土地的权利。"土地补偿费是国家征用集体所有的土地时直接对土地支付的补偿费用，是对失地农民的一种补偿。我国《宪法》和《村民委员会组织法》均明确规定，村民享有平等的权利，履行相同的义务。因此，在分配土地补偿费时，人为地区分老户、新户、女儿户，进行不同的分配，违反了法律规定，损害了农民利益，是非法的。根据《中华人民共和国物权法》（以下简称《物权法》）的规定，集体经济组织、村民委员会或者其负责人作出的决定侵害集体成员合法权益的，受侵害的集体成员可以请求人民法院予以撤销。老户、新户、女儿户成员可以依法向法院起诉，以维护自己的合法权益。

安置补助费应当补偿给谁?

安置补助费是因国家建设征收农民集体土地后，为了解决以土地为主要生产资料并取得生活来源的农业人口因失去土地造成生活困难所给予的补助费用。安置补助费要区别不同情况依法分配，被征地农民由本集体经济组织通过依法调整土地等方式安置的，安置补助费支付给农村集体经济组织；由其他单位安置的，安置补助费支付给安置单位；农民自谋职业、自主安置的，安置补助费发放给农民个人，其中纳入基本生活保证范围的，抵缴个人承担部分的参保资金。

征收农村集体土地的安置补助费标准是什么?

安置补助费是国家征收农民集体土地后，为了解决以土地为主要生产资料并取得生活来源的农业人口因失去土地造成的生活困难，而给予的补助费用。根据我国有关法律法规规定，征收土地安置补助费具体标准是：(1)征收耕地的，安置补助费按照需要安置的农业人口数计算。需要安置的人口数，按照被征收的耕地数量除以征地前被征收单位平均每人占有耕地的数量计算。每一个需要安置的农业人口安置补助费标准，为该耕地被征收前3年平均年产值的4~6倍。但是，每公顷被征收耕地的安置补助费，最高不得超过被征收前3年平均年产值的15倍。(2)征收其他土地的，安置补助费的标准由各省、自治区、直辖市参照耕地的土地安置补助费标准规定。

青苗补偿费应如何计算？

青苗补偿费是指国家征用土地时，农作物正处在生长阶段而未能收获，国家应给予土地承包者或土地使用者的经济补偿。根据《土地管理法》第四十七条的规定，青苗补偿费的标准由各省、自治区、直辖市规定。因此，各地的补偿标准可能存在一定的差异，具体补偿多少，应依照各省、自治区、直辖市制定的地方性法规或者规章执行。

被征收土地地上附着物应如何计算？

被征收土地地上附着物补偿是对被征收土地上的建筑物、构筑物，如房屋、水井、道路、管线等的拆迁和恢复费，以及被征收土地上的林木的补偿或者砍伐费等。主要包括对地上建筑物的补偿，对构筑物、附属物的补偿，对零星经济林木的补偿以及对成片经济林木的补偿等。建筑物、构筑物的补偿按实际测量计算，一般以每平方米作为赔偿的计算单位；对林木的补偿一般以每株为赔偿的计算单位进行计算。根据法律规定，具体的赔偿标准由各省、自治区、直辖市规定。由于各地经济发展水平有差异，大多数省、自治区都授权其下属地、市制定具体的赔偿标准。

荒山被征收，补偿费如何分配？

根据《土地管理法》第四十七条的规定，征收土地的补偿费用包括土地补偿费、安置补助费以及地上附着物和青苗补偿费。《物权法》第四十二条第二款进一步规定：征收集体所有的土地，应当依法足额支付土地补偿费、安置补助费、地上附着物和青苗的补偿费等费用，安排被征地农民的社会保障费用，保障被征地农民的生活，维护被征地农民的合法权益。

荒山的承包一般通过招标、拍卖、公开协商等方式有偿承包的话，安置补助费就应当归集体所有和使用，但所承包地被占的农户因承包合同提前解除，有权获得相应赔偿。

至于地上附着物和青苗的补偿费，依法应当归地上附着物及青苗的所有者即承包荒山的农民所有，对于这部分资金，村集体无权决定如何分配，而只能按照国家规定的标准金额，直接支付给被征地农民。

农村妇女出嫁了，土地补偿款还能分到吗？

《农村土地承包法》第六条规定，农村土地承包，妇女与男子享有平等的权利。承包中应当保护妇女的合法权益，任何组织和个人不得剥夺、侵害妇女应当享有的土地承包经营权。第三十条规定，承包期内，妇女结婚，在新居住地未取得承包地的，发包方不得收回其原承包地；妇女离婚或者丧偶，仍在原居住地生活或者不在原居住地生活但在新居住地未取得承包地的，发包方不得收回其原承包地。土地补偿费本身就是给失去土地的农民的一种物质上的补偿。但在广大农村,经常出现农村妇女出嫁还没有迁移户口、在婆家未分得土地时,娘家所在地的村民委员会便召开村民会议决定收回其承包地或者不给其分配征地补偿费。

村民委员会的这种决定损害了妇女的利益,为杜绝因使用、分配不公而损害广大农民权益的情况发生,有必要对土地补偿费使用、分配办法的确定,设置一个民主决议程序。《中华人民共和国物权法》第五十九条第一款规定:"农民集体所有不动产和动产,属于本集体成员集体所有。"该条第二款规定:"下列事项应当依照法定程序经本集体成员决定:(1)土地承包方案以及将土地发包给本集体以外的单位或者个人承包;(2)个别土地承包经营权人之间承包地的调整;(3)土地补偿费等费用的使用、分配办法;(4)集体出资的企业的所有权变动等事项;(5)法律规定的其他事项。"同时,为防止集体成员的合法权益受到不法侵害,《物权法》从有利于财产权保护的立场出发,直接赋予受侵害的集体成员获取司法救济的权利。该法第六十三条第二款规定:"集体经济组织、村民委员会或者其负责人作出的决定侵害集体成员合法权益的,受侵害的集体成员可以请求人民法院予以撤销。"

因此,农村妇女出嫁,但户口并未迁走,从男女平等的法律原则出发,该妇女仍然是原来所在村的集体成员之一,其依法和其他村民一样享有土地补偿款的分配权。如果村里以所谓集体决定的形式剥夺了该妇女的权益,则其完全可以依法向法院提出诉讼,要求撤销该决定。

对征地补偿标准不服该怎么办?

《土地管理法》规定,征收土地的,按照被征收土地的原用途给予补偿,并详细规定了征收耕地的补偿标准。对征收其他土地的,《土地管理法》规定,征收其他土地的土地补偿费和安置补助费标准,由省、自治区、直辖市参照征收耕地的土地补偿费和安置补助费的标准规定。被征收土地上的附着物和青苗的补偿标准,由省、自治区、直辖市规定。

关于征地补偿的程序,《土地管理法实施条例》规定,征收土地方案经依法批准后,由被征收土地所在地的市、县人民政府组织实施,并将批准征地机关、批准文号、征收土地的用途、范围、面积以及征地补偿标准、农业人员安置办法和办理征地补偿的期限等,在被征收土地所在地的乡(镇)、村予以公告。被征收土地的所有权人、使用权人应当在公告规定的期限内,持土地权属证书到公告指定的人民政府土地行政主管部门办理征地补偿登记。市、县人民政府土地行政主管部门根据经批准的征收土地方案,会同有关部门拟订征地补偿、安置方案,在被征收土地所在地的乡(镇)、村予以公告,听取被征收土地的农村集体经济组织和农民的意见。征地补偿、安置方案报市、县人民政府批准后,由市、县人民政府土地行政主管部门组织实施。

《土地管理法实施条例》第二十五条第二款规定,对补偿标准有争议的,由县级以上地方人民政府协调;协调不成的,由批准征地的人民政府裁决。征地补偿、安置争议不影响土地方案的实施。按照上述规定,村民对征地补偿标准不服,可以先向当地县级人民政府反映,请求协调,协调不成的,向批准征地的人民政府申请裁决。

在读农村大中专学生能否享受征地补偿费?

在校大中专学生,是否享有土地承包经营权,各地一般在实施《农村土地承包法》的规定中给予了明确规定。如安徽、山东、四川等省出台的《实施农村土地承包办法》都明确规定，原户口在本村的解放军、武警部队的现役义务兵和符合国家有关规定的士官以及高等院校、中等职业学校在校学生，依法享有农村土地承包经营权。江苏省《农村土地承包经营权保护条例》规定，原户口在本集体经济组织的现役义务兵，符合国家有关规定的士官以及高等院校、中等职业技术学校的在校学生，依法平等地行使承包土地的权利。此外，《农村土地承包法》还明确规定，承包地被依法征用、占用的，承包方有权依法获得相应的补偿。

《物权法》对拆迁、征地问题是如何规定的？

征地、拆迁涉及广大人民群众的切身利益，是社会广泛关注的热点问题。《物权法》对此作了详细规定。《物权法》第四十二条、第四十四条明确规定了征收拆迁的前提是为了公共利益的需要；同时，《物权法》第四十二条、第一百二十一条还明确规定了征收拆迁有权获得补偿并规定了补偿标准确定的原则。

在对农村土地进行承包经营过程中，发生哪些行为，发包方应当承担停止侵害、返还原物、恢复原状、排除妨害、消除危险、赔偿损失等民事责任？

根据《农村土地承包法》第五十四条规定，发包方有下列行为之一的，应当承担停止侵害、返还原物、恢复原状、排除妨害、消除危险、赔偿损失等民事责任：

（一）干涉承包方依法享有的生产经营自主权；

（二）违反本法规定收回、调整承包地；

（三）强迫或者阻碍承包方进行土地承包经营权流转；

（四）假借少数服从多数强迫承包方放弃或者变更土地承

包经营权而进行土地承包经营权流转；

（五）以划分“口粮田”和“责任田”等为由收回承包地搞招标承包；

（六）将承包地收回抵顶欠款；

（七）剥夺、侵害妇女依法享有的土地承包经营权；

（八）其他侵害土地承包经营权的行为。

承包方全家迁入设区的市，并转为非农业户口后，承包的耕地怎么处理？

根据《农村土地承包法》第二十六条规定：“承包期内，承包方全家迁入设区的市，转为非农业户口，应当将承包的耕地和草地交回发包方。承包方不交回的，发包方可以收回承包的耕地和草地。”法律之所以这样规定，主要是考虑到承包方在承包期内如果全家迁入了设区的市，并且转为非农业户口，就可以享受城市居民的社会保障福利，即使失业了，也可以依照社会保障制度领取失业救济金或者补助金。如果由于种种原因导致全家人均收入低于规定水平的，也可以享受最低收入保障，保证全家的生活。而且，目前我国设区的城市已经基本健全了社会保障制度，进入这些城市的农民在生活上有了保障。对于这种对象，如果不收回其承包地，承包方就会两头获利，既享受城市居民的社会保障福利，又享受土地承包经营权益，还不能解决一部分新增人口的土地承包问题，产生同一集体经济组织成员在受益上的不公平。但需要指出的是，由于林地的生产周期长，为了保护植树造林的积极性，承包林地的农民全家迁入设区的城市后，发包方不得收回其承包的林地。其可以继续承包经营，也可以进行土地承包经营权的流转。

全家户口迁到城市后，土地流转费如何分配？

最高人民法院《关于审理涉及农村土地承包纠纷案件适用法律问题的解释》第九条规定：“发包方根据《农村土地承包法》第二十六条规定收回承包地前，承包方已经以转包、出租等形式将其土地承包经营权流转给第三人，且流转期限尚未届满，因流转价款收取产生的纠纷，按照下列情形，分别处理：(1)承包方已经一次性收取了流转价款，发包方请求承包方返还剩余流转期限的流转价款的，应予支持；(2)流转价款为分期支付，发包方请求第三人按照流转合同的约定支付流转价款的，应予支持。”如果家庭承包的承包方全家迁入设区的市，并转为非农业户口，承包方在将其承包的土地转包或者出租给他人并收取了一次性流转费后，应将其全家迁入设区的市，并转为非农业户口后剩余期限的流转费返还给发包方。

法院可以受理哪些土地承包纠纷案件？

(一)承包合同纠纷；

(二)承包经营权侵权纠纷；

(三)承包经营权流转纠纷；

(四)承包地征收补偿费用分配纠纷；

(五)承包经营权继承纠纷。

承包方将承包地用于非农建设或者对承包地造成永久性损害，谁来制止？如何制止？

根据我国法律规定，承包方有承包土地的权利，但也有维护土地耕作性质，保护耕地的责任和义务。《农村土地承包法》第十七条明确规定，承包方有维持土地的农业用途，不得用于非农建设;依法保护和合理利用土地,不得给土地造成永久性损害的义务。如果承包方将承包地用于非农建设或者对承包地造成永久性损害,发包方有权向人民法院请求承包方停止侵害、恢复原状或者赔偿损失。但不能强制收回承包地。

农业生产经营篇

我国农业生产经营体制的基本组织制度是什么？

农业生产经营体制是对农业生产过程的决策以及组织这些决策实施的基本组织制度和形式，包括农业生产经营的基本组织制度、生产经营主体和经营形式。有关农业生产经营体制的规定是《中华人民共和国农业法》（以下简称《农业法》）最核心的内容之一。

《农业法》第五条规定，我国农业生产经营的基本组织制度是“以家庭承包经营为基础、统分结合的双层经营体制”。从1978 年起，以邓小平为核心的党的第二代领导集体，根据过去多年的经验教训，转换思路，开始新的改革尝试：给农民自主权，尊重农民的选择，不再要求为国家的工业化而影响占人口大多数的农民的利益。于是，政社合一的人民公社被废除，在农村实行村民自治，以家庭承包经营为基础、统分结合的双层经营体制取代了集体统一生产和经营；多种经济成分并存取代了单一公有制，城乡隔绝的户籍制度也开始松弛，小城镇化和农民异地流动已经成为国民经济发展的重要推动因素。

家庭承包经营是我国农民的一个伟大创举。农村实行家庭承包经营，改变了人民公社的生产经营方式和计划经济模式，初步构筑了适应我国市场经济要求的农村新经济体制框架。以家庭承包经营为基础、统分结合的双层经营体制成为我国农村的基本经济制度。家庭承包经营是在坚持土地等生产资料集体所有的前提下，把土地使用权承包给农户，确立了家庭经营的主体地位，赋予了农民充分的生产经营自主权。以家庭承包经营为基础，统分结合的双层经营体制符合我国农村和农业生产自身的特点，符合生产关系要适应生产力发展要求的客观规律，具有广泛的适应性和旺盛的生命力。

《农业法》对农民权益保护主要体现在哪些方面?

(一)保护农民对承包土地的使用权

《农业法》规定,各级人民政府、农业生产经营组织在农业和农村经济结构调整、农业产业化经营和土地使用权流转等过程中,不得侵犯农民的土地承包经营,不得干涉农民自主安排的生产经营项目,不得强迫农民购买指定的生产资料或者按指定的渠道销售农产品。

(二)减轻农民负担

各级人民政府及其有关部门应当采取措施增加农民收入,减轻农民负担。其主要制度包括:(1)禁止非法收费、罚款、摊派。根据《农业法》第九十三条的规定,向农民或者农业生产经营组织违法收费、罚款、摊派的,上级主管机关应当予以制止,并予公告;已经收取钱款或者已经使用人力、物力的,由上级主管机关责令限期归还已经收取的钱款或者折价偿还已经使用的人力、物力,并由上级主管机关或者所在单位给予直接负责的主管人员和其他直接责任人员行政处分;情节严重,构成犯罪的,依法追究刑事责任。(2)不得向农民集资和非法在农村进行达标、升级、验收活动。(3)不得违法摊派税款及以其他非法方法向农民征税。(4)不得对农村中小学生非法收费。《农业法》规定,农村义务教育除按国务院规定收取的费用外,不得向农民和学生收取其他费用。禁止任何机关或者单位通过农村中小学校向农民收费。(5)不得侵犯农民在土地征用、占用时的合法利益。《农业法》规定,国家依法征用农民集体所有的土地,应当保护农民和农村集体经济组织的合法权益,依法给予农民和农村集体经济组织征地补偿,任何单位和个人不得截留、挪用征地补偿费用。(6)不得强制农民接受服务。强制农民接受有偿服务是依赖于行政权力或者优势地位加重农民负担的重要表现形式,《农业法》针对这一问题专门规定:“任何单位和个人向农民或者农业生产经营组织提供生产、技术、信息、文化、保险等有偿服务,必须坚持自愿原则,不得强迫农民和农业生产经营组织接受服务。”

(三)农村公共事务管理中对农民权益的保护

《农业法》从筹资筹劳和村务公开两个方面进行了规定。在筹资筹劳的程序和标准上,《农业法》要求,农村集体经济组织或者村民委员会为发展生产或者兴办公益事业,需要向其成员(村民)筹资筹劳的,应当经成员(村民)会议或者成员(村民)代表会议过半数通过后,方可进行。筹资筹劳不得超过省级以上人民政府规定的上限控制标准,禁止强行以资代劳。关于村务公开的问题,《农业法》规定,农村集体经济组织和村民委员会对涉及农民利益的重要事项,应当向农民公开,并定期公布财务账目,接受农民的监督。

(四)农民在出售产品和购买生产资料时的利益保护

《农业法》明确规定,农产品收购单位在收购农产品时,不得压级压价,不得在支付的价款中扣缴任何费用。法律、行政法规规定代扣、代收税款的,依照法律、行政法规的规定办理。

(五)农民权益的行政保护

农民或者农业生产经营组织为维护自身的合法权益,有向各级人民政府及其有关部门反映情况和提出合法要求的权利,人民政府及其有关部门对农民或者农业生产经营组织提出的合理要求,应当按照国家规定及时给予答复。

(六)对农民权益受损时的行政和司法救济

违反法律规定,侵犯农民权益的,农民或者农业生产经营组织可以依法申请行政复议或者向人民法院提起诉讼,有关人民政府及其有关部门或者人民法院应当依法受理。

农民作为特定的社会群体，由于其自身的经济、社会条件的限制，处于相对弱势地位，在权益受损时往往不能得到保护，为此，《农业法》规定，人民法院和司法行政主管机关应当依照有关规定为农民提供法律援助。

我国从事农业生产经营的主体有哪些？

我国从事农业生产的经营主体还是以农户家庭为主，农业生产经营组织为辅的生产经营模式。农户是最基本的生产单位，始终是农业生产活动的主体，是不能被替代的，这主要是由农业的生产特点和我国的国情决定的。农业生产活动具有空间大、周期长的特点，这也决定了它的生产监督成本非常高。因此农业生产必须将付出与收益直接挂钩，才能保证生产效率，最好的方式就是把生产活动落实到家庭。在我国社会保障制度还不完善的情况下，土地仍然是农民主要的收入来源和保障基础，按照我国目前的增长方式和经济组织方式，农民工无法定居城市并与现代生产要素紧密结合，因此不能轻易割裂其与传统生产要素的天然联系，除非少部分定居并有稳定工作的农民工，才能彻底放弃对土地的依赖。而农业要想真正发展壮大，解决的最好办法就是走规模发展之路，农业生产经营组织的成立并参与农业生产经营活动，能够比较好地带动农业的发展。

我国农业生产经营组织有哪些？

按照《农业法》的规定，农业生产经营组织包括农村集体经济组织、农民专业合作经济组织、农业企业和其他从事农业生产经营的组织。

（一）农村集体经济组织，是指以农民集体所有的土地、农业生产设施和其他公共财产为基础,主要以自然村或者行政村为单位设立,从事农业生产经营的经济组织。

(二)农民专业合作经济组织,农民专业合作经济组织是农业生产经营组织的重要形式。

农民专业合作经济组织是在家庭承包经营的基础上,农民自愿组成的。这是我国农民专业合作经济组织非常重要的两个特点。

农民专业合作经济组织的活动原则是:第一,加入自愿,退出自由。即农民是否加入、加入哪一个专业合作经济组织,都必须由农民自己决定。农民在加入专业合作经济组织后,如果由于某种原因要求退出的,可以自主决定而不受干涉。第二,民主管理。即农民专业合作经济组织以一人一票为基础的民主方式进行管理。第三,盈余返还。即农民专业合作经济组织从事经营、服务活动在扣除成本费用后所得的收益,应当按照成员利用本组织提供服务的交易量或惠顾量,返还给成员。

(三)农业企业,是以公司、合伙企业、独资企业等企业组织形式建立的从事农业生产经营的经济组织,包括国有农业企业与其他所有制形式的农业企业。《农业法》适应社会主义市场经济发展的需要,不再从所有制上区分企业的形式,是国家在农村实行多种所有制经济共同发展的基本经济制度的具体表现。

(四)其他从事农业生产经营的组织

除上述三种农业生产经营组织之外,从事农业生产经营的组织,包括《农业法》第二十八条规定的供销合作社、第九十八条规定的国有农场、林场、牧场、渔场、原种场、良种场,还包括其他组织和个人设立的从事农业科研、推广的事业单位。

《农业法》规定如何减轻农民负担?

为了减轻农民负担,《农业法》及有关法规规定:(1)违反规定设置的收费、集资和基金项目的,由农民负担监督管理部门或者有关部门报请同级人民政府予以撤销。(2)违反规定向农民或者农业生产经营组织收费、罚款、摊派或者强制集资的,由其上级机关予以制止,并予公告;农民和农业生产经营组织有权拒绝。(3)对已经违法收取钱款或者使用了人力、物力的,由其上级机关责令归还已经收取的钱款或者折价偿还已经使用的人力、物力;违反规定增加了农村义务工和劳动积累工的,经乡农民负担监督管理部门核实,由乡人民政府在下一年度用工计划中扣减,或者由用工单位按标准工日给予农民出工补助。(4)以上行为,情节严重的,由上级机关或者所在单位给予直接责任人员行政处分。(5)对检举、控告、揭发和抵制向农民乱收费、乱罚款、乱集资和进行各种摊派的单位和人员打击报复,属于违反行政监察规定的,由行政监察机关依法处理;属于违反治安管理规定的,由公安机关依法处罚;情节严重,构成犯罪的,由司法机关依法追究刑事责任。

没有法律、法规、规章依据的收费、罚款,农民能否拒交?

《农业法》第六十七条规定,任何机关或者单位向农民或者农业生产经营组织收取行政、事业性费用必须依据法律、法规的规定。收费的项目、范围和标准应当公布。没有法律、法规依据的收费,农民和农业生产经营组织有权拒绝缴纳。

任何机关或者单位对农民或者农业生产经营组织进行罚款处罚必须依据法律、法规、规章的规定。没有法律、法规、规章依据的罚款，农民和农业生产经营组织有权拒绝缴纳。

任何机关或者单位不得以任何方式向农民或者农业生产经营组织进行摊派。除法律、法规另有规定外，任何机关或者单位以任何方式要求农民或者农业生产经营组织提供人力、财力、物力的，属于摊派。农民和农业生产经营组织有权拒绝任何方式的摊派。

违反法律规定，向农民或者农业生产经营组织违法收费、罚款、摊派应怎么处理？

《农业法》第九十三条规定，违反法律规定，向农民或者农业生产经营组织违法收费、罚款、摊派的，上级主管机关应当予以制止，并予公告；已经收取钱款或者已经使用人力、物力的，由上级主管机关责令限期归还已经收取的钱款或者折价偿还已经使用的人力、物力，并由上级主管机关或者所在单位给予直接负责的主管人员和其他直接责任人员行政处分；情节严重，构成犯罪的，依法追究刑事责任。所谓直接责任人员，是指对事件的发生或者行为的发生负有决策责任的人员。一方面是对事件或者行为的发生负有决策责任的人员，即决策者、决定者；另一方面是直接实施该事件或者行为的人员。

农资使用者因使用假劣农资造成损失应如何赔偿？

根据《农业法》第二十五条的规定，农业生产资料的生产者、销售者应当对其生产、销售的产品质量负责，禁止以次充好、以假充真、以不合格的产品冒充合格的产品；禁止生产和销售国家明令淘汰的农药、兽药、饲料添加剂、农业机械等农业生产资料。

《农业法》第七十六条规定，农业生产资料使用者因生产资料质量问题遭受损失的，出售该生产资料的经营者应当予以赔偿，赔偿额包括购货价款、有关费用和可得利益损失。购买农业生产资料时要向销售者索要发票，要妥善保管好购货发票、农资产品包装物、标签及产品说明书等，以便有质量问题时依法索赔。发现农资产品质量问题或因质量问题给自己造成损失的，要及时向当地农林、工商等部门投诉，依法维护自身的合法权益。

农民在选购农资方面应注意哪些问题？

（一）要选择合法、可信的农资商店购买农资产品。合法的农资商品一般应具备相应的法定经营资质和条件。(1)具备农业行政主管部门颁发的相关的许可证；(2)具有工商行政管理部门颁发的营业执照；(3)具有固定的营业场所，而不是流动式的地摊；另外还应注意选择能提供优质服务，诚实可信的商店。

（二）选购农资产品的基本知识。(1)明确自己要购买的农资产品的名称和数量；(2)检查所选农资产品的外包装和标签是否完整，有无破损；(3)仔细观察标签内容是否符合法定要求；(4)通过观察判别产品质量的优劣。

（三）购买农资产品时应向经营单位索要购货凭证，并妥善保存，经营者必须出具。

（四）按农资产品标签或者说明书的说明，正确使用农资产品。如果自以为是或者粗心大意，不按标签或说明书的说明使用，由此产生的后果应自负。

发现购买了假劣农资产品，怎样投诉？

（一）投诉部门的选择。按照我国行政法规的规定，县级以上农业行政主管部门、工商行政管理部门、质量技术监督部门等相关行政部门,分别具有查处农资质量问题方面的法定职权,可依法受理农民因农资质量问题造成损失的投诉和赔偿要求。同时,农资产品消费者也可根据与经营者达成的仲裁协议提请仲裁委员会仲裁或者直接向人民法院提起诉讼。

（二）投诉形式。一般可采取书面形式、口头形式或者电话形式,向具有法定职权的行政部门投诉。采取口头形式或者电话形式投诉的,应由相关行政部门的工作人员进行记录。

（三）投诉内容。包括所购买的假劣农资产品或者有质量问题的农资产品的名称、数量;购货商品名称和购货日期;产品使用时间和产生的后果与损失;提供购货凭证和其他有效证据或证明;提出自己的要求。

（四）投诉受理。相关行政部门接到投诉后,按照有关法规规定依法决定受理的,将开展立案调查和理赔调解。投诉者应当积极配合调查和理赔。相关行政部门决定不予受理的,应当向投诉者说明理由;投诉者对此不服的,可依法申请行政复议或者提起行政诉讼。

农资使用者要注意保留和收集哪些证据?

（一）购货发票。发票是证明农资销售方和购买方之间买卖关系成立和权益受损后因果关系存在的有效证据。购买时一定要向销售者索要发票,写明具体的品种和数量,有特殊要求的应当在发票中注明。

（二）农资的包装袋。包装袋内最好留有未用完的农资样品。在购买数量比较多的情况下,最好留有未开袋的样品。

（三）证人证言。购买时人员证人证言,使用受到损害的证人证言。

（四）鉴定结论和勘验笔录。在田间可以鉴定的有效时限内，及时邀请技术监督、农业科技等专业部门进行鉴定，出具鉴定结论和现场勘验笔录。

（五）申办保全证据公证。保全证据公证是指公证机关根据公民、法人或其他组织的申请，对与申请人权益有关的、日后可能灭失或难以提取的证据加以验证提取，以保持其真实性和证明性的活动。当农资使用者发现有受损害的征兆，应在证据灭失之前，向公证部门提出申请，由公证部门通过照相、录像、取样等方法保留证据。

（六）其他证据。除上述几种主要证据外，农资使用者还应注意收集一些有关的附属证据，它对主要证据具有有效的补充作用。如种子、农药、化肥的使用说明书、警示标志、种子经营者的承诺书、广告宣传品等。

解决农资纠纷的途径有哪些？

（一）协商和解。是指在争议发生后，双方在平等自愿的基础上，自行接触磋商，互相交换意见，通过友好协商，自行解决争议。在购买化肥等农资后，发现有质量问题的，购买方可以直接找经营者或生产者解决。在与经营者协商时，不必为他们事先设定的“售出商品概不退换”等店堂告示所约束。《消费者权益保护法》第二十四条规定，经营者不得以格式合同、通知、声明、店堂告示等方式作出对消费者不公平、不合理的规定，或者减轻、免除其损害消费者权益应当承担的民事责任。

（二）请求消协调解。农民购买到假劣农资后，可以向当地的消费者协会投诉。投诉时应当出示下列证据：经营者的名称、地址以及联系电话；购买农资的发票以及农资的包装物；有关对假劣农资的证明文件；因购买假劣农资而遭受损失的程度及相关证明。

（三）行政申诉。是指发生农资购销争议后，双方协商不成的，农资使用者直接向有关行政部门或者农资经营单位的上级部门投诉，请求对农资经营者的违法行为给予制裁，对造成的损失给予赔偿。行政申诉应当符合下列条件：有明确的被诉方；有具体的申诉请求、事实和理由；属于有关行政机关管辖的范围。申诉应当采用书面形式，并载明下列事项：购买方的姓名、住址、电话号码、邮政编码；被申诉人的名称、地址；申诉的要求、理由和事实依据；申诉的日期；购买方委托代理人进行申诉活动的，应向有关行政机关提交授权委托书。

（四）仲裁解决。如果农资购买方事先与经营者达成仲裁协议的，争议双方可将纠纷提交有关仲裁机构进行裁决。

（五）提起诉讼。即争议的当事人向有管辖权的审判机关起诉，由人民法院按照法律程序对争议进行审理后，做出有法律效力的裁决。购买方向人民法院起诉经营者，应注意以下几点：一是诉讼原告是与本案有直接利害关系的公民、法人和其他组织。二是有明确具体的被告。三是有具体的诉讼请求和事实、理由。四是必须向有管辖权的法院提出。一般情况下，农资购买方应向被告所在地的基层人民法院起诉。如果被告是代销的，可向其法人所在地的基层人民法院起诉。如果购买者人身受到伤害，可向伤害行为发生地的法院起诉。五是必须在诉讼时效内起诉。如果因农资的质量不合格且未声明而引发纠纷的，诉讼时效为一年；如果因农资质量存在缺陷而造成损害要求赔偿的，诉讼时效为两年。以上两项的诉讼时效都是自当事人知道或应当知道其权益受损时起算。

经营种子需要办证吗？

我国实行种子经营许可制度。种子经营者必须先取得种子经营许可证后，方可凭种子经营许可证向工商行政管理机关申请办理或者变更营业执照。种子经营许可证实行分级审批发放制度。种子经营许可证由种子经营者所在地县级以上地方人民政府农业、林业行政主管部门核发。主要农作物杂交种子及其亲本种子、常规种原种种子、主要林木良种的种子经营许可证，由种子经营者所在地县级人民政府农业、林业行政主管部门审核，省、自治区、直辖市人民政府农业、林业行政主管部门核发。实行选育、生产、经营相结合并达到国务院农业、林业行政主管部门规定的注册资本金额的种子公司和从事种子进出口业务的公司的种子经营许可证，由省、自治区、直辖市人民政府农业、林业行政主管部门审核，国务院农业、林业行政主管部门核发。

申请领取种子经营许可证的单位和个人，应当具备哪些条件？

（一）具有与经营种子种类和数量相适应的资金及独立承担民事责任的能力；

（二）具有能够正确识别所经营的种子、检验种子质量、掌握种子贮藏、保管技术的人员；

（三）具有与经营种子的种类、数量相适应的营业场所及加工、包装、贮藏保管设施和检验种子质量的仪器设备；

（四）法律、法规规定的其他条件。

专门经营小包装种子的经营者，在未办理种子经营许可证的情况下，能否经营不拆包的小包装主要农作物种子？

《中华人民共和国种子法》（以下简称《种子法》）第二十九条第二款规定的不再分装的种子是指所有种子，既包括主要农作物种子,也包括非主要农作物种子。因此,经营者经营不拆包的小包装主要农作物种子,可以不办理种子经营许可证。销售获得品种权保护的种子,可以不需要授权。

《种子法》规定种子企业可以委托代销,对杂交水稻种子生产是否可以委托他人代制,是否要对“代制资格”予以确认?

可以委托他人代制种子。委托农民或者乡村集体经济组织制种的,由委托方办理杂交水稻种子生产许可证;委托其他经济组织制种的,由委托方或受委托方办理杂交水稻种子生产许可证。除此以外,不需要进行其他资格确认。

农业技术推广部门在新品种推广过程中进行试验示范的,是否需要办理种子经营许可证?

农业技术推广部门在推广过程中进行农作物新品种试验示范的行为是一种推广应用行为,属于《种子法》规定的种子经营行为,需要办理种子经营许可证,但依据《种子法》规定不需要办理种子经营许可证的除外。

种子包装袋上没有任何标志的种子可以销售吗?

不可以。《种子法》第三十五条规定,销售的种子应当附有标签。种子标签是指固定在种子包装物表面及内外的特定图案及文字说明。对于可以不经加工包装进行销售的种子,标签是指种子经营者在销售种子时向种子使用者提供的特定图案及文字说明。它是种子经营者对自己经营的种子所作的标志。它也是种子使用者了解种子类别、名称、来源、质量及使用方法的信息载体。

农作物种子标签应当标注作物种类、种子类别、品种名称、产地、种子经营许可证编号、质量指标、检疫证明编号、净含量、生产年月、生产商名称、生产商地址以及联系方式。标签标注的内容应当与销售的种子相符。销售进口种子的,应当附有中文标签。

种子标签是否需要标注种子质量保证期?

种子质量主要取决于种子纯度、净度、发芽率、水分4项指标,同时,根据使用者购买种子即买即用的实际情况,种子标签可以不标注种子质量保证期。但企业标注了保质期的,属于企业对外承诺,企业生产经营的种子要受保质期的约束。

分装种子是否必须取得种子经营许可证?

根据《种子法》第二十六、二十九、三十四条的规定,分装种子必须取得种子经营许可证,未取得种子经营许可证而分装种子的,依照第六十条的规定处罚。

申请领取种子生产许可证的单位和个人,应当具备什么条件?

从事农作物种子生产的单位和个人领取农作物种子生产许可证,必须具备以下条件:

(一)有具备繁、制原种或良种的隔离、栽培条件,无检疫性病虫害的农作物种子生产基地。

(二)有熟悉农作物种子生产技术的专业人员。

(三)生产农作物种子的品种(组合)应是审定(认定)通过的品种(组合)。

为外省繁殖本省未审定、外省已审定通过的品种(组合)的农作物种子,须有外省预约生产合同和外省证明该品种(组合)已审定通过的有关证件。

生产国外品种(组合)的农作物种子,须有预约生产合同、省级农业行政主管部门允许该品种(组合)在本省繁殖的批准文件、检疫合格证书。

(四)对所生产的农作物种子能提供可靠的田间检验结果。

(五)申请生产主要农作物杂交种子及其亲本种子,须纳入所在地省级农业行政主管部门的生产计划。

申领种子生产许可证是否需要提交品种审定证书?

根据《种子法》和《农作物种子生产经营许可证管理办法》的规定,申领种子生产许可证时,可以不提交品种审定证书,但销售种子时,该品种应当通过审定。另外,按照《农业转基因生物安全管理条例》第十九条的规定,申请转基因农作物种子生产许可证,无论是主要农作物种子,还是非主要农作物种子,都应当提交品种审定证书。

申办种子生产许可证要经过哪些程序?

(一)申请。递交下列资料:单位负责人签署的种子生产许可证申请表;农作物种子生产基地情况介绍;主要技术人员资格证明;注册资本证明;检验设施和仪器设备清单及产权或使用权证明;种子生产质量保证制度等。

(二)审核。审核机关应在收到申请材料之日起20日内完成审核工作。审核时应对生产地点、晾晒烘干设施、仓储设施、检验设施和仪器设备进行实地考察。对具备规定条件的,签署审核意见;审核不予通过的,书面通知申请人并说明原因。

(三)审批、发证。有关部门经过审核,申请人的申请条件符合法律规定,应及时发放种子生产许可证。主要农作物杂交种子及其亲本种子、常规种原种种子、主要林木良种的种子生产许可证,由生产所在地县级人民政府农业、林业行政主管部门审核,省、自治区、直辖市人民政府农业、林业行政主管部门发证;其他种子的生产许可证,由生产所在地县级以上地方人民政府农业、林业行政主管部门核发。

农民在使用种子过程中利益受到损害,应当怎么办?

由于种子经营者没有履行或没有完全履行其法定义务和约定义务,致使农民购买了质量不合格、过期、假冒伪劣等种子,给种子使用者造成损失。遇到上述情况后,种子使用者应首先向种子经营单位反映,双方应当尽可能地先协商解决。如协商不成,可向当地县市农业执法机构或相关部门投诉,由有关部门协调处理。如协调未果,农民可向当地法院起诉,要求种子销售者给予赔偿;如果造成的损失巨大,销售者无法承担,也可以向种子的生产者或者向直接销售者提供种子的其他销售者主张权利,由上述单位连带承担赔偿责任。根据《种子法》第四十一条规定,赔偿额包括购种价款、有关费用和可得利益损失。其中可得利益损失是指因种子造成该作物产量与前三年平均产量的减产损失部分。

哪些种子属于劣种子?

《种子法》第四十六条规定,下列种子为劣种子:

(一)质量低于国家规定的种用标准的;

(二)质量低于标签标注指标的;

(三)因变质不能作种子使用的;

（四）杂草种子的比率超过规定的；

（五）带有国家规定的有害生物的。

哪些种子属于假种子？

《种子法》第四十六条规定，下列种子为假种子：

（一）以非种子冒充种子或者以此种品种种子冒充他种品种种子的。以非种子冒充种子，是指以非农作物和林木的种植材料或者繁殖材料冒充种子，或者以杂交种的种子及其后代的种子冒充种子，或者以应当通过审定而未审定或者审定未通过的品种种子冒充审定品种种子，或者未经属于同一适宜生态区的地域的相邻省、自治区、直辖市人民政府农业、林业行政主管部门同意擅自引种以及跨生态区域引种的种子。以此种品种种子冒充他种品种种子，是指以一般品种的种子冒充名牌品种的种子等一切“假冒名牌”、“张冠李戴”的种子，此类种子均属假种子。

（二）种子种类、品种、产地与标签标注的内容不符的。《种子法》规定，种子经营者销售的种子应当附有标签。标签应当标注种子类别、品种名称、产地、质量指标、检疫证明编号、种子生产及经营许可证编号或者进口审批文号等事项。标签标注的内容应当与销售的种子相符。主要性状描述应当与审定公告一致。如种子经营者将种子类别为常规种的标注为杂交种，大田用种标注为原种，原种标注为育种家种子；常规种标注为杂交种，三级种标注为一级种，一般品种标注为主要推广品种，在农村繁殖的种子标注为良种场生产。上述行为，均被认为是制售假种子的行为。

违反《种子法》规定，生产、经营假劣种子的，应承担什么样的法律责任？

《种子法》第五十九条规定，违反《种子法》规定，生产、经营假劣种子的，由县级以上人民政府农业、林业行政主管部门或者工商行政管理机关责令停止生产、经营，没收种子和违法所得，吊销种子生产许可证、种子经营许可证或者营业执照，并处以罚款；有违法所得的，处以违法所得5倍以上10倍以下罚款；没有违法所得的，处以2000元以上5万元以下罚款；构成犯罪的，依法追究刑事责任。

销售的种子的种类、品种、产地与标签标注的内容不符的，应如何处理？

销售的种子的种类、品种、产地与标签标注的内容不符的，应当定性为销售假种子。《种子法》第五十九条规定，生产、经营假劣种子的，由县级以上人民政府农业、林业、行政主管部门或者工商行政管理机关责令停止生产、经营，没收种子和违法所得，吊销种子生产许可证、种子经营许可证或者营业执照，并处以罚款；有违法所得的，处以违法所得5倍以上10倍以下罚款；没有违法所得的，处以2000元以上5万元以下罚款；构成犯罪的，依法追究刑事责任。

经营的种子没有标签或者标签内容不符合《种子法》规定的，应承担什么样的法律责任？

由县级以上人民政府农业、林业行政主管部门或者工商行政管理机关责令改正，处以1000元以上1万元以下罚款。

应该如何计算种子使用者因种子质量问题遭受的损失额?

《种子法》第四十一条规定,种子使用者因种子质量问题遭受损失的,出售种子的经营者应当予以赔偿,赔偿额包括购种价款、有关费用和可得利益损失。所谓种子价款,是指购买种子的实际支付款,一般以销售发票上载明的金额为准。有关费用是指包括购买和使用种子过程中实际支出的交通费、食宿费、误工费、保管费、鉴定费、种植费等费用。

可得利益损失是按其所在乡(镇)前三年同种作物的平均产值扣除其当年实际收入计算;无统计资料的,可以参照当地当年同种作物的平均产值扣除其实际收入计算;无参照农作物的,可按照种子经营者在其种子包装上或种子使用说明书上所作的简要性状与有关咨询服务承诺的单产标准计算可得利益损失,或者按照种子标签上标注的品种审定编号所对应的品种审定公告的主要农作物品种在同一生态类型区单位面积的平均产量计算当地当年可得利益损失即公告产量计算法,采用这种方法计算可得利益损失,最具科学性。

哪些单位可经营农药?

(一)下列单位可以经营农药:(1)供销合作社的农业生产资料经营单位;(2)植物保护站;(3)土壤肥料站;(4)农业、林业技术推广机构;(5)森林病虫害防治机构;(6)农药生产企业;(7)国务院规定的其他经营单位。经营的农药属于化学危险物品的,应当按照国家有关规定办理经营许可证。

(二)农垦系统的农业生产资料经营单位、农业技术推广单位,按照直供的原则,可以经营农药;粮食系统的储运贸易公司、仓储公司等专门供应粮库、粮站所需农药的经营单位,可以经营储粮用农药。

(三)日用百货、日用杂品、超级市场或者专门商店可以经营家庭用防治卫生害虫和衣料害虫的杀虫剂。

农药经营单位应当具备哪些条件?

《农药管理条例》第十九条规定,农药经营单位应当具备下列条件和有关法律、行政法规规定的条件,并依法向工商行政管理机关申请领取营业执照后,方可经营农药:

(一)有与其经营的农药相适应的技术人员;

(二)有与其经营的农药相适应的营业场所、设备、仓储设施、安全防护措施和环境污染防治设施、措施;

(三)有与其经营的农药相适应的规章制度;

(四)有与其经营的农药相适应的质量管理制度和管理手段。

农药标签应包含哪些内容?

农药产品包装必须贴有标签或者附具说明书。标签应当紧贴或者印制在农药包装物上。标签或者说明书上应当注明农药名称、企业名称、产品批号和农药登记证号或者农药临时登记证号、农药生产许可证号或者农药生产批准文件号以及农药的有效成分、含量、重量、产品性能、毒性、用途、使用技术、使用方法、生产日期、有效期和注意事项等;农药分装的,还应当注明分装单位。国家对农药标签实行严格的审查制度,经国家审定后的标签内容,任何生产、经营者不得擅自修改。

如何正确选购农药?

(一)选购农药前要了解农药的分类。农药按防治对象分为五大类,即杀虫剂、杀菌剂、除草剂、植物生长调节剂、杀鼠剂。每一类又有若干品种。为了便于区别,根据国际惯例统一规定了农药类别颜色标志条,标志条设在农药标签的下部:杀虫剂用红色条表示;杀菌剂用黑色条表示;除草剂用绿色条表示;植物生长调节剂用黄色条表示;杀鼠剂用蓝色条表示。其次,要了解农药的毒性标志。毒性标志一般设在农药标签的右下方:低毒用红色菱形图表示,并在图中印有红色“低毒”字样;中等毒用红色菱形图加黑色十字叉表示,并在图下方印有“中等毒”字样;高毒用黑色菱形图中加入人头骷髅表示,并在图下方印有红色“高毒”字样。

(二)到正规经营单位购药。目前农药市场较为混乱,为防受骗,应到有农药经营许可证的农技服务站或供销社农资门市部购买农药,并索要发票。这些农药经销单位有固定的经销门市部,长期从事农药经营,注重商业信誉。即便买到不合格农药,也可上门退换或索赔,并可申诉至农业行政主管部门进行处罚。

(三)要注意农药包装是否合格。合格的农药包装严密,标签内容完整,“三证”齐全(农药登记证、生产批准许可证、标准证号),字迹清晰。

(四)要注意农药外在质量。合格农药乳剂无分层沉淀,粉剂膨松不结块,粒剂颗粒均匀附着良好,悬浮剂澄清透彻,摇匀快速。

(五)要注意生产日期。一般农药有效期为两年,超过有效期药效降低。

（六）要注意查看标签上农药的成分。在实际生产中，有的农民花钱买了几种药，但主要成分却是一样，只不过是商品名不同，如果买回的几种药混用，既增加了成本，又诱发了发生药害的可能性。

哪些属于假农药？

《农药管理条例》第三十一条规定，下列农药为假农药：（一）以非农药冒充农药或者以此种农药冒充他种农药的；（二）所含有效成分的种类、名称与产品标签或者说明书上注明的农药有效成分的种类、名称不符的。

哪些属于劣质农药？

《农药管理条例》第三十二条规定，下列农药为劣质农药：（一）不符合农药产品质量标准的；（二）失去使用效能的；（三）混有导致药害等有害成分的。

生产、经营假农药、劣质农药应承担什么责任？

生产、经营假农药、劣质农药的，依照《中华人民共和国刑法》（以下简称《刑法》）关于生产、销售伪劣产品罪或者生产、销售伪劣农药罪的规定，依法追究刑事责任；尚不够刑事处罚的，由农业行政主管部门或者法律、行政法规规定的其他有关部门没收假农药、劣质农药和违法所得，并处违法所得 1 倍以上 10 倍以下的罚款；没有违法所得的，并处 10 万元以下的罚款；情节严重的，由农业行政主管部门吊销农药登记证或者农药临时登记证，由工业产品许可管理部门吊销农药生产许可证或者农药生产批准文件。

具体的处罚标准为：

（一）生产、经营假农药的，劣质农药有效成分总含量低于产品质量标准30%（含30%）或者混有导致药害等有害成分的，没收假农药、劣质农药和违法所得，并处违法所得5倍以上10倍以下的罚款；没有违法所得的，并处10万元以下的罚款。

（二）生产、经营劣质农药有效成分总含量低于产品质量标准70%（含70%）但高于30%的，或者产品标准中乳液稳定性、悬浮率等重要辅助指标严重不合格的，没收劣质农药和违法所得，并处违法所得3倍以上5倍以下的罚款；没有违法所得的，并处5万元以下的罚款。

（三）生产、经营劣质农药有效成分总含量高于产品质量标准70%的，或者按产品标准要求有一项重要辅助指标或者两项以上一般辅助指标不合格的，没收劣质农药和违法所得，并处违法所得1倍以上3倍以下的罚款；没有违法所得的，并处3万元以下罚款。

（四）生产、经营的农药产品净重（容）量低于标明值，且超过允许负偏差的，没收不合格产品和违法所得，并处违法所得1倍以上5倍以下的罚款；没有违法所得的，并处5万元以下罚款。

生产、经营假农药、劣质农药的单位，在农业行政主管部门或者法律、行政法规规定的其他有关部门的监督下，负责处理被没收的假农药、劣质农药，拖延处理造成的经济损失由生产、经营假农药和劣质农药的单位承担。

怎样识别假劣农药？

首先，从农药内外包装上鉴别。正规合格的农药其包装材料新，耐使用，封口严格，瓶间有防震材料填充，包装箱外面印有农药登记证号、产品标准号、生产许可证号、包装规格、毒性标志、有效成分含量、生产厂名、厂址等内容，并贴有合格证和使用说明书等；假劣农药的包装一般比较粗糙、不统一，瓶口封不严，多有渗漏现象，且很少贴有合格证或使用说明书。

其次，从农药本身来鉴别。乳油类农药，采取振荡、加热、稀释、嗅味等方法鉴别：(1)振荡法：观察瓶内的药剂有无分层现象，如果已分层，即上面浮油下面沉淀，此时可用力振荡均匀，静止1小时后，如果仍然分层，则说明是假劣农药。(2)加热法：对于有沉淀的浮油农药，连瓶子放在热水中，水温以烫手为准，1小时左右沉淀不能溶化者为假劣农药。(3)稀释法：对没有分层、沉淀的农药，可以取其约10毫升放于白色玻璃瓶中，加水30毫升，搅拌后静置半小时。合格的农药水面无浮油，水底无沉淀，稀释液呈乳白色。反之则为假劣农药。此外，还可用嗅味法或点燃法鉴别。

水剂农药，合格产品无沉淀，稀释后成均匀液体，无沉淀分层现象。假劣产品有明显沉淀，稀释后药液分层。

粉剂农药，合格产品粉粒细、光滑，容易从喷粉器中喷出，有明显臭味。如果是可湿性粉剂，则能均匀悬浮于水中。假劣农药一般粒粗、不光滑，臭味不浓或无臭味，劣质可湿性粉剂一般难溶于水中或加水后有沉淀。

颗粒剂农药，一般合格产品颗粒均匀，有很浓的气味，放入水中不易变色。而假劣产品颗粒不均匀，气味不浓或在水中易变色。

哪些农药属于禁止经营的农药?

《农药管理条例实施办法》第二十三条规定，农药经营单位不得经营下列农药：

(一)无农药登记证或者农药临时登记证、无农药生产许可证或者生产批准文件、无产品质量标准的国产农药；

（二）无农药登记证或者农药临时登记证的进口农药；

（三）无产品质量合格证和检验不合格的农药；

（四）过期而无使用效能的农药；

（五）没有标签或者标签残缺不清的农药；

（六）撤销登记的农药。

禁止在蔬菜、茶叶、瓜类、果树和中药材上使用的农药品种有哪些？

《农药管理条例》第二十六条规定，使用农药应当遵守国家有关农药安全、合理使用的规定，按照规定的用药量、用药次数、用药方法和安全间隔期施药，防止污染农副产品。剧毒、高毒农药不得用于防治卫生害虫，不得用于蔬菜、瓜果、茶叶和中草药材。农业部发布的194号公告，重申了国家明令禁止的农药和在蔬菜、果树、茶叶和中药材不得使用的高毒农药品种清单。这些农药是：(1)国家明令禁止使用的农药品种：六六六、滴滴涕、毒杀芬、二溴氯丙烷、杀虫脒、二溴乙烷、除草醚、艾氏剂、狄氏剂、汞制剂、砷、铅类、敌枯双、氟乙酰胺、甘氟、毒鼠强、氟乙酸钠、毒鼠硅。(2)在蔬菜上禁止使用的高毒农药品种：甲胺磷，甲基对硫磷（甲基1605）、对硫磷（1605）、久效磷、磷胺、甲拌磷（3911）、氧乐果、甲基异柳磷、特丁硫磷、甲基硫环磷、治螟磷、内吸磷、克百威（呋喃丹）、涕灭威、灭线磷、硫环磷、蝇毒磷、地虫硫磷、氯唑磷、苯线磷。(3)其他禁用和限用的农药品种有：①氰戊菊酯、三氯杀螨醇及混配剂禁止在茶叶上使用。②所有拟除虫菊酯类农药单剂及混配剂和稻瘟净、异稻瘟净单剂禁止在水稻上使用。③农田化学除草剂胺苯磺隆、绿磺隆、甲磺隆单剂及其复配制剂仅限于水旱轮作田使用。任何农药产品都不得超出农药登记批准的使用范围使用。

肥料包装及标志内容有哪些规定?

肥料标志是生产企业对肥料特性和特征的说明,是农民选购肥料的重要依据。《肥料标志内容和要求》规定,肥料标志的内容应包括:(1)肥料名称及商标;(2)肥料规格、等级和净含量;(3)养分含量应以单一数值标明养分的含量;(4)其他添加物含量;(5)生产许可证编号;(6)生产者或经销者的名称、地址;(7)生产日期或批号;(8)肥料标准;(9)警示说明。

生产上常用哪些无机肥料?

无机肥料是通过化学合成方式将某些含有肥料成分的矿物质,经过粉碎、精选、加工制成的肥料,一些属于工矿企业的副产品,具有矿物盐和无机盐性质的肥料都属于化学肥料,这种肥料作用效果迅速,作用不持久,如果长期使用还易造成土壤板结,目前市场上销售的绝大多数的肥料属于无机肥料。根据化肥所含营养成分的不同,可以将市场上销售的无机肥料分为四大类:

(一)氮肥。凡是以氮元素为主要营养成分的化肥叫氮素化学肥料,简称氮肥。包括:(1)铵态氮肥。以铵盐或氮为主要成分的氮肥。水溶性,肥效快,容易被作物吸收,可用于各种土壤,特别适用于水田。如硫酸铵、氯化铵、碳酸氢铵、氨水和液体氨。(2)硝酸态氮肥。以硝酸盐为主要成分的氮肥。水溶性,肥效快,但土壤对硝酸态氮吸收力很弱,容易随水流失。一般用作追肥,适用于旱地,如硝酸钠、硝酸钙。(3)硝酸态氮肥。氮素形态是硝酸根的氮肥。硝酸态氮肥施入土壤后,不被土壤胶体吸附或固定,移动性大,容易淋溶损失,肥效较为迅速。如硝酸铵、硝酸铵钙和硫硝酸铵。(4)酰胺态氮肥。以酰胺形态氮的氮肥称为酰胺态氮肥。酰胺态氮肥施入土壤之后,以分子形态存在,在土壤中移动缓慢,淋溶损失少;经脲酶的水解作用产生铵盐;肥效比铵态氮和硝态氮迟缓,容易吸收,适宜叶面追肥。如尿素,是目前含氮量最高的固体氮肥。

(二)磷肥。以磷为主要养分的肥料。包括:(1)水溶性磷肥。磷肥中的磷易溶于水,能为作物直接吸收利用,如普通过磷酸钙、重过磷酸钙、磷酸铵及含水溶性磷的一些复混肥等。(2)弱酸溶性磷肥。磷肥中的磷素易溶于弱酸,主要有钙镁磷肥、钢渣磷肥、脱氟磷肥、氨化过磷酸钙、偏磷酸钙等复肥。(3)难溶性磷肥。肥料中的磷只有在强酸条件下才能被溶解,它们几乎不溶于水,包括各种磷矿粉、骨粉等。

(三)钾肥。以钾元素为主要养分的肥料。大都能溶于水,肥效快,易被作物吸收,适量施用钾肥,能使作物茎秆粗壮坚韧,防止倒伏,促进开花结实,并增强抗寒、抗旱、抗病害能力。生产上常用的钾肥有硫酸钾、氯化钾、窖灰钾和草木灰等。

(四)复合肥。复合肥料是指成分中同时含有氮、磷、钾三要素或只含其中任何两种元素的化学肥料。含三要素中任何两种要素的复合肥料称为二元复合肥料;同时含有氮、磷、钾三要素的肥料称为三元复合肥料。有的制品是化合物,有的制品是混合物。目前我国在复混肥料中往往添加某些微量元素,制成含有某种微量元素的复混肥料。复合肥具有养分含量高、副成分少且物理性状好等优点,对于平衡施肥,提高肥料利用率,促进作物的高产稳产有着十分重要的作用。复合肥包装标志按照氮、磷、钾方式进行排列,以标明各元素的含量。如有的化肥袋子上会写上类似“30－20－30”这样的字样,这就是说明它的配比的氮、磷、钾的含量的多少和比例。

怎样识别真假肥料？

真假肥料的识别，可以概括为五个字：看、摸、烧、试、测。

（一）看。检查标志：在购买前，首先看包装标志，依照《肥料标志内容和要求》有关包装标志的规定查看包装标志是否符合规范要求。其次，检查包装袋封口：对包装封口有明显拆封痕迹的化肥要特别注意，这种现象有可能掺假。第三，看颜色、形状，闻气味。常用的尿素、碳酸氢铵、硫酸铵、氯化铵多为白色，有些略带淡黄色或其他杂色，尿素颗粒状、粉状，其他为结晶体。除尿素外的氮肥都有氨味，碳酸氢铵有明显刺鼻氨味。氯化钾、硫酸钾为白色或带红色，结晶体、粉末。磷酸二氢钾白色结晶体，磷酸二铵灰褐色颗粒。钙镁磷肥、过磷酸钙为灰色，粉末状为钙镁磷肥，有多孔结构的为过磷酸钙，并有酸味。复混肥、有机无机肥多为灰色、白灰色、褐色、黑色，粒状、粉状、柱状。对带有颜色的肥料，要砸开颗粒看看内外颜色是否一致，或浸泡入水后，捞出察看颗粒颜色是否脱落，市场上有染颜色的假冒化肥。

（二）摸。就是凭手感，摸肥料的吸湿性、物理性状、光滑感、流动性等。

（三）烧。就是看肥料的熔融性、燃烧性。取少许化肥放在烧红的薄铁片或直接放在烧红的木炭上，或用曲别针挑着或用大头针扎住颗粒用打火机点燃。完全燃烧或熔化或直接分解的肥料多为尿素、碳酸氢铵、氯化铵、硝酸铵、硫酸铵、磷酸二铵、含氮高浓度复混肥，有氨味。硫酸铵有残留物，尿素燃烧时若取一玻璃片接触白烟，能见玻璃片上附有一层白色结晶物。过磷酸钙、钙镁磷肥、磷矿粉等在红木炭上无变化。过磷酸钙有橡皮味。硫酸钾、氯化钾在红木炭上无变化，发出噼啪声，有拆裂。低浓度复混肥：在红木炭上的现象差异很大，与其构成原料密切相关，当其原料中有氨态氮或酰氨态氮会放出强烈氨味，并有大量残渣遗留。

(四)试。就是试肥料的pH值、水中溶解度。取一小勺化肥放入玻璃杯或白瓷碗内，加3～5倍清水，充分搅动后，稍停观察。全部溶解为尿素、碳酸氢铵、氯化钾、硫酸铵、高浓度优质复混肥。尿素溶解时使水的温度明显降低，用手触摸有冰手感，溶解中可以看到溶化较慢的颗粒呈半透明壳膜。硫酸钾不完全溶解，还有结晶。部分溶解、部分沉于瓷碗底部的为重过磷酸钙、过磷酸钙、低浓度复混肥。不溶解而沉于瓷碗底部的为钙镁磷肥(碱性)、钢渣磷肥(碱性)、磷矿粉等。

通过与碱性物质反应的方式，确定其酸碱性。取少许化肥研磨，加少许水湿润，与纯碱、碱性洗衣粉、石灰、草木灰等碱性物质混合，用棒搅拌，如能闻到氨味则为氨态氮肥或含氨态氮的复混肥料。尿素因为酰氨态所以无氨味。

(五)测。就是根据国标测试肥料养分的准确含量。需要专业的测量器械和工具进行测量。

为什么要对植物进行检疫?

植物检疫是以国家发布的植物检疫法律、法规为依据，运用科学的检疫技术和方法，对应检物实施检疫检验，防止植物检疫对象、危险性病、虫、草等有害生物的人为传播蔓延，保护农林业生产安全和人民身体健康，维护贸易信誉，促进国民经济的发展。在自然界中，植物病、虫、草害的分布有一定的地区性，但它们中的许多种类，包括某些危险性病、虫、杂草可以随人为调运植物和植物产品而传播蔓延，这些病、虫、杂草传入新区后能生存、繁衍，甚至往往因新地区的气候条件适应而迅速蔓延，造成严重危害，给人类带来巨大损失，而且新的病、虫、杂草一旦传入，常常难于根治而留下无穷后患。开展植物检疫工作，就是从根本上杜绝危险性病、虫、杂草的传入，或一旦传入，也要把它控制在最小范围内，不让它蔓延扩展，以保证农业稳定高产安全发展，因此，开展植物检疫是防治农作物病、虫、杂草最经济、最有效、最积极的办法。

农业植物检疫的范围有哪些?

农业植物检疫范围包括粮、棉、油、麻、桑、茶、糖、菜、烟、果（干果除外）、药材、花卉、牧草、绿肥、热带作物等植物，植物的各部分，包括种子、块根、块茎、球茎、鳞茎、接穗、砧木、试管苗、细胞繁殖体等繁殖材料，以及来源于上述植物、未经加工或者虽经加工但仍有可能传播疫情的植物产品。

全国植物检疫对象和应施检疫的植物、植物产品名单如下，(1)水稻细菌性条斑病；(2)小麦矮腥黑穗病；(3)玉米霜霉病；(4)马铃薯癌肿病；(5)大豆疫病；(6)棉花黄萎病；(7)柑橘黄龙病；(8)柑橘溃疡病；(9)木薯细菌性枯萎病；(10)烟草环斑病毒病；(11)番茄溃疡病；(12)鳞球茎茎线虫；(13)稻水象甲；(14)小麦黑森瘿蚊；(15)马铃薯甲虫；(16)美洲斑潜蝇；(17)柑橘大实蝇；(18)蜜柑大实蝇；(19)柑橘小实蝇；(20)苹果蠹蛾；(21)苹果棉蚜；(22)美国白蛾；(23)葡萄根瘤蚜；(24)谷斑皮蠹；(25)菜豆象；(26)四纹豆象；(27)芒果果肉象甲；(28)芒果果实象甲；(29)咖啡旋皮天牛；(30)假高粱；(31)毒麦；(32)菟丝子属。

哪些植物和植物产品必须实施检疫?

《植物检疫条例》第七条和第八条第三款规定，省间调运植物、植物产品，属于下列情况的必须实施检疫：

（一）凡种子、苗木和其他繁殖材料，不论是否列入应施检疫的植物、植物产品名单和运往何地，在调运之前，都必须经过检疫；

（二）列入全国和省、自治区、直辖市应施检疫的植物、植物产品名单的植物产品，运出发生疫情的县级行政区域之前，必须经过检疫；

（三）对可能受疫情污染的包装材料、运载工具、场地、仓库等也应实施检疫。

什么是产地检疫？为什么要开展产地检疫？

产地检疫是指植物检疫机构根据生产单位或个人申请，指导和监督生产单位或个人按照《产地检疫规程》，生产出不带检疫性有害生物的植物、植物产品，并依法签署产地检疫合格证的管理制度。

产地检疫是植物检疫具有积极性、主动性、预防性的措施，是防止检疫性有害生物传播蔓延的根本途径。

如何申请无公害农产品产地认证？

无公害农产品，是指产地环境、生产过程和产品质量符合国家有关标准和规范的要求，经认证合格获得认证证书并允许使用无公害农产品标志的未经加工或者初加工的食用农产品。申请无公害农产品产地认定的单位或者个人（以下简称申请人），应当向县级农业行政主管部门提交书面申请，书面申请应当包括以下内容：

（一）申请人的姓名（名称）、地址、电话号码；

（二）产地的区域范围、生产规模；

（三）无公害农产品生产计划；

（四）产地环境说明；

（五）无公害农产品质量控制措施；

（六）有关专业技术和管理人员的资质证明材料；

（七）保证执行无公害农产品标准和规范的声明；

（八）其他有关材料。

县级农业行政主管部门自收到申请之日起，在10个工作日内完成对申请材料的初审工作。申请材料初审不符合要求的，应当书面通知申请人。

申请材料初审符合要求的，县级农业行政主管部门应当逐级将推荐意见和有关材料上报省级农业行政主管部门。

省级农业行政主管部门自收到推荐意见和有关材料之日起，在10个工作日内完成对有关材料的审核工作，符合要求的，组织有关人员对产地环境、区域范围、生产规模、质量控制措施、生产计划等进行现场检查。现场检查不符合要求的，应当书面通知申请人。

现场检查符合要求的，应当通知申请人委托具有资质资格的检测机构，对产地环境进行检测。

承担产地环境检测任务的机构，根据检测结果出具产地环境检测报告。

省级农业行政主管部门对材料审核、现场检查和产地环境检测结果符合要求的，应当自收到现场检查报告和产地环境检测报告之日起，30个工作日内颁发无公害农产品产地认定证书，并报农业部和国家认证认可监督管理委员会备案。

获得无公害农产品认证证书的单位或者个人，可以在证书规定的产品、包装、标签、广告、说明书上使用无公害农产品标志。

无公害农产品产地应当符合哪些条件?

(一)产地环境符合无公害农产品产地环境的标准要求;

(二)区域范围明确;

(三)具备一定的生产规模。

如何申请无公害农产品认证?

申请无公害产品认证的单位或者个人(以下简称申请人),应当向认证机构提交书面申请,书面申请应当包括以下内容:

(一)申请人的姓名(名称)、地址、电话号码;

(二)产品品种、产地的区域范围和生产规模;

(三)无公害农产品生产计划;

(四)产地环境说明;

(五)无公害农产品质量控制措施;

(六)有关专业技术和管理人员的资质证明材料;

(七)保证执行无公害农产品标准和规范的声明;

(八)无公害农产品产地认定证书;

(九)生产过程记录档案;

(十)认证机构要求提交的其他材料。

认证机构自收到无公害农产品认证申请之日起,应当在15个工作日内完成对申请材料的审核。材料审核不符合要求的,应当书面通知申请人。符合要求的,认证机构可以根据需要派员对产地环境、区域范围、生产规模、质量控制措施、生产计划、标准和规范的执行情况等进行现场检查。现场检查不符合要求的,应当书面通知申请人。

材料审核符合要求的,或者材料审核和现场检查符合要求的(限于需要对现场进行检查时),认证机构应当通知申请人委托具有资质资格的检测机构对产品进行检测。承担产品检测任务的机构，根据检测结果出具产品检测报告。

认证机构对材料审核、现场检查（限于需要对现场进行检查时）和产品检测结果符合要求的，应当自收到现场检查报告和产品检测报告之日起，在30个工作日内颁发无公害农产品认证证书。

获得绿色食品标志的产品应当符合哪些条件？

绿色食品是遵循可持续发展原则，按照特定生产方式生产，经专门机构认定，许可使用绿色食品标志商标的无污染的安全、优质、营养类食品。绿色食品标志是由绿色食品发展中心在国家工商行政管理局商标局正式注册的质量证明商标。绿色食品标志由3部分构成，即上方的太阳、下方的叶片和中心的蓓蕾。标志呈正圆形，意为保护。

绿色食品必须同时具备以下条件：

（一）产品或产品原料产地必须符合绿色食品生态环境质量标准。农业初级产品或食品的主要原料，其生长区域内没有工业企业的直接污染，水域上游、上风口没有污染源对该区域构成污染威胁。该区域内的大气、土壤、水质均符合绿色食品生态环境标准。并有一套保证措施，确保该区域在今后的生产过程中环境质量不下降。

（二）农作物种植、畜禽饲养、水产养殖及食品加工必须符合绿色食品生产操作规程。农药、肥料、兽药、食品添加剂等生产资料的使用必须符合《生产绿色食品的农药使用准则》、《生产绿色食品肥料使用准则》、《生产绿色食品的食品添加剂使用准则》、《生产绿色食品的兽药使用准则》。

（三）产品必须符合绿色食品产品标准。凡冠以绿色食品的最终产品必须由中国绿色食品发展中心指定的食品监测部门依据绿色食品产品标准检测合格。绿色食品产品标准是参照有关国家、部门、行业标准制定的，通常高于或等同现行标准，有些还增加了检测项目。

（四）产品的包装、贮运必须符合绿色食品包装贮运标准。产品的外包装除必须符合国家食品标签通用标准外，还必须符合绿色食品包装和标签标准。绿色食品标准分为A级和AA级两种。

什么是基本农田保护制度？哪些耕地应归为基本农田？

根据《基本农田保护条例》的规定，国家实行基本农田保护制度。基本农田是指按照一定时期人口和社会经济发展对农产品的需求，依据土地利用总体规划确定的不得占用的耕地。基本农田保护区是指为对基本农田实行特殊保护而依据土地利用总体规划和依照法定程序确定的特定保护区域。

下列耕地应当根据土地利用总体规划划入基本农田保护区，严格管理：

（一）经国务院有关主管部门或者县级以上地方人民政府批准确定的粮、棉、油生产基地内的耕地；

（二）有良好的水利与水土保护设施的耕地，正在实施改造计划以及可以改造的中、低产田；

（三）蔬菜生产基地；

（四）农业科研、教学试验田；

（五）原为水田或者其他优质耕地，改为其他农业用途且土壤耕作层未被破坏或者轻度破坏易于恢复的农用地。

根据土地利用总体规划，铁路、公路等交通沿线，城市和村庄、集镇建设用地周边的耕地,应当优先划入基本农田保护区;需要退耕还林、还牧、还湖的耕地,不应当划入基本农田保护区。

各省、自治区、直辖市划定的基本农田应当占本行政区域内耕地的80%以上。基本农田保护区以乡(镇)为单位进行划区定界,由县级人民政府土地行政主管部门会同同级农业行政主管部门组织实施。

违反基本农田保护制度的行为有哪些?

(一)《基本农田保护条例》第三十条指出,违反本条例规定,有下列行为之一的,依照《中华人民共和国土地管理法》和《中华人民共和国土地管理法实施条例》的有关规定,从重给予处罚:(1)未经批准或者采取欺骗手段骗取批准,非法占用基本农田的;(2)超过批准数量,非法占用基本农田的;(3)非法批准占用基本农田的;(4)买卖或者以其他形式非法转让基本农田的。

(二)《基本农田保护条例》第三十二条指出,违反本条例规定,破坏或者擅自改变基本农田保护区标志的,由县级以上地方人民政府土地行政主管部门或者农业行政主管部门责令恢复原状,可以处1000元以下罚款。

(三)《基本农田保护条例》第三十三条指出,违反本条例规定,占用基本农田建窑、建房、建坟、挖沙、采石、采矿、取土、堆放固体废弃物或者从事其他活动破坏基本农田,毁坏种植条件的,由县级以上人民政府土地行政主管部门责令改正或者治理,恢复原种植条件,处占用基本农田的耕地开垦费1倍以上2倍以下的罚款;构成犯罪的,依法追究刑事责任。

哪些行为可以认定是闲置了土地?

闲置土地是指土地使用者依法取得土地使用权后,未经原批准用地的人民政府同意,超过规定的期限未动工开发建设的建设用地。

具有下列情形之一的,也可以认定为闲置土地:

(一)国有土地有偿使用合同或者建设用地批准书未规定动工开发建设日期,自国有土地有偿使用合同生效或者土地行政主管部门建设用地批准书颁发之日起满1年未动工开发建设的;

(二)已动工开发建设,但开发建设的面积占应动工开发建设总面积不足1/3或者已投资额占总投资额不足25%且未经批准中止开发建设连续满1年的;

(三)法律、行政法规规定的其他情形。

对非农业占用建设用地耕地的闲置土地应如何处理?

已经办理审批手续的非农业建设占用耕地,1年内不用而又可以耕种并收获的,应当由原耕种该耕地的集体或者个人恢复耕种,也可以由用地单位组织耕种;1年以上未动工建设的,应当按照省、自治区、直辖市的规定缴纳闲置费;连续2年未使用的,经原批准机关批准,由县级以上人民政府无偿收回土地使用者的土地使用权;该土地原为农民集体所有的,应当交由原农村集体经济组织恢复耕种。

农村集体所有的土地能否进行买卖?

《中华人民共和国宪法》第九条规定:“矿藏、水流、森林、草原、荒地、滩涂等自然资源,都属于国家所有,即全民所有;有法律规定属于集体所有的森林和山岭、草原、荒地、滩涂除外。”该法第十条规定:“农村和城市郊区的土地,除由法律规定属于国家所有的以外,属于集体所有;宅基地和自留地、自留山,也属于集体所有。”依据法律规定,我国农村土地所有权属全民所有和集体所有,不承认土地私有,因此,不能私下进行买卖,农村土地所有权属于农民集体所有。

农村土地的所有权和使用权争议由哪个部门处理?

农村土地所有权和使用权争议由当事人协商解决。协商不成的,可以向土地所在地的县级以上土地行政主管部门或者乡、镇人民政府提出处理申请。调解达成协议的,由土地行政主管部门或者乡、镇人民政府制作调解书。当事人凭调解书申请土地登记。经调解未达成协议的,属于个人之间、个人与单位之间发生的土地权属争议,由土地所在地的乡、镇人民政府处理;跨乡、镇的及单位之间的土地权属争议,由区、县人民政府处理。

违法耕地保护法律的行为主要有哪些?

根据《土地管理法》、《刑法》、《土地管理法实施条例》、《基本农田保护条例》等法律、法规规定,违法耕地保护法律的行为主要有以下几种:

(一)非法批准征用、占用土地的违法行为;

(二)违反法律规定,占用耕地建窑、建坟或者擅自在耕地上建房、挖沙、采石、采矿、取土等,毁坏种植条件的违法行为;

(三)非法侵占、挪用征地费、基本农田的耕地开垦费的违法行为;

(四)应将耕地划入基本农田保护区而不划入的违法行为;

（五）破坏或者擅自改变基本农田保护区标志的违法行为；

（六）破坏基本农田，毁坏种植条件的违法行为；

（七）非法占用基本农田的违法行为；

（八）非法转让基本农田的违法行为；

（九）违反土地利用总体规划擅自将农用地（耕地）改为建设用地的违法行为。

对破坏耕地的违法行为应当如何处罚？

按照《土地管理法》第七十四条和《土地管理法实施条例》第四十条规定，对违反《土地管理法》规定，占用耕地建窑、取土等，破坏种植条件的，由县级以上人民政府土地行政主管部门责令限期改正或者治理，可以并处罚款；构成犯罪的，依法追究刑事责任。并处罚款的，罚款额为耕地开垦费的 2 倍以下。

怎样申请宅基地？

农村村民建住宅可以申请使用农民集体所有的土地，但一户只能拥有一处宅基地，其面积不得超过省、自治区、直辖市规定的标准。已经达到或者超过标准的，不得再申请使用宅基地，也不得在农村购买住宅。但由于房地产继承等原因形成的多处住宅（包括宅基地），原则上不作处理，村民可以出卖多余的住宅，也可以维护原状，但不得翻建。房屋损坏后多余的宅基地应当依法收回。农村村民建住宅用地，由村民向农村集体经济组织或村民委员会提出申请，经村民会议讨论，乡（镇）人民政府审核后，报县级人民政府批准。涉及占用农用地的，应当先按照《土地管理法》的规定取得农用地转用手续。

申请宅基地的条件有哪些?

(一)申请人必须自立门户,以户为单位申请用地,用地实行一户一宅的原则;

(二)申请人及户内人口(申请用地面积时计算的该户人口)必须是农村集体经济组织成员;

(三)申请人申请的建房用地原则上应是所在的村民小组的土地,如申请使用同一村非本人所在村民小组土地建房,应经土地所属的农村集体经济组织同意,但使用统一规划的农民住宅小区土地建房除外;

(四)申请人没有房屋或现有宅基地面积达不到规定标准的;

(五)申请使用的土地符合土地利用总体规划,在城市规划区内的必须符合城市规划;涉及农用地的,应符合土地利用年度计划。

申请宅基地的程序有哪些?

符合宅基地申请条件的村民申请宅基地应履行以下程序:(1)村民向村民委员会提出申请,村委会将申请人及理由张榜公布;(2)经村民会议或村民代表会议讨论后,张榜公布;(3)村委会将意见上报国土资源所、乡(镇)街道办事处审查后,报县级国土资源局审核;(4)县级国土资源局审核后,符合申请条件的,交由县级人民政府批准。

农村的宅基地可以买卖吗?

不可以。《宪法》第十条规定:农村宅基地和自留地、自留山,也属于集体所有。《土地管理法》第八条第二款规定更明确规定了"宅基地和自留地、自留山,属于农民集体所有"。因此,从所有权归属上讲,宅基地属于农民集体所有。《土地管理法》第六十二条规定,农村村民一户只能拥有一处宅基地,其他宅基地的面积不得超过省、自治区、直辖市规定的标准。农村村民建住宅,应当符合乡(镇)土地利用总体规划,并尽量使用原有的宅基地和村内空闲地。农村村民住宅用地,经乡(镇)人民政府审核,由县级人民政府批准;其中,涉及占用农用地的,依照《土地管理法》第四十四条的规定办理审批手续。农村村民出卖、出租住房后,再申请宅基地的,不予批准。宅基地是由农民集体经济组织分配给符合申请条件的本集体经济组织成员的,分配宅基地的目的是解决农民居住困难的问题,如果允许农村宅基地随意买卖,就失去了将农民集体所有的宅基地分配给村民的意义。

农民可以将房屋卖给本集体经济组织之外的人吗?

不可以。根据《土地管理法》第六十二条及其他条款的规定,农村宅基地属于农民集体经济组织所有,能享有宅基地使用权的必须是集体经济组织的成员,且一户只能享有一处。如果允许农村房屋出售给集体经济组织以外的人,将导致房屋项下的宅基地使用权一并转让,这势必导致宅基地使用权享受主体的扩大化,违反《土地管理法》中关于宅基地使用权身份限制的规定。《土地管理法》第六十三条规定:"农村集体所有的土地的使用权不得出让、转让或者出租用于非农业建设。"如果农民的房屋允许自由买卖,就是将与房屋相连接的宅基地使用权作为标的物出卖了,实质上就是对农民集体所有的土地使用权进行非农业建设,因而为该规定所禁止。因此,农村的房屋是不能卖给本集体经济组织之外的人的。

对农村村民非法占用土地建住宅的行为应作何处罚?

根据《土地管理法》的有关规定,对农村村民非法占用土地建住宅的处罚有两种方式:一是责令退还非法占用的土地;二是限期拆除在非法占用的土地上新建的房屋。

什么是违法建筑?

违法建筑是指未经规划土地主管部门批准,未领取建设工程规划许可证或临时建设工程规划许可证,擅自建造的建筑物和构筑物。

什么是“以租代征”非法占地行为?

按照土地管理法律、法规的有关规定,“以租代征”就是违反土地利用总体规划和土地利用年度计划,规避农用地转用和土地征收审批,通过出租(承租)、承包等“以租代征”方式非法使用农民集体所有土地进行非农业项目建设的违法行为。

邻居的房屋挡住了其他人家的光线怎么办?

《城市居住区规划设计规范》规定:“住宅建筑的规划设计,应综合考虑用地条件、选型、朝向、间距、绿地、层数与密度、布置方式、群体组合和空间环境等因素确定。住宅间距,应以满足日照要求为基础,综合考虑采光、通风、消防、防震、管线埋设、避免视线干扰等要求确定。大城市住宅日照标准为大寒日≥2 小时,冬至日≥1 小时;中小城市住宅日照标准为大寒日≥3 小时,冬至日≥1 小时;老年人居住建筑不应低于冬至日日照 2 小时的标准;在原设计建筑外增加任何设施不应使相邻住宅原有日照标准降低；旧区改造的项目内新建住宅日照标准可酌情降低，但不应低于大寒日日照 1 小时的标准。”因此，如果低于上述标准，邻居所建房屋挡住了其他人家的光线，属于侵权行为。依据《中华人民共和国民法通则》第八十三条的规定，不动产的相邻各方，应当按照有利生产、方便生活、团结互助、公平合理的精神，正确处理截水、排水、通行、通风、采光等方面的相邻关系。给相邻方造成妨碍或者损失的，应当停止侵害，排除妨碍，赔偿损失。

邻居修房子打地基，影响他人房屋安全怎么办？

《物权法》第九十一条规定，不动产权利人挖掘土地、建造建筑物、铺设管线以及安装设备，不得危及相邻不动产的安全。邻居在修房子打地基行使自已建房权利的同时，应当以不危及他人不动产的正常使用和安全为限，如果因邻居修房子打地基导致相邻他人的房屋受损的，则受损害的人有权要求停止侵权，并要求赔偿损失。

村民只要向村委会申请，向村委会交钱就可以获得宅基地盖房吗？

不可以。我国《土地管理法》规定，农村村民申请宅基地，应首先向村民委员会提出申请，经村民会议或村民代表会议讨论后，报乡(镇)人民政府审核，由县级人民政府批准；其中，涉及占用农用地的，依照《土地管理法》第四十四条的规定办理审批手续。因此，村民要想获得合法的宅基地，必须最后获得县级人民政府批准才为有效。

“农转非”后能否再“非转农”？

根据《中华人民共和国户口登记条例》第六条，公民应当在经常居住的地方登记为常住人口，一个公民只能在一个地方登记为常住人口。如果农民工在城市里购买了房屋，并办理了农业户口转为非农业户口的手续，原来的农业户口必须注销。对少数已经办理“农转非”但在城镇确无生活基础、实际居住在农村的人员，本人要求“非迁农”，只要当地乡（镇）、行政村同意接收，县（市、区）公安机关原则上应当允许其在农村落户。“农转非”后，农民工再想办理“非转农”，必须首先由当地行政村、乡（镇）两级书面同意，再到公安机关办理具体手续。

农民进城务工篇

农民进城务工应当做好哪些准备工作?

首先是思想准备。要知道,世上没有免费的午餐,挣一分钱就要付出一分力,要想到外面务工就不能贪图安逸和享受,要有吃苦拼搏、战胜各种困难的思想准备,坚定外出务工的信心。其次是能力准备。要出去打工,最好先在家乡或在打工城市参加一些正规的专业技能培训,学到一定技术,这样才有打工的资本,才容易找到工作,多挣钱。目前各地开展阳光工程培训,有外出务工意愿的农民,尤其是 16 周岁至 25 周岁的青年人,一定要学到一门技能,有必要参加职业技能鉴定,拿到技术等级证,这样才能找到合适的岗位,才能拿到高工资。如何参加培训和考证,可到当地农业局咨询阳光工程培训。第三是要了解务工地点的情况,对务工地点有个初步印象。了解一下务工地点的居住情况。因为到达务工地点后,必须先落下脚来,也就是找一个居住的地方。形式无非几种:一种是联系到朋友借住,一种是住旅馆,一种是自己租房。实际上,初到务工地点可以先找个小旅店住下,然后找工作,等找好工作后再到单位附近的地方找住处。具体应当根据每个人的情况而定。

农民工找工作时应怎样识别违规的职业介绍?

《劳动力市场管理规定》第二十一条规定,禁止职业介绍机构有下列行为:(1)超出标准的业务范围经营;(2)提供虚假信息;(3)超标准收费;(4)介绍求职者从事法律、法规禁止从事的职业;(5)为无合法证照的用人单位或者无合法身份证件的求职者进行职业介绍活动;(6)以暴力、胁迫、欺诈等方式进行职业介绍活动;(7)伪造、涂改、转让批准文件;(8)以职业介绍为名牟取不正当利益或进行其他违法活动。

如果职业介绍机构存在以上行为中的任何一种，就是违反《劳动力市场管理规定》的职业介绍活动，农民工朋友就应该进行抵制，或者到劳动保障部门投诉。

农民工进城务工享有哪些基本权利?

根据现行劳动保障法律法规的规定，农民工应当享有的基本权利包括：

（一）用人单位应当按时足额支付工资，不得克扣、无故拖欠农民工工资；

（二）用人单位支付的工资不得低于当地最低工资标准；

（三）用人单位应依法实行国家规定的工时制度，安排农民工加班加点应符合国家有关规定，并依法支付加班加点工资；

（四）用人单位应当依法与农民工签订劳动合同；

（五）试用期应包括在劳动合同期限之中；

（六）用人单位不得向农民工收取定金、保证金或扣留居民身份证等证件；

（七）用人单位不得随意解除劳动合同，解除劳动合同应当符合《中华人民共和国劳动法》（以下简称《劳动法》）的规定，并依法向农民工支付经济补偿金；

（八）农民工依法享有休息休假的权利；

（九）女职工和未成年工享受特殊劳动保护；

（十）农民工有权参加工伤保险、基本医疗保险、基本养老保险、失业保险和生育保险。

外出务工需要办理的手续和准备的证明材料有哪些?

农民工去外地务工需要办理以下证件：（1）有效居民身份

证。(2)16周岁~49周岁的育龄妇女还必须办理流动人口婚育证明,持本人身份证,以及1寸照片2张(如果已经结婚,就要带上结婚证),向户口所在地的村委会申请办理婚育证明。(3)毕业证或学历证明。(4)能证明自己特殊身份的证件,如转业军人证、复员军人证等。(5)凡前往深圳、珠海或其他省(区)边境管理区就业的公民,必须申办边境通行证。另外,在外出之前,最好带一些1寸和2寸的免冠照片,以备进城之后办理一些必要证件时使用。

农民工在求职中如何避免被欺骗?

职业介绍机构供求信息多,服务快捷方便,深受求职者的欢迎。但近年来,农民工受到非法职介欺骗的现象时有发生。要想避免求职被骗,就不要到非法职介机构找工作。而判断职介机构是否合法的基本标准是看职介机构和个人有无职业介绍许可证。劳动保障部门在给单位或个人发职业介绍许可证时,是要对申请单位和个人进行严格审查、把关的。

有些职介机构虽然具有职业介绍许可证,但不排除存在提供虚假用工信息等违法经营的问题。如果职介机构出现超标准收费、提供虚假信息等违规行为,务工者应该进行抵制,或者到劳动保障部门投诉。如果用人单位出现扣押务工者身份证、通过假招工骗钱、录用后要务工者交保证金或抵押金等行为,务工者要到当地的劳动保障部门投诉,维护自己的合法权益。

农民工如何参加用人单位招聘?

农民工在参加用人单位招聘时,应注意以下几点:(1)要注意用人单位招聘人员是否经劳动保障部门审批,避免上当受骗。(2)带好有关证件、证书。(3)仔细查看用人单位招聘条件,看是否与自身条件基本相符，可进行试探性询问。

常见的侵犯农民工合法权益的现象有哪些？

从近些年的劳动争议案件来看，农民工权益受到侵犯主要集中在以下几个方面：(1)用人单位克扣或无故拖欠工资。(2)强行加班加点，却不付给延长工作时间的工资报酬。(3)用人单位没有为农民工配备必要的劳动防护用具和劳动保护设施。(4)女工和未成年工得不到特殊劳动保护。(5)农民工患职业病、因工受伤、致残甚至死亡后，用人单位逃避责任。(6)用人单位的内部规章制度与国家法律法规冲突。(7)用人单位收取抵押金，扣押农民工有效证件。(8)随意辞退或开除农民工等等。

农民工维权主要有哪些途径？

(一)在职业中介机构被骗或者被用人单位侵权的，可以到当地劳动保障监察机构投诉。

(二)与用人单位发生劳动争议的，可以到当地劳动仲裁委员会申请仲裁；对仲裁结果不服的，可以向当地人民法院提起诉讼。

(三)到劳动保障部门投诉或申请工伤认定、要求支付社会保险待遇等，如果劳动保障部门有关机构拖着不办，或者对其处理结果不服的，可以申请行政复议或向当地人民法院提起诉讼。

(四)如果遇到一些复杂的官司，对法律问题搞不懂的时候，可以到当地工会、妇联、共青团组织、当地新闻媒体、法律援助中心等部门寻求帮助。

农民工怎样避免自己的合法权益受到侵犯?

维护自己的合法权益是对己、对人、对社会都有好处的行为。为了避免自己的利益受损,农民工要做到如下几点:(1)要有法律意识,学会用法律来协调人与人之间的关系。进城务工者尤其应该了解一些跟务工密切相关的法律知识,例如《劳动法》、《劳动合同法》、《违反和解除劳动合同的经济补偿办法》等。这样才能清楚地了解自己应享有的权利和应承担的义务、用人单位侵犯农民工合法权益后应承担的法律责任、如何处理劳动争议等内容。(2)要和用人单位签订劳动合同。农民工应当按照劳动合同的必备条款与用人单位进行仔细协商,避免可能侵犯自己正当利益的条款,并兼顾双方利益。合同签订后要妥善保存,防止损坏和丢失。(3)当自己的合法权益受到侵犯时,千万不能意气用事,也不要忍气吞声,要积极与用人单位协商解决问题,协商不成要及时通过仲裁以至法律手段保护自己的正当权益。

农民工自谋职业应做好哪些准备?

农民工自谋职业应注意以下几点:(1)更新就业观念,克服怕苦怕累的思想,培养自立自强的精神;(2)综合分析自己适合从事什么职业,正确地看待自己的长处和不足;(3)要注意调查研究,了解市场,找准切入点,提高抗风险能力;(4)了解有关政策,特别是要了解当地政府制定的一些鼓励自谋职业的政策,享受到应该享受的优惠政策;(5)学习掌握相关法律法规,遵纪守法,诚实守信;(6)积极参加职业培训,提高自身素质,增强市场竞争能力。

为了保障劳动者的劳动安全,法律规定劳动者应享有哪些权利?

从业人员的劳动总是在各种具体环境、条件下进行的,在生产中存在着各种不安全及产生职业危害的因素,如果不采取相应的保护措施,则极可能发生事故,危害从业人员的安全和健康,这些都涉及从业人员的切身利益。实践当中,大部分劳动者并不知道生产经营单位是否采取保障劳动安全的措施,特别是进入私营企业、乡镇企业务工的农民,由于他们文化水平较低,普遍缺乏自我保护意识、知识和能力,而一些生产经营单位为了多赚钱,隐瞒工作场所缺少劳动安全保障措施的真相,在与劳动者签订劳动合同时不履行保障劳动安全告知义务,因此,根据《中华人民共和国安全生产法》第四十四条规定,生产经营单位与从业人员订立的劳动合同,应当载明有关保障从业人员劳动安全、防止职业危害的事项,以及依法为从业人员办理工伤社会保险的事项。生产经营单位不得以任何形式与从业人员订立协议,免除或者减轻其对从业人员因生产安全事故伤亡依法应承担的责任。当前,采矿业、建筑业的一些生产经营单位强迫劳动者与其订立"生死合同",一旦发生人身伤亡事故,只给受害人或者其家属很有限的钱,就不再承担任何责任。这种"生死合同"严重损害了从业人员的合法权益,是对生命尊严的践踏,对此类合同必须严加禁止。

生产经营单位的从业人员有权了解其作业场所和工作岗位与安全生产有关的三方面情况:一是存在的危险因素。危险因素一般是指能对人造成伤亡或者对物造成突发性损害的因素。二是防范措施。三是事故应急措施。生产经营单位的从业人员对于劳动安全的知情权,与从业人员的生命安全和健康关系密切，是保护劳动者生命健康权的重要前提。从业人员的劳动安全知情权有些是要通过与生产经营单位签订劳动合同来实现的。

从业人员有权对本单位安全生产工作中存在的问题提出批评、检举、控告；有权拒绝违章指挥和强令冒险作业。

生产经营单位不得因从业人员对本单位安全生产工作提出批评、检举、控告或者拒绝违章指挥、强令冒险作业而降低其工资、福利等待遇或者解除与其订立的劳动合同。

为什么农民工劳动合同签订率低？

劳动合同签订率较低的原因有三：一是用人单位法律意识淡薄，采取种种手段拖延或拒签劳动合同；二是一些农民工认为签不签劳动合同都一样，签了合同不便于流动；三是劳动监管存在不到位现象。

虽然法律规定即使农民工与劳务公司没有签订劳动合同，也存在事实劳动关系，是受法律保护的，但很多农民工跟用人单位只是口头协议，干多长时间，一天给多少钱，有的农民工拿不出任何证据来证明他跟用人单位是有劳动关系的，这给他们的讨薪带来了很大的困难。劳动合同这一能证明存在劳动关系的最重要证据的缺失，造成了农民工维权难、维权时间长、维权成本高的状况。

劳动者作为弱势群体，在同用工单位较量中处于劣势。因此，要加强劳动部门的行政执法查处力度。法律明确规定，如果用人单位不跟劳动者签劳动合同，就要付给劳动者双倍工资，并给予相应的处罚。如果执法单位真的按规定查处了一些企业，将来企业就不敢不跟农民工签劳动合同了。

用人单位能否向农民工收取抵押金、风险金，扣留身份证?

用人单位依法建立和完善内部规章制度，加强对本单位职工的管理，是保证用人单位生产经营活动顺利和有序进行的需要。但是，有一些用人单位以严格管理为由，采取收取风险抵押金、抵押物或扣押身份证等做法，变相限制了职工的人身自由，侵犯了职工的合法权益。这种做法违反了国家的有关规定，应予以制止和纠正。1994 年 3 月 4 日劳动部、公安部、全国总工会在《关于加强外商投资企业和私营企业劳动管理切实保障职工合法权益的通知》(劳部发[1994]118 号)中规定"企业不得向职工收取货币、实物等作为'入厂押金'，也不得扣留、抵押职工的居民身份证、暂住证和其他个人身份证件，对擅自扣留、抵押职工居民身份证等证件和收取抵押金(品)的，公安部门、劳动监察机构应当责令企业立即退还职工本人"；劳动部办公厅在《对"关于国有企业和集体所有制企业能否参照执行劳部发1994 年 118 号文件的有关规定的请示"的复函》(劳办发[1994]256 号)中规定，国有企业和集体所有制企业应当参照执行上述规定。因此，在建立劳动关系时，任何用人单位不得扣押劳动者的身份证件。如果用人单位擅自扣押劳动者身份证件时，劳动者可以要求当地劳动保障监察机构或公安机关查处。

临时招用农民工就不需要签订劳动合同吗?

我国《劳动合同法》明确规定，建立劳动关系的所有劳动者，不论是城镇居民还是农民，都必须订立劳动合同。农民工与用人单位建立劳动关系也必须订立劳动合同。

"临时工"是计划经济条件下相对于"固定工"而言的短期

用工。《劳动法》实施后,规定企业用工必须依法订立劳动合同,因此,过去意义上的“临时工”已经不复存在。用人单位在临时性岗位上用工,也必须订立劳动合同,只是在劳动合同期限上可以有所区别。“临时工”实际就是短期合同工人。

通过劳动合同确立用人单位与农民工的劳动关系,是维护农民工合法权益的重要措施。农民朋友进城打工一定要注意与用人单位签订劳动合同,在合同中明确规定双方的权利和义务,争议发生时也可据此维护自己的权利。

农民工能和城市工人一样享受最低工资保障吗?

国家实行最低工资保障制度。根据《最低工资规定》(劳动和社会保障部令第21号)的规定,在劳动者提供正常劳动的情况下,用人单位应支付给劳动者的工资在剔除下列各项以后,不得低于当地最低工资标准:(1)延长工作时间工资;(2)中班、夜班、高温、低温、井下、有毒有害等特殊工作环境、条件下的津贴;(3)法律、法规和国家规定的劳动者福利待遇等。实行计件工资或提成工资等工资形式的用人单位,在科学合理的劳动定额基础上,其支付劳动者的工资不得低于相应的最低工资标准。

劳动者与用人单位形成或建立劳动关系后,试用、见习期间,在法定工作时间内提供了正常劳动,其所在的用人单位应当支付其不低于最低工资标准的工资。

在非全日制劳动者提供正常劳动的情况下,用人单位支付的小时工资不得低于当地最低小时工资标准。实行最低工资的目的是保障劳动者及其家庭成员的基本生活,促进劳动者素质的提高和企业公平竞争。

不论是农民工还是城市居民工人,只要和用人单位建立了劳动关系,用人单位均应按照当地政府规定的最低工资标准支付劳动报酬。

国家对劳动者的工作时间有何规定?

根据《国务院关于职工工作时间的规定》(国务院令第174号)等规定,我国实行劳动者每日工作8小时、每周工作40小时的工时制度。此外,由于工作性质及生产经营特点的限制,不能实行标准工作时间的,经有关部门审批后,可以实行不定时工作制或综合计算工时工作制。

用人单位由于生产经营需要,经与工会和劳动者协商后可以延长工作时间,一般每日不得超过1小时;因特殊原因需要延长工作时间的,在保障劳动者身体健康的条件下延长工作时间每日不得超过3小时,每月不得超过36小时。

有下列情形之一的,延长工作时间不受上述规定的限制:

(一)发生自然灾害、事故或者因其他的原因,威胁劳动者生命健康和财产安全,需要紧急处理的。

(二)生产设备、交通运输线路、公共设施发生故障,影响生产和公众利益,必须及时抢修的。

(三)法律、行政法规规定的其他情形。目前主要指以下4种情形:(1)在法定节日和公休假日内工作不能间断,必须连续生产、运输或者营业的。(2)必须利用法定节日或公休假日的停产期进行设备检修、保养的。(3)为完成国防紧急任务的。(4)为完成国家下达的其他紧急生产任务的。

用人单位依上述规定延长工作时间的,应给劳动者支付工资报酬或安排补休。

国家对农民工工资有哪些规定?

(一)建立、完善企业工资支付制度。指导和督促企业认真贯彻执行《工资支付暂行规定》、《建设领域农民工工资支付管理暂行办法》，结合企业特点建立和完善企业内部工资支付制度，依法明确基本工资制度、岗位工资标准、加班工资计算基数等，在科学的劳动定额基础上，合理确定计件工资单价。要重点推动建筑企业依法建立规范的农民工工资支付制度，依法按时足额支付农民工工资。

（二）全面建立工资支付监控制度。各地区可结合当地实际，采取全面监控和重点监控相结合，将建筑企业以及其他行业中曾有拖欠克扣工资行为的企业作为重点监控对象，要求其定期将工资支付情况报当地劳动保障部门。对存在拖欠克扣工资问题或欠薪苗头的企业，劳动保障部门要会同有关部门采取措施及时处理。

（三）积极建立工资支付保障制度。要充分认识建立工资支付保障制度的重大意义，创造条件加快建立这项制度的步伐。有条件的地区要积极探索建立工资支付保障制度；暂不具备条件的，可以先在农民工比较集中的行业开展试点。

（四）全面推行企业劳动保障守法诚信制度。各级劳动保障行政部门要进一步加大建立企业劳动保障守法诚信制度的工作力度，及时总结经验，督促企业自觉遵守劳动保障法律法规。要将企业工资支付情况作为评价企业劳动保障守法诚信等级的主要依据之一，对违法企业降低信用等级，并依法向社会公布。

（五）认真贯彻实施最低工资保障制度。各地区要继续加快企业工资分配立法进程，进一步规范企业工资支付行为。要根据《最低工资规定》及时调整最低工资标准，认真开展对企业执行情况的监督检查，依法保障农民工的最低劳动报酬权益。

（六）大力推动企业建立工资集体协商制度。各地要充分发挥协调劳动关系三方机制的作用，指导、推动企业特别是招用农民工较多的企业积极开展工资集体协商,从机制上保证农民工工资增长的合法权益。要在小型企业和农民工比较集中的地区、行业,积极开展区域性、行业性工资集体协商,建立健全正常的工资增长和调整机制,使农民工共享企业改革发展的成果。

如何规范建筑企业支付农民工工资行为?

根据《建设领域农民工工资支付管理暂行办法》(劳社部发[2004]22号)等规定,建筑企业必须依法按时足额支付农民工工资,不得拖欠或克扣,不得低于当地最低工资标准。企业应当按照约定的标准和日期按月将工资直接发放给农民工本人,严禁发放给包工头或其他不具备用工主体资格的组织和个人。企业可委托银行发放农民工工资。企业支付农民工工资应编制工资支付表,如实记录支付单位、支付时间、支付对象、支付数额等工资支付情况,并保存两年以上备查。

工程总承包企业应对劳务分包企业工资支付进行监督,督促其依法支付农民工工资。业主或工程总承包企业未按合同约定与建设工程承包企业结清工程款,致使建设工程承包企业拖欠农民工工资的,由业主或工程总承包企业先行垫付农民工被拖欠的工资,先行垫付的工资数额以未结清的工程款为限。企业因被拖欠工程款导致拖欠农民工工资的,企业追回的被拖欠工程款,应优先用于支付拖欠的农民工工资。

用人单位应当怎样支付劳动者加班加点的工资报酬?

根据有关法律法规规定,加班加点工资的支付标准是:

(一)安排劳动者延长工作时间的(即正常工作日加班),支付不低于劳动合同规定的劳动者本人小时工资标准的150%的工资报酬。

（二）休息日（即星期六、星期日或其他休息日）安排劳动者工作又不能安排补休的，支付不低于劳动合同规定的劳动者本人日工资标准的200%的工资报酬。

（三）法定休假日安排劳动者工作的，支付不低于劳动合同规定的劳动者本人日工资标准的300%的工资报酬。

国家对农民工签订劳动合同有什么主要规定?

通过劳动合同确立用人单位与农民工的劳动关系，是维护农民工合法权益的重要措施。根据劳动保障部、建设部、全国总工会《关于加强建设等行业农民工劳动合同管理的通知》（劳社部发［2005］9号）的规定，用人单位使用农民工，应当依法与农民工签订书面劳动合同，并向劳动保障行政部门进行用工备案。签订劳动合同应当遵循平等自愿、协商一致的原则，用人单位不得采取欺骗、威胁等手段与农民工签订劳动合同，不得在签订劳动合同时收取抵押金、风险金或扣留居民身份证等证件。

劳动合同必须由具备用工主体资格的用人单位与农民工本人直接签订，不得由他人代签。建筑领域工程项目部、项目经理、施工作业班组、包工头等不具备用工主体资格，不能作为用工主体与农民工签订劳动合同。

用人单位与农民工签订劳动合同，应当包括以下条款：劳动合同期限、工作内容和工作时间、劳动保护和劳动条件、劳动报酬、劳动纪律和违反劳动合同的责任。根据不同岗位的特点，用人单位与农民工协商一致，还可以在劳动合同中约定其他条款。

用人单位不签劳动合同怎么办?

根据我国《劳动法》第十六条的规定：建立劳动关系应当订

立劳动合同。国务院《关于解决农民工问题的若干意见》明确规定，所有用人单位招用农民工都必须依法订立并履行劳动合同，建立权责明确的劳动关系。有的用人单位为了逃避义务，往往不与农民工签订劳动合同。日后一旦发生纠纷，由于没有签订劳动合同，用人单位与农民工的权利义务不明确，最后吃亏的往往是农民工。因此，如用人单位不愿签订劳动合同，农民工可向当地劳动和社会保障行政主管部门投诉，要求纠正用人单位的违法行为。

农民工为什么要与用人单位签订劳动合同？

劳动合同是劳动者与用人单位确立劳动关系、明确双方权利和义务的协议。劳动合同是双方维护各自合法权益的法律保障，是处理劳动关系争议的直接证据和依据，是农民工在求职路上的“护身符”。农民工在签订劳动合同前，应审查用人单位的用人主体资格，并查看用人单位是否有营业执照，是否有年审的记录。

谁有资格与农民工签订劳动合同？

根据劳动和社会保障部、建设部、全国总工会《关于加强建设等行业农民工劳动合同管理的通知》规定，劳动合同必须由具备用工主体资格的用人单位与农民工本人直接签订，不得由他人代签。在建筑领域，工程项目部、项目经理、施工作业班组、包工头等不具备用工主体资格，不能作为用工主体与农民工签订劳动合同。劳动和社会保障部《关于确立劳动关系有关事项的通知》规定，建筑施工、矿山企业等用人单位将工程（业务）或经营权发包给不具备用工主体资格的组织或自然人，对该组织或自然人招用的劳动者，由具备用工主体资格的发包方承担用工主体责任。

农民工哪些劳动保障权益容易受到侵害?

当前农民工在劳动合同、劳动报酬、休息休假、安全卫生、社会保险方面的权益往往容易受到侵害,主要表现为:(1)劳动合同签订率低且不规范;(2)工资收入较低,按月领取工资难;(3)劳动时间过长,未按规定支付加班工资;(4)劳动安全卫生条件差,工伤事故索赔难;(5)社会保险参保率低。

农民工签订劳动合同应注意哪些问题?

对进城就业的农民工而言,签订劳动合同是维护自身权益的重要手段。如果用人单位没有与农民工签订劳动合同,农民工一定要主动提出签订书面劳动合同;如果用人单位执意不肯签,农民工可以向当地劳动保障行政部门反映情况,由劳动保障行政部门督促其签订。在签订劳动合同时农民工要注意以下问题:

(一)劳动合同中必须明确规定劳动合同期限、工作内容和工作时间、劳动保护和劳动条件、劳动报酬、劳动纪律和违反劳动合同的责任等内容。农民工在签订劳动合同时,对以上各条要做到尽可能详细、具体,比如劳动报酬,一定要写明工资支付标准、支付项目、支付形式以及支付时间等内容,以便将来发生劳动争议时能够有效维护自己的合法权益。

(二)签订劳动合同前,要仔细阅读关于相关岗位的工作说明书、劳动纪律、工资支付规定、劳动合同管理细则等规章制度,因为这些文件涉及农民工多方面的权益,当这些文件作为劳动合同附件时,与劳动合同具有同样的法律约束力。

(三)劳动合同至少一式两份,双方各执一份,农民工应妥善保管。如果用人单位事先起草了劳动合同文本,农民工在签字时一定要慎重,对文本仔细推敲,发现条款表述不清、概念模糊的,及时要求用人单位进行说明修订。为稳妥起见,农民工在签订劳动合同前,也可以向有关部门或公共职业介绍机构进行咨询,确认合同相关内容的合法性、公平性。需要特别注意的是,当劳动合同涉及数字时,应当使用大写汉字。

(四)农民工在签订劳动合同时应注意不要签订下面几种合同:(1)口头合同。有的企业不以书面形式与劳动者订立合同,只是口头约定工资、工时等,一旦发生纠纷,双方各执一词,由于缺乏书面文字证据,农民工往往有口难辩。(2)生死合同。一些危险性行业企业不按《劳动法》的有关规定履行安全卫生义务,在签订合同时要求与劳动者约定"工伤概不负责"等条款来逃避责任。对这种情况,农民工可以要求用人单位取消这些条款;如果协商不成,一旦发生事故,农民工可以申请劳动仲裁委员会或人民法院确认这些条款无效。(3)"两张皮"合同。有的用人单位害怕劳动保障主管部门监督,往往与应聘方签订两份合同,一份用来应付检查,另一份合同才是真正履行的合同,而这份合同往往是只利于用人单位的不平等合同。(4)押金合同。一些用人单位利用农民工求职心切的心理,在签订合同时收取押金、保证金等名目众多的费用,农民工稍有违反管理的行为,用人单位即"合法"扣留这部分押金。这类合同是法律明文禁止的,农民工可以拒绝;实在无法拒绝,也一定要保留好收据,以备将来维护自己的权利时作为证据。(5)卖身合同。一些用人单位与农民工在合同中约定"一切行动听从用人单位安排",一旦签订,就如同卖身一样完全失去行动自由。在工作中加班加点、强迫劳动,甚至任意侮辱、体罚和拘禁农民工。遇到这种情况时,不能忍气吞声,要及时向劳动保障监察部门或公安机关投诉举报,维护自己的合法权益。

在获取劳动报酬方面农民工享有什么权益?

用人单位应该按时足额支付工资。《劳动法》及《工资支付暂行规定》(劳部发[1994]489号)对用人单位支付工资的行为作出了具体规定:(1)工资应当以法定货币(即人民币)形式支付,不得以实物及有价证券替代货币支付。(2)用人单位应将工资支付给劳动者本人;本人因故不能领取工资时,可由其亲属或委托他人代领。(3)用人单位可直接支付工资,也可委托银行代发工资。(4)工资必须在用人单位与劳动者约定的日期支付。如遇节假日或休息日,应提前在最近的工作日支付。工资至少每月支付一次,实行周、日、小时工资制的可按周、日、小时支付工资。对完成一次性临时劳动或某项具体工作的劳动者,用人单位应按有关协议或合同规定在其完成劳动任务后即支付工资。劳动关系双方依法解除或终止劳动合同时,用人单位应在解除或终止劳动合同时一次付清劳动者工资。(5)用人单位必须书面记录支付劳动者工资的数额、时间、领取者的姓名以及签字,并保存两年以上备查。用人单位在支付工资时应向劳动者提供一份其个人的工资清单。在劳动者提供正常劳动的情况下,用人单位支付的工资不得低于当地最低工资标准。

农民工签订的劳动合同应该包括哪些内容?

《劳动合同法》第十七条规定,劳动合同应当具备以下条款:

(一)用人单位的名称、住所和法定代表人或者主要负责人;

(二)劳动者的姓名、住址和居民身份证或者其他有效身份证件号码；

（三）劳动合同期限；

（四）工作内容和工作地点；

（五）工作时间和休息休假；

（六）劳动报酬；

（七）社会保险；

（八）劳动保护、劳动条件和职业危害防护；

（九）法律、法规规定应当纳入劳动合同的其他事项。

劳动合同除前款规定的必备条款外，用人单位与劳动者可以约定试用期、培训、保守秘密、补充保险和福利待遇等其他事项。

劳动合同的期限有几种？

按照《劳动合同法》第十二条的规定，劳动合同的期限有固定期限、无固定期限和以完成一定工作为期限三种。（1）固定期限劳动合同。劳动者和用人单位在订立劳动合同时就明确约定了效力期间的劳动合同。一般将期限规定为5年以上的为长期劳动合同，期限规定为5年以下的为短期劳动合同。（2）无固定期限劳动合同。双方当事人不约定终止日期，只约定解除或终止条件，只要约定的解除或终止条件不出现，该劳动合同一直有效，但是，不得将法定的解除条件约定为终止条件。（3）以完成一定工作为期限的劳动合同。劳动者与用人单位订立的以完成某项具体工作或某项工作为有效期限的劳动合同，该项工作或工程一经完成，劳动合同也就自然终止了。

农民工能否订立无固定期限的劳动合同？

根据《劳动合同法》第十四条规定：无固定期限劳动合同，

是指用人单位与劳动者约定无确定终止时间的劳动合同。用人单位与劳动者协商一致,可以订立无固定期限劳动合同。有下列情形之一,劳动者提出或者同意续订、订立劳动合同的,除劳动者提出订立固定期限劳动合同外,应当订立无固定期限劳动合同:

(一)劳动者在该用人单位连续工作满十年的;

(二)用人单位初次实行劳动合同制度或者国有企业改制重新订立劳动合同时,劳动者在该用人单位连续工作满十年且距法定退休年龄不足十年的;

(三)连续订立二次固定期限劳动合同,且劳动者没有《劳动合同法》第三十九条和第四十条第一项、第二项规定的情形,续订劳动合同的。

用人单位自用工之日起满一年不与劳动者订立书面劳动合同的,视为用人单位与劳动者已订立无固定期限劳动合同。作为劳动就业的农民工,只要符合上述条件,其完全有权利要求同用人单位签订无固定期限劳动合同。

用人单位与农民工未订立劳动合同,是否还受《劳动合同法》的保护?

劳动合同是劳动者与用人单位确立劳动关系、明确双方权利和义务的协议。依据我国《劳动法》的规定,建立劳动关系应当订立书面的劳动合同。但在我国现实生活中,存在着大量的用工单位和劳动者之间没有签订书面劳动合同的情况,我们称之为事实劳动关系。根据《关于贯彻执行〈中华人民共和国劳动法〉若干问题的意见》(劳部发[1995]309号)的规定:"中国境内的企业、个体经济组织与劳动者之间,只要形成劳动关系,及劳动者事实上已成为企业、个体经济组织的成员,并且为其提供有偿劳动,适用劳动法";"用人单位与劳动者发生劳动争议不论是否订立劳动合同,只要存在事实劳动关系,并符合《劳动法》的适用范围和《中华人民共和国企业劳动争议处理条例》的受案范围,劳动争议仲裁委员会均应受理。"最高人民法院《关于审理劳动争议案件适用法律若干问题的解释》(法释[2001]14号)规定:"劳动者与用人单位之间没有订立书面劳动合同但已形成劳动关系后发生的纠纷,属于《劳动法》第二条规定的劳动争议,当事人不服劳动争议仲裁委员会作出的裁决,依法向人民法院起诉的,人民法院应当受理。"因此,即使劳动者与用人单位未签订劳动合同,只要存在事实劳动关系,其合法权益依然受到《劳动法》的保护,其与用人单位产生劳动争议,依法可以提请仲裁和诉讼。

哪些劳动合同无效或者部分无效?

《劳动合同法》第二十六条规定劳动合同无效或者部分无效的几种情形:

(一)以欺诈、胁迫的手段或者乘人之危,使对方在违背真实意思的情况下订立或者变更劳动合同的;比如劳动者提供虚假学历证明,合同可能因欺诈而无效。

(二)用人单位免除自己的法定责任、排除劳动者权利的;如劳动合同中约定"用人单位有权根据生产经营变化及劳动者的工作情况调整其工作岗位,劳动者必须服从单位的安排",此约定因排除劳动者权利无效。

(三)违反法律、行政法规强制性规定的。与16岁以下未成年人签订合同,合同违反法律强制性规定而无效。

无效劳动合同的法律后果:(1)劳动合同被确认无效,劳动者已付出劳动的,用人单位应当向劳动者支付劳动报酬。劳动报酬的数额，参照本单位相同或者相近岗位劳动者的劳动报酬确定。(2)劳动合同被确认无效，给对方造成损害的，有过错的一方应当承担赔偿责任。

农民合同制工人能否享受集体合同中的工资权利？

《劳动法》第三十五条规定，集体合同对企业和企业全体职工具有约束力。职工个人与企业订立的劳动合同中劳动条件和劳动报酬等标准不得低于集体合同的规定。依据以上规定，劳动者个人与企业订立的劳动合同的条款的标准，不得低于集体合同的规定，当两者出现不一致时，应按集体合同的规定执行。又依据《国务院办公厅关于做好农民进城务工就业管理和服务工作的通知》规定，农民工享有《劳动法》规定的各项权利。所以农民工也是公司的员工，也应该享有集体合同中相应的权利。

用人单位以没有现金为由，可以用物品支付工资吗？

"工资"是指用人单位依据国家有关规定或劳动合同的约定，以货币形式直接支付给本单位劳动者的劳动报酬，一般包括计时工资、计件工资、奖金、津贴和补贴、延长工作时间的工资报酬以及特殊情况下支付的工资等。劳动者为用人单位提供了自己的劳动，依法享有工资取得权。《劳动法》及《工资支付暂行规定》(劳部发[1994]489号)对用人单位支付工资的行为作出了具体规定：(1)工资应当以法定货币(即人民币)形式支付，不得以实物及有价证券替代货币支付。(2)用人单位应将工资支付给劳动者本人；本人因故不能领取工资时，可由其亲属或委托他人代领。(3)用人单位可直接支付工资，也可委托银行代发工资。(4)工资必须在用人单位与劳动者约定的日期支付。如遇节假日或休息日，应提前在最近的工作日支付。工资至少每月支付一次，实行周、日、小时工资制的可按周、日、小时支付工资。对完成一次性临时劳动或某项具体工作的劳动者，用人单位应按有关协议或合同规定在其完成劳动任务后即支付工资。劳动关系双方依法解除或终止劳动合同时，用人单位应在解除或终止劳动合同时一次付清劳动者工资。(5)用人单位必须书面记录支付劳动者工资的数额、时间、领取者的姓名以及签字，并保存两年以上备查。

用人单位以没有现金为由，用物品支付工资违反了相关法律规定，是违法的。

最低工资中包括用人单位的伙食和住房等支出吗?

用人单位通过补贴伙食、住房支付给劳动者的非货币性收入，不作为最低工资的组成部分。法律规定用人单位向劳动者支付工资报酬的最低工资标准，是对劳动者获得工资报酬权利的有力保障。工资应当以法定货币(即人民币)形式支付，不得以实物及有价证券替代货币支付。用人单位贴补伙食、住房等支出，仅是用人单位为劳动者提供的劳动生活条件，在订立劳动合同时可以选择订立，并非法律强制性规定，仅是用人单位对劳动者提供的一种社会福利待遇。

用人单位在哪些情况下不得解除与劳动者订立的劳动合同?

(一)从事接触职业病危害作业的劳动者未进行离岗前职业健康检查，或者疑似职业病病人在诊断或者医学观察期间的；

(二)在本单位患职业病或者因工负伤并被确认丧失或者部分丧失劳动能力的；

（三）患病或者非因工负伤，在规定的医疗期内的；

（四）女职工在孕期、产期、哺乳期的；

（五）在本单位连续工作满15年，且距法定退休年龄不足5年的；

（六）法律、行政法规规定的其他情形。

用人单位在什么情况下可以解除与劳动者订立的劳动合同？

（一）劳动者有下列情形之一的，用人单位可以解除劳动合同：(1)在试用期间被证明不符合录用条件的；(2)严重违反用人单位的规章制度的；(3)严重失职，营私舞弊，给用人单位造成重大损害的；(4)劳动者同时与其他用人单位建立劳动关系，对完成本单位的工作任务造成严重影响，或者经用人单位提出，拒不改正的；(5)因《劳动合同法》第二十六条第一款第一项规定的情形致使劳动合同无效的；(6)被依法追究刑事责任的。

（二）有下列情形之一的，用人单位提前30日以书面形式通知劳动者本人或者额外支付劳动者一个月工资后，可以解除劳动合同：(1)劳动者患病或者非因工负伤，在规定的医疗期满后不能从事原工作，也不能从事由用人单位另行安排的工作的；(2)劳动者不能胜任工作，经过培训或者调整工作岗位，仍不能胜任工作的；(3)劳动合同订立时所依据的客观情况发生重大变化，致使劳动合同无法履行，经用人单位与劳动者协商，未能就变更劳动合同内容达成协议的。

在什么情况下，即使劳动合同期满，用人单位也不得终止劳动合同？

劳动合同期限届满，劳动合同即终止。为了维护劳动者在一些特殊情况下的权益，国家规定凡符合下列条件之一的，即使劳动合同期满，用人单位也不得终止劳动合同：

（一）劳动合同期限届满，劳动者尚处在医疗期、孕期、产期和哺乳期内的，劳动合同应延续至劳动者医疗期、孕期、产期和哺乳期期满时终止。用人单位有义务继续向劳动者提供医疗待遇和生育待遇。

（二）劳动者因工伤完全丧失劳动能力或大部分丧失劳动能力的。被鉴定为一级至四级伤残的，保留劳动关系，退出工资岗位，享受有关伤残待遇。被鉴定为五级、六级伤残的，保留劳动关系，由用人单位安排适当工作；难以安排工作的，由用人单位按月发给伤残津贴；工伤职工本人提出解除或者终止劳动关系的，由用人单位支付一次性工伤医疗补助金和伤残就业补助金。

企业违法分包工程的，由谁承担用人主体责任？

根据劳动保障部《关于确立劳动关系有关事项的通知》（劳社部发［2005］12 号）的规定，建筑施工、矿山企业等用人单位将工程（业务）或经营权发包给不具备用工主体资格的组织或自然人，对该组织或自然人招用的劳动者，由具备用工主体资格的发包方承担用工主体责任。

国家规定的工时制度适用于农民工吗？

国家规定的工时制度适用于农民工。根据《劳动法》、《国务院关于职工工作时间的规定》、原劳动部《关于企业实行不定时工作制和综合计算工时工作制的审批办法》（劳部发［1994］503 号）等法律法规的规定，我国的工时制度划分为标准工时制、缩短工时制、不定时工作制和综合计算工时制以及延长工作时间。

标准工时制是指工作日不超过8小时,工作周不超过40小时。它是一般职工在正常情况下普遍适用的工时制度。适用的条件为常规工作环境下的一般工种或工作岗位。实行计件工作的,应按标准工作日(周)的工时长度合理确定劳动定额和计件报酬标准。

缩短工时制是指少于标准工作日长度(7小时、6小时或5小时等)的一种工时制度。

不定时工作制是指工作日的起点、终点及连续性不固定的工时制度。具体的适用范围包括:无法用标准工时衡量工作的人员;工作性质特殊、机动作业的人员;其他不适合定时工作的人员。

综合计算工时制是一种根据实际情况,分别采用以周、月、季或年为周期,综合计算工作时间的工时制度。其适用范围包括:需连续作业的工作;受自然条件或季节限制的工作;其他适合综合计算工时的工作。

延长工作时间是指超过标准工作时间的规定而工作的时间,即平常说的加班加点。分为限制延长工作时间和允许延长工作时间两种。

农民工享有休假权吗?

农民工依法享有休假的权利,根据国务院《全国年节及纪念日放假办法》规定,我国法定节假日包括三类。第一类是全体公民放假的节日,包括新年、春节、劳动节、国庆节、清明节、端午节和中秋节。第二类是部分公民放假的节日及纪念日,包括妇女节、青年节等。第三类是少数民族习惯的节日,具体节日由各少数民族聚居地区的地方人民政府,按照这个民族习惯规定放假日期。全体公民放假的假日，如果适逢星期六、星期日，应当在工作日补假。部分公民放假的假日，如果适逢星期六、星期日，则不补假。

根据有关规定，用人单位违反工作时间和休息休假规定的，如超时加班加点、强迫加班加点、不依法安排劳动者休假等，劳动者可以向劳动保障监察机构投诉。

用人单位应为农民工提供哪些劳动保护？

（一）用人单位的工作场所必须符合国家规定的劳动安全卫生标准。

（二）用人单位的生产设备必须符合国家规定的标准。

（三）用人单位的电气设备必须符合国家规定的标准。

（四）对特殊作业场所，如职工在密闭设备内和狭小空间内作业的，用人单位应当提供特殊的劳动条件。

在职业卫生保护方面，劳动者享有哪些权利？

根据《中华人民共和国职业病防治法》第三十六条规定，劳动者享有下列职业卫生保护权利：（1）获得职业卫生教育、培训；（2）获得职业健康检查、职业病诊疗、康复等职业病防治服务；（3）了解工作场所产生或者可能产生的职业病危害因素、危害后果和应当采取的职业病防护措施；（4）要求用人单位提供符合防治职业病要求的职业病防护设施和个人使用的职业病防护用品，改善工作条件；（5）对违反职业病防治法律、法规以及危及生命健康的行为提出批评、检举和控告；（6）拒绝违章指挥和强令进行没有职业病防护措施的作业；（7）参与用人单位职业卫生工作的民主管理，对职业病防治工作提出意见和建议。

用人单位应当保障劳动者行使前款所列权利。因劳动者依法行使正当权利而降低其工资、福利等待遇或者解除、终止与其订立的劳动合同的,其行为无效。

农民工容易患的职业病有什么特点?

(一)病因明确。职业病一般是由于职业性因素引起的。如职业性苯中毒是劳动者在职业活动中接触苯引起的。法定尘肺(肺尘埃沉着病)是劳动者在职业活动中吸入相应的粉尘引起的。

(二)疾病发生与劳动条件密切相关。职业病的发生与生产环境中有害因素的数量或强度、作用时间、劳动强度及个人防护等因素密切相关。劳动强度大、作业场所环境恶劣是导致职业病发病的根本原因。如急性中毒的发生,多由短期内大量吸入毒物引起;慢性职业中毒,则多由长期吸入较小量的毒物蓄积引起。

(三)具有群体发病特征。由于生活和工作环境相同,在同一生产条件下接触某一种有害物质,常有多人同时或先后发生同一种疾病,如煤矿井下工人,无论是同一矿或不同矿,只要井下煤尘浓度超过国家规定的标准,个人防护又不符合要求,皆可见到煤工尘肺(肺尘埃沉着病)。

(四)临床表现具有一定特征。同一职业病在发病时间、临床表现、病程发展上往往有特定的表现,许多生产性有害因素对机体的危害有一定的特征,如急性一氧化碳中毒,表现为血液碳氧血红蛋白形成,导致缺氧征象;急性有机磷农药中毒,表现为胆碱酯酶抑制,出现胆碱能神经兴奋的症状和体征;矽肺表现以肺间质纤维化为特征的胸部 X 线改变等。

(五)可预防性。由于职业病的病因明确,具有一定的临床特征,只要能采取有效的预防措施,就能防止疾病发生。这些措施包括工艺改革，生产过程实现自动化、密闭化，加强通风及个人防护措施等。

哪些疾病属于职业病？

职业病是指企业、事业单位和个体经济组织（以下统称用人单位）的劳动者在职业活动中，因接触粉尘、放射性物质和其他有毒、有害物质等因素而引起的疾病。我国卫生部规定的职业病共分九大类：

（一）职业中毒：（1）铅及其化合物中毒（不包括四乙基铅）；（2）汞及其化合物中毒；（3）锰及其化合物中毒；（4）镉及其化合物中毒；（5）铍病；（6）铊及化合物中毒；（7）钒及其化合物中毒；（8）磷及其化合物中毒（不包括磷化氢、磷化锌、磷化铝）；（9）砷及其化合物中毒（不包括砷化氢）；（10）砷化氢中毒；（11）氯气中毒；（12）硫化氢中毒；（13）光气中毒；（14）氨中毒；（15）氮氧化合物中毒；（16）一氧化碳中毒；（17）二硫化碳中毒；（18）硫化氢中毒；（19）磷化氢、磷化锌、磷化铝中毒；（20）工业性氟病；（21）氰及腈类化合物中毒；（22）四乙基铅中毒；（23）有机锡中毒；（24）羰基镍中毒；（25）苯中毒；（26）甲基中毒；（27）二甲苯中毒；（28）正乙烷中毒；（29）汽油中毒；（30）有机氯聚合物单体及其热裂解物中毒；（31）二氯乙烷中毒；（32）四氯化碳中毒；（33）氯乙烯中毒；（34）三氯乙烯中毒；（35）氯丙烯中毒；（36）氯丁二烯中毒；（37）苯的氨基及硝基化合物（不包括三硝基甲苯）中毒；（38）三硝基甲苯中毒；（39）甲醇中毒；（40）酚中毒；（41）五氯酚中毒；（42）甲醛中毒；（43）硫酸二甲酯中毒；（44）丙烯酰胺中毒；（45）有机磷农药中毒；（46）溴甲烷中毒；（49）拟除虫菊脂类农药中毒；（50）根据《职业性中毒性肝病诊断标准与处理原则》可以诊断的中毒性肝病；（51）根据《职业急性中毒诊断标准及自理原则总则》可以诊断的其他职业性急性中毒。

（二）尘肺：（1）矽肺；（2）煤工尘肺；（3）石墨尘肺；（4）炭黑尘肺；（5）石棉肺；（6）滑石尘肺；（7）水泥尘肺；（8）云毒尘肺；（9）陶工尘肺；（10）铝尘肺；（11）电焊工尘肺；（12）铸工尘肺。

（三）物理因素职业病：（1）中暑；（2）减压病；（3）高原病；（4）航空病；（5）局部振动病；（6）放射性疾病（急性外照射放射病、慢性外照射放射病、内照射放射病、放射性皮肤烧伤）。

（四）职业性传染病：（1）炭疽；（2）森林脑炎；（3）布氏杆菌病。

（五）职业性皮肤病：（1）接触性皮炎；（2）光敏性皮炎；（3）电光性皮炎；（4）黑皮病；（5）痤疮；（6）溃疡；（7）根据《职业性皮肤病诊断标准及处理原则》可以诊断的其他职业性皮肤病。

（六）职业性眼病：（1）化学性眼部烧伤；（2）电光性眼炎；（3）职业性白内障（含放射性白内障）。

（七）职业性耳鼻喉疾病：（1）噪声聋；（2）铬鼻病。

（八）职业性肿瘤：（1）石棉所致肺癌、间皮瘤；（2）联苯胺所致膀胱癌；（3）苯所致白血病；（4）氯甲醚所致肺癌；（5）砷导致的肺癌、皮肤癌；（6）氯乙烯所致血管肉瘤；（7）焦炉工人肺癌；（8）铬酸盐制造业工作肺癌。

（九）其他职业病：（1）化学性烧伤；（2）金属烟雾热；（3）职业性哮喘；（4）职业性变态反应肺泡炎；（5）棉尘病；（6）煤矿井下工人滑囊炎；（7）牙酸铁病。

农民工可以根据自己的工作内容、工作场所来判断自己是否有可能患上职业病，并采取相应的防患措施，进行必要的健康检查，以预防罹患职业病。

引起职业病的因素有哪些?

(一)化学因素:(1)各种毒物引起的职业中毒、职业性皮肤病、职业肿瘤;(2)一些不溶或难溶的生产性粉尘引起的尘肺。

(二)物理因素:(1)高温、低温引起中暑或冻伤;(2)高湿使两手等处发生皮肤糜烂,促使皮肤病的发生;(3)高低气压,如潜水员及沉箱工的减压病,高山高原地区的高山病;(4)噪声引起的难听或耳聋,并对心血管及中枢神经系统也有不良影响;(5)振动,两上肢的局部振动引起血管痉挛、溶骨症及骨坏死。全身振动对神经系统、血管等也有不良影响;(6)电离辐射如X射线、γ射线等引起的放射病;(7)非电离辐射中的微波与高频电磁场,场强过高可引起神经系统功能紊乱等;(8)光线、紫外线引起电光性眼炎,红外线引起白内障,照明过强过弱引起眼疲劳;(9)机械刺激或击伤。

(三)生物因素:(1)微生物,如布氏杆菌、炭疽杆菌、森林脑炎病毒引起的职业性传染病;发霉的谷尘、蔗尘中耐热性放线菌引起的农民肺、蔗尘肺和蘑菇肺;后三种疾病都属于与免疫有关的变态反应性肺泡炎;(2)昆虫和尾蚴引起谷痒症和稻田皮炎;(3)水生动物的体液,如明虾及一些海鱼表层体液中含有能溶解皮肤角质层的特殊组分;(4)植物,如黄山药可引起支气管哮喘;(5)各种生物的蛋白质,如牲畜蛋白质及稻壳的细尘大量吸入后引起发热。

(四)劳动损伤性因素:主要由于有关器官及肌群等长期紧张劳动过度疲劳或不适当的强迫性体位或工具引起的职业性肌肉骨骼损伤疾患,如局部肌肉疲劳和全身疲劳,反复紧张性损伤和腰背痛等。

制革工人易患的职业病是什么？如何预防？

制革工人易患的职业病主要是布鲁氏菌病和炭疽病。

（一）布鲁氏菌病。布鲁氏菌病（简称布病）是一种由布鲁氏菌引起的一种人畜共患的传染病，布病主要传染源是患布病的家畜以及患布病的啮齿类动物，如羊、牛、猪、鹿、马、骆驼、狗、鼠、家兔、猫等。主要通过以下途径传播：（1）经皮肤黏膜直接接触感染：如接产员、兽医，饲养、放牧、皮毛加工、屠宰、挤奶，直接接触被病畜污染的水源、土壤、草场、工具的人员，从事布病防治的医生、检验人员等。（2）经消化道感染：主要是食入被污染的水或食物，经口腔、食道黏膜进入体内。如吃生拌或未经煮熟的肉类，不洗手直接拿食物吃等。（3）经呼吸道感染：人吸入了被布氏菌污染的飞沫、尘埃。如皮毛加工、饲养放牧、打扫畜圈卫生等。

布病的临床表现多种多样，症状多不典型，且多缓慢起病。虽无直接生命危险，但难以治愈，反复发作，给病人带来很多痛苦。发热为主要临床表现，各期病人均可发生，以不规则间歇热为多见。发热多伴出汗、乏力、头痛、关节痛。常发生于负重的大关节，如腰、膝、髋、肩、肘等。急性期病人呈游走性多关节痛；慢性期表现为易受气候影响的固定性关节痛。职业型布病的预防应采取积极的以畜间免疫为主的综合性措施。一是要加强畜间免疫，形成免疫屏障。二是加强畜间检疫工作，及时隔离淘汰病畜。三是要切断传播途径。四是要做好个人防护。五是出现布病症状应尽早到当地卫生防疫部门进一步检查，以免耽误治疗。

（二）炭疽病。炭疽是一种由炭疽杆菌引发的一种人畜共患的急性传染病，人因接触病畜及其产品及食用病畜的肉类而发生感染。临床上主要表现为皮肤坏死、溃疡、焦痂和周围组织广泛水肿及毒血症症状，偶可引致肺、肠和脑膜的急性感染，并可伴发败血症。

患病的牛、马、羊、骆驼等食草动物是人类炭疽的主要传染源，皮肤直接接触病畜及其皮毛最易受染，吸入带大量炭疽芽孢的尘埃、气溶胶或进食染菌肉类，可分别发生肺炭疽和肠炭疽。

炭疽病的预防措施：(1)畜产品加工厂须改善劳动条件，加强防护设施。工作时要穿工作服、戴口罩和手套。(2)养成良好的卫生习惯。进餐前需用2%～3%来苏儿液洗手，用1%高锰酸钾漱口，防止皮肤受伤，如有皮肤破损，立即涂搽3%～5%碘酒，以免感染，如发生原因不明的局部痛痒、红肿时，应立即就医检查。(3)对制革工人要每年接种炭疽杆菌减毒活菌苗1次。(4)发现带菌皮张应进行彻底消毒灭菌。

职业性皮肤病的临床类型与致病原因有哪些？

皮肤是人体最大的器官，它包围着整个人体，直接与周围环境接触，任何生产性有害因素，皮肤总是最先接触，因而职业性皮肤病在职业病中占有较大比例。职业性皮肤病是指劳动者在生产过程中接触化学、物理、生物等职业性有害因素为主要发病原因而引起的皮肤病。随着科学技术的进步，人们在生产过程中接触新化学物质和新材料的机会越来越多，由此而引发出来的职业性皮肤病问题也越来越常见。在我国规定的法定职业病中，职业性皮肤病有7种类型，而常见职业性皮肤病有以下8种：

(一)接触性皮炎(湿疹)。这一类型最常见，主要致病原因是化学物质刺激，可发展成急性、亚急性和慢性过程。

(二)痤疮、毛囊炎。多发于接触焦油、沥青、机油、润滑油等物质的青工。

（三）溃疡。主要致病物质为重铬酸钾、氟化铍或硫化铍、砷化物以及各种强酸、强碱等。

（四）皮肤瘙痒。由化学性粉尘、烟雾、蒸气引起。

（五）皮肤干燥、皲裂、角化。长期接触脂溶剂、碱性物质可引发。

（六）疣状赘生物。长期接触沥青、焦油、机油、润滑油可发病。

（七）皮肤色素变化。常见致病物质如煤焦油、砷化物、氟化物。

（八）指甲改变。长期接触生石灰、碱液、矿物油可发生。

农民工如何预防职业病的发生？

(1)改进生产工艺，以无毒、低毒的原料代替有毒、高毒原料；(2)生产过程实现自动化、机械化，改进生产设备，实现生产过程的密闭化，减少工人与有害物质接触的机会；(3)搞好通风、排毒、隔离等技术措施，降低或消除生产性有害物质；(4)加强生产设备的管理，防止毒物的跑、冒、滴污染环境；(5)加强个人卫生防护，要遵守职业病防治的各项规定，带好各种防护设备，严格按照防护规定操作，养成良好的个人卫生习惯，防止有害物质进入体内，注意营养，增强机体对有害物质的抵抗能力。

农民工怀疑自己患了职业病怎么办？

如农民工怀疑自己患有职业病，一是要尽快到已取得职业健康检查资格的医疗机构就诊，初步断定自己所患的疾病是否与所从事的职业有关。如果不能排除职业病，需要带齐职业相关资料，主要包括经用人单位确认的职业史、职业病危害因素接触史、原工作场所职业病危害因素检测评价结果以及当地健康检查资料等，到用人单位所在地或本人居住地已取得资质认证的职业病诊断机构作进一步诊断。二是不要背上思想包袱，要拿起法律武器保护自己；如果真的患上职业病，则要积极争取自身的合法权益，配合医生进行治疗。

农民工在劳动过程中患上职业病怎么办？

农民工在劳动过程中确诊患有职业病后，其所在单位应根据职业病论断机构(诊断组)的意见，安排其医治或疗养。在医治或疗养后被确认不宜继续从事原工作的，应在确定之日起两个月内将其调离原工作岗位，另行安排工作；对于因工作需要暂不能调离的生产、工作的技术骨干，调离期限最长不超过半年。

从事有害作业的农民工，因按规定接受职业性健康检查，如职业病健康检查所占用的生产、工作时间，应按正常出勤处理；如职业病防治机构认为需要住院作进一步检查时，不论其最后是否诊断为职业病，在此期间都可以享受职业病待遇。

患上职业病后，农民工如何申请职业病诊断？

工作环境可能会对人的身体健康造成损害，如果农民工已经觉察到因劳动环境造成的身体不适，可以选择用人单位所在地或本人居住地的职业病诊断机构进行诊断。申请职业病诊断时应当提供：(1)职业史、既往史；(2)职业健康监护档案复印件；(3)职业健康检查结果；(4)工作场所历年职业病危害因素检测、评价资料；(5)诊断机构要求提供的其他必需的有关材料。

用人单位应当按照诊断机构的要求，如实提供必要的资料。

农民工患职业病可以享受哪些待遇?

《工伤保险条例》规定,职工因工作遭受事故伤害或者患职业病进行治疗,享受工伤医疗待遇。职工治疗工伤应当在签订服务协议的医疗机构就医,情况紧急时可以先到就近的医疗机构急救。治疗工伤所需费用符合工伤保险诊疗项目目录、工伤保险药品目录、工伤保险住院服务标准的,从工伤保险基金中支付。职工住院治疗工伤的,由所在单位按照本单位因公出差伙食补助标准的70%发给住院伙食补助费;经医疗机构出具证明,报经办机构同意,工伤职工到统筹地区以外就医的,所需交通、食宿费用由所在单位按照本单位职工因公出差标准报销。工伤职工到签订服务协议的医疗机构进行康复性治疗的费用,符合规定的,从工伤保险基金中支付。

农民工从事对身体有害的职业离职时,能否要求用人单位对其进行身体检查?其费用由谁负担?

对从事接触职业病危害作业的劳动者,用人单位应当为其进行上岗前、在岗期间和离岗时的职业健康检查,并将检查结果如实告知劳动者。职业健康检查费用由用人单位承担。农民工一般从事采矿、建材、制鞋、装修等职业病高发的工作。一些企业负责人常以种种借口逃避法律义务,以农民工属于非正式工为由不安排其进行职业健康体检。农民工离岗后一旦发现患有职业病,维权难度很大。农民工在与用人单位解除劳动合同前,应要求用人单位履行为自己进行职业健康检查的义务。检查身体要选择具有查体资质的机构进行。如果用人单位不履行义务,农民工可依法向当地卫生部门投诉举报。

国家对农民工参加工伤保险是怎样规定的?

根据《工伤保险条例》的有关规定,用人单位必须为与之形成劳动关系的农民工及时办理参加工伤保险的手续,农民工本人和城镇企业职工一样,不缴纳工伤保险费;发生工伤的,劳动保障行政部门要依法进行认定。未参加工伤保险的企业,农民工发生工伤的,企业必须按照《工伤保险条例》规定的标准支付工伤费用。

对用人单位为农民工先行办理工伤保险的,各地经办机构应予办理;用人单位注册地与生产经营地不在同一统筹地区的,可在生产经营地为农民工参保;农民工受到事故伤害或患职业病后,在参保地进行工伤认定、劳动能力鉴定,并按参保地的规定依法享受工伤保险待遇。用人单位在注册地和生产经营地均未参加工伤保险的,农民工受到事故伤害或者患职业病后,在生产经营地进行工伤认定、劳动能力鉴定,并按生产经营地的规定依法由用人单位支付工伤保险费用。

对跨地区流动就业的农民工,在工作中受到事故伤害或患职业病后,经劳动能力鉴定机构鉴定为1至10级伤残的,其工伤保险待遇根据本人自愿,可采取一次性支付和长期支付两种方式,供工伤农民工选择,进一步方便农民工享受工伤待遇。

农民工在工作时,哪些情况可以认定为工伤?

《工伤保险条例》规定,职工有下列情形之一的,应当认定为工伤:

(一)在工作时间和工作场所内,因工作原因受到事故伤害的;

(二)工作时间前后在工作场所内,从事与工作有关的预备性或者收尾性工作受到事故伤害的；

（三）在工作时间和工作场所内，因履行工作职责受到暴力等意外伤害的；

（四）患职业病的；

（五）因工外出期间，由于工作原因受到伤害或者发生事故下落不明的；

（六）在上下班途中，受到机动车事故伤害的；

（七）法律、行政法规规定应当认定为工伤的其他情形。

按照《职业病防治法》的规定，职业病是指劳动者在职业活动中，因接触粉尘、放射性物质和其他有毒、有害物质等因素而引起的疾病。

职工有下列情形之一的，视同工伤：

（一）在工作时间和工作岗位，突发疾病死亡或者在48小时之内经抢救无效死亡的；

（二）在抢险救灾等维护国家利益、公共利益活动中受到伤害的；

（三）职工原在军队服役，因战、因公负伤致残，已取得革命伤残军人证，到用人单位后旧伤复发的。

下列情形不得认定为工伤或者视同工伤：（1）因犯罪或者违反治安管理伤亡的；（2）醉酒导致伤亡的；（3）自残或者自杀的。

发生工伤后，农民工怎样申请工伤认定？

根据《工伤保险条例》的规定，职工发生事故伤害或者按照职业病防治法规定被诊断、鉴定为职业病，所在单位应当自事故伤害发生之日或者被诊断、鉴定为职业病之日起30日内，向统筹地区劳动保障行政部门提出工伤认定申请。遇有特殊情况，经报劳动保障行政部门同意，申请时限可以适当延长。用人单位没有按前款规定提出工伤认定申请的，工伤职工或者其直系亲属、工会组织在事故伤害发生之日或者被诊断、鉴定为职业病之日起1年内，可以直接向用人单位所在地统筹地区劳动保障行政部门提出工伤认定申请。

提出工伤认定申请应当提交下列材料：(1)工伤认定申请表；(2)与用人单位存在劳动关系(包括事实劳动关系)的证明材料；(3)医疗诊断证明或者职业病诊断证明书(或者职业病诊断鉴定书)；工伤认定申请表应当包括事故发生的时间、地点、原因以及职工伤害程度等基本情况。工伤认定申请人提供材料不完整的，劳动保障行政部门应当一次性书面告知工伤认定申请人需要补正的全部材料。申请人按照书面告知要求补正材料后，劳动保障行政部门应当受理。

劳动保障行政部门应当自受理工伤认定申请之日起60日内作出工伤认定的决定，并书面通知申请工伤认定的职工或者其直系亲属和所在单位。

农民工特别要注意的是，在受伤后应及时地要求单位向劳动部门申请工伤；如果单位强调协商处理，不给予认定时，应注意在一年内如果协商最终没有达成，农民工或者其委托人应及时地向劳动部门申请工伤认定，否则超过一年，劳动部门不会受理工伤认定申请，导致自己利益受损。

农民工受工伤后，怎样申请劳动能力鉴定？

劳动能力鉴定是给予工伤保险待遇的基础和前提条件。职工发生工伤，经治疗伤情相对稳定后存在残疾，影响劳动能力的，应当进行劳动能力鉴定。通过劳动能力鉴定，能够准确评定职工伤残、病残程度，既有利于保障职工的合法权益，也为正确处理与此有关的争议提供了客观依据。

根据《工伤保险条例》的规定，劳动能力鉴定由用人单位、工伤职工或者其直系亲属向设区的市级劳动能力鉴定委员会提出申请，并提供工伤认定决定和职工工伤医疗的有关资料。设区的市级劳动能力鉴定委员会应当自收到劳动能力鉴定申请之日起60日内作出劳动能力鉴定结论，并及时送达申请鉴定的单位和个人。申请鉴定的单位或者个人对该鉴定结论不服的，可以在收到鉴定结论之日起15日内向省、自治区、直辖市劳动能力鉴定委员会提出再次鉴定申请。省、自治区、直辖市劳动能力鉴定委员会作出的劳动能力鉴定结论为最终结论。

劳动能力鉴定结论作出之日起1年后，工伤职工或其直系亲属、其所在单位或者经办机构认为残情发生变化的，可以申请劳动能力复查鉴定。

劳动能力鉴定一般在工伤认定之后，经劳动者申请，由设区的市级劳动能力鉴定委员会进行；如果农民工想和用人单位协商而没有申请工伤认定，其可以委托律师事务所向有关鉴定机构申请鉴定，并依据该鉴定结论同用人单位协商赔偿事宜。

农民工受工伤可以享受哪些工伤保险待遇？

农民工因工作遭受事故伤害或者患职业病后，可享受以下工伤保险待遇：(1)工伤医疗及康复待遇。包括工伤治疗及相关补助待遇，康复性治疗待遇，辅助器具的安装、配置待遇等。(2)停工留薪期待遇。农民工因工伤需暂停工作接受治疗的，原工资福利待遇不变；生活不能自理的，还可享受护理待遇。(3)伤残待遇。根据不同的伤残等级，工伤农民工可享受一次性伤残补助金、伤残津贴、伤残就业补助金以及生活护理费等。(4)工亡待遇。农民工因工死亡，其直系亲属可以按规定领取丧葬补助金、供养亲属抚恤金和一次性工亡补助金。

农民工工伤可配置的辅助器具主要有哪些种类？

工伤农民工因日常生活或者就业需要，经劳动能力鉴定委员会确认，可以配置辅助器具，所需费用按照国家规定的标准从工伤保险基金中支付。辅助器具主要包括：(1)假肢，包括上肢假肢和下肢假肢。(2)矫形器，如脊柱过伸矫形器、肩外宽矫形器、膝部矫形器、膝踝足矫形器、脊柱侧凸矫形器、矫形鞋、矫形鞋垫等。(3)假牙、假眼。(4)轮椅、步行器等。

农民工受工伤后，在什么情况下可以主张生活护理费待遇？

生活护理费分为两个部分，一是生活不能自理的工伤职工在停工留薪期需要护理的，由所在单位负责。二是在治疗终结后，经过伤残等级评定，如果已经被认定为伤残，那么如经劳动能力鉴定委员会确认需要生活护理的，从工伤保险基金中按月支付生活护理费。生活护理费按照生活完全不能自理、生活大部分不能自理或者生活部分不能自理 3 个不同等级支付，其标准分别为统筹地区上年度职工月平均工资的 50%、40% 或者 30%。生活护理费以统筹地区上年度职工月平均工资为计算基准发放。

农民工在非法用工单位受伤，能否享受工伤待遇？

由于信息的不畅通，许多农民工对其工作的单位缺乏了解，有可能到无营业执照或者未经依法登记、备案的单位以及被依法吊销营业执照或者撤销登记、备案的单位打工，由于这些单位没有合法的市场主体手续，不属于《工伤保险条例》规定向参保机构缴纳工伤保险费的缴费单位。但为了保护农民工利益，我国根据《工伤保险条例》和《非法用工单位伤亡人员一次性赔偿办法》（劳动和社会保障部令第19号）的规定，农民工在上述单位打工期间受伤，由该单位向伤残职工或者死亡职工的直系亲属给予一次性赔偿。

一次性赔偿包括受到事故伤害或患职业病的职工或童工在治疗期间的费用和一次性赔偿金，农民工受到事故伤害或患职业病，在劳动能力鉴定之前进行治疗期间的生活费、医疗费、护理费、住院期间的伙食补助费及所需的交通费等费用，按照《工伤保险条例》规定的标准和范围，全部由伤残职工所在单位支付。

一次性赔偿金按以下标准支付：一级伤残的为赔偿基数的16倍，二级伤残的为赔偿基数的14倍，三级伤残的为赔偿基数的12倍，四级伤残的为赔偿基数的10倍，五级伤残的为赔偿基数的8倍，六级伤残的为赔偿基数的6倍，七级伤残的为赔偿基数的4倍，八级伤残的为赔偿基数的3倍，九级伤残的为赔偿基数的2倍，十级伤残的为赔偿基数的1倍。受到事故伤害或患职业病造成死亡的，按赔偿基数的10倍支付一次性赔偿金。赔偿基数是指单位所在地工伤保险统筹地区上年度职工年平均工资。

农民工可以参加基本医疗保险吗？

随着国家对保护农民工合法权益的重视和经济的发展，农民工已经成为城市劳动者的重要组成部分。因此，我国基本医疗保险的覆盖范围已经从城市就业职工和其他人员逐渐扩大到覆盖在城市工作、被用人单位聘用的农民工。目前，关于农民工的基本医疗保险的实施，主要由各地方人民政府根据当地的经济发展的实际情况自行制定具体的实施办法。根据国家法律规定,与用人单位形成劳动关系的农村进城务工人员有权参加医疗保险。各地在具体实施中,要根据农村进城务工人员的特点和医疗需求,合理确定缴费率和保障方式,解决他们在务工期间的大病医疗保障问题,用人单位要按规定为其缴纳医疗保险费。对在城镇从事个体经营等灵活就业的农村进城务工人员,可以按照灵活就业人员参保的有关规定参加医疗保险。据此,在已经将农民工纳入医疗保险范围的地区,农民工应当参加医疗保险,用人单位和农民工本人应依法缴纳医疗保险费,农民工患病时,可以按照规定享受有关医疗保险待遇。

农民工可以参加基本养老保险吗?

按照《社会保险费征缴暂行条例》规定,所有城镇企业及其职工都应当参加基本养老保险,其中包括农民合同制工人。《关于完善城镇职工基本养老保险政策有关问题的通知》进一步明确了农民合同制职工参保缴费、待遇计发等方面的政策。因此,农民工可以同城镇企业职工一样参加基本养老保险。各地在具体操作中,对参加养老保险的农民合同制职工,在与企业终止或解除劳动关系后,由社会保险经办机构保留其养老保险关系,保管其个人账户并计息,凡重新就业的,应接续或转移养老保险关系;也可按照省级政府的规定,根据农民合同制职工本人申请,将其个人账户个人缴费部分一次性支付给本人,同时终止养老保险关系;凡重新就业的,应重新参加养老保险。农民合同制职工在达到国家规定的退休年龄后,累计缴费年限满 15 年以上的,可按规定领取基本养老金;累计缴费年限不满 15 年的,其个人账户全部储存额一次性支付给本人。

农民工受伤停工留薪期是怎么规定的?

根据《工伤保险条例》第三十一条规定,职工因遭受事故伤害或者患职业病需要暂停工作接受治疗的,实行工伤停工留薪期。停工留薪期是职工因工作遭受事故伤害或患职业病需要暂停工作接受工伤医疗的期限。工伤停工留薪期应当根据伤情的具体情况来确定,一般不超过12个月。停工留薪期的时间,由工伤协议医疗机构提出意见,经劳动能力鉴定委员会确认并通知有关用人单位和工伤职工。伤情严重或情况特殊需要延长治疗期限的,经设区的市劳动能力鉴定委员会确认,可以适当延长,但最多可再延长12个月。

工伤职工停工留薪治疗期内,原工资福利待遇不变,由所在单位按月支付。生活不能自理工伤职工在停工留薪期需要护理的,由所在单位负责。工伤职工评定伤残等级后,停发原工资、奖金,按规定享受伤残待遇。也就是说,停工留薪期满应由劳动能力鉴定委员会评定伤残等级,按照伤残等级发给伤残待遇。

农民工在同用人单位签订合同时,合同规定"工伤概不负责"是否有效?

我国《劳动法》规定,劳动者享有获得劳动安全卫生保护的权利;违反法律、法规的劳动合同无效。无效的劳动合同,从订立的时候起,就没有法律约束力。最高人民法院《关于雇工合同应当严格执行劳动保护法规问题的批复》指出,对劳动者实行劳动保护,在《中华人民共和国宪法》中已有明文规定,这是劳动者所享有的权利,受国家法律保护,任何个人和组织都不得侵犯,雇主对雇员应依法给予劳动保护,在劳动合同中注明"工伤概不负责"的行为既不符合《宪法》和有关法律规定,也严重违反了社会公德，应属于无效的民事行为。

上下班途中，受到机动车事故伤害的，应否认定为工伤？

上下班途中的时间，是为了执行职责，并不是为了自己的目的而行为，因此是工作时间的延伸，因意外事故遭受损害的，也被认为是工作时间。《工伤保险条例》第十四条规定，上下班途中遭受机动车事故伤害的，认为是工作时间遭受的损害，依法应认定为工伤。“上下班途中”一般的理解是职工平时正常工作的上下班途中，也包括职工加班加点的上下班途中。同时，要强调的是“上下班途中”应指职工在合理的时间与路线上离开用人单位回到家中或离开家回到用人单位的过程，如果其在中途去了其他地方办理其他事务，而该事务与其工作或回家没有必然联系的话，则该过程就不应认定为上下班途中。比如职工下班后先与朋友聚会或去逛商场购物然后再回家，则其在去与朋友聚会或到商场途中以及之后的回家途中，就不属于上下班途中。“受到机动车事故伤害”既可以是职工驾驶或乘坐的机动车发生事故造成，也可以是其他机动车事故造成。

农民工在工作期间上厕所时受伤是否属工伤？

在工作时间、工作场所从事与工作有关的事项时受伤，毫无疑问应该算工伤。职工上厕所，是在履行工作过程中产生的一种正常生理需要，受伤当然算工伤。

不遵守单位劳动纪律，违章作业导致伤害的，应否认定为工伤？

《工伤保险条例》对工伤的范围作了明确界定，该条例第十四条规定:“职工有下列情形之一的,应当认定为工伤:(一)在工作时间和工作场所内,因工作原因受到事故伤害的……”工伤保险实行无过错责任原则,其首要含义在于:无论职业伤害责任属于雇主、其他人或者自己,受害者都应得到必需的补偿。即劳动者受到工业伤害负伤、致残、死亡,不管过失出自何人,即使劳动者负有责任,雇主均有义务赔偿劳动者的经济损失。劳动者过错可能有种种场合和情形:如劳动者劳动纪律松散、安全意识淡薄,或违反操作规程等导致伤害事故发生;或因为企业、雇主一方管理混乱,设备设施不良、安全生产责任不落实等;还有可能是双方过错,如企业为追求经济效益,而劳动者为更多赚钱加班加点、疲劳作业;以及其他意外事故,如劳动者之间因过失造成伤害,等等。但根据工伤实行无过错责任原则的规定,上述劳动者的行为导致事故发生受伤,均应认定为工伤,因此,因劳动者不遵守单位劳动纪律,违章作业导致伤害的,应当认定工伤。当然,如果劳动者在劳动过程中故意自残、自杀的,依据《工伤保险条例》第十六条规定,“职工有下列情形之一的,不得认定为工伤或者视同工伤:(一)因犯罪或者违反治安管理伤亡的;(二)醉酒导致伤亡的;(三)自残或者自杀的”,则不应认定为工伤。

十次事故,九次是因为违章造成的,我们不能因为即使违章了仍然可以认定工伤而不遵守工作规程,违章受伤虽然能够得到补偿,但受伤的还是劳动者本人,因此,农民工朋友在工作中,切记要遵章守纪。

用人单位不认定工伤,农民工应该怎么办?

在工作中,经常发生农民工受伤,而用人单位不积极帮助农民工进行工伤认定的现象。造成这种现象的原因比较多,既有用人单位法制观念淡薄，认为给你治疗，就可以了，不需要去进行工伤认定；也有用人单位害怕因没有给职工上工伤保险而受到劳动部门的处罚；还有用人单位害怕因工伤认定需要给予劳动者大额的工伤保险赔偿。因此，农民工受伤后，就出现许多用人单位不去认定工伤的事情发生，针对这种情况，《工伤保险条例》第十七条明确规定，用人单位未按规定提出工伤认定申请的，工伤职工或者其直系亲属、工会组织在事故伤害发生之日或者被诊断、鉴定为职业病之日起1年内，可以直接向用人单位所在地统筹地区劳动保障行政部门提出工伤认定申请。因此，农民工朋友因工作而受伤后，在用人单位不去办理工伤认定时，应自受伤后一年内及时向劳动部门申请工伤认定。农民工朋友特别要注意，一年的时间是从受伤日开始计算的，而不是自治疗出院日起算。如果超过一年，劳动部门就不会受理工伤认定申请，从而给自己的维权带来很多不便。

对劳动能力鉴定不服，可否申请重新鉴定？

申请鉴定的单位或者个人对市级劳动能力鉴定委员会作出的鉴定结论不服的，可在收到该鉴定结论之日起15日内，向省级劳动能力鉴定委员会提出再次鉴定申请。省级劳动能力鉴定委员会作出的劳动能力鉴定结论为最终结论。

农民工因工致残被鉴定为一至四级伤残的，应享受什么工伤待遇？

（一）工伤职工已经评定伤残等级并经劳动能力鉴定委员会确认需要生活护理的，从工伤保险基金中按月支付生活护理费。

生活护理费按照生活完全不能自理、生活大部分不能自理或者生活部分不能自理3个不同等级支付,其标准分别为统筹地区上年度职工月平均工资的50%、40%或者30%。

(二)工伤职工应当保留劳动关系,退出工作岗位,并享受以下待遇:(1)从工伤保险基金中按伤残等级支付一次性伤残补助金,标准为:一级伤残为24个月的本人工资,二级伤残为22个月的本人工资,三级伤残为20个月的本人工资,四级伤残为18个月的本人工资。(2)从工伤保险基金中按月支付伤残津贴,标准为:一级伤残为本人工资的90%,二级伤残为本人工资的85%,三级伤残为本人工资的80%,四级伤残为本人工资的75%。伤残津贴实际金额低于当地最低工资标准的,由工伤保险基金补足差额。(3)工伤职工未办理退休手续前,用人单位和工伤职工应当以伤残津贴为基数,按规定缴纳基本养老保险费和医疗保险费。工伤职工达到退休年龄并办理退休手续后,停发伤残津贴,享受基本养老保险待遇。基本养老保险待遇低于伤残津贴的,由工伤保险基金补足差额。

(三)职工因工致残被鉴定为一级至四级伤残的,由用人单位和职工个人以伤残津贴为基数,缴纳基本医疗保险费。

农民工因工致残被鉴定为五至六级伤残的,应享受什么工伤待遇?

农民工因工致残并经鉴定为五级至六级伤残的,享受以下待遇:

(一)从工伤保险基金中按伤残等级支付一次性伤残补助金,标准为:五级伤残为16个月的本人工资,六级伤残为14个月的本人工资。

(二)保留与用人单位的劳动关系,由用人单位安排适当工作。难以安排工作的,由用人单位按月发给伤残津贴,标准为:

五级伤残为本人工资的70%，六级伤残为本人工资的60%，并由用人单位按照规定为其缴纳应由用人单位缴纳的各项社会保险费。伤残津贴实际金额低于当地最低工资标准的，由用人单位补足差额。

（三）职工因工致残被鉴定为五级、六级伤残的，经工伤职工本人提出，可以与用人单位解除或者终止劳动关系，由用人单位支付一次性工伤医疗补助金和伤残就业补助金。

（1）陕西省规定的标准是用人单位以其解除劳动关系时的所在地上年度职工月平均工资为基数，分别支付24个月、21个月的一次性工伤医疗补助金和24个月、21个月的一次性伤残就业补助金。（2）山西省规定的标准是用人单位以其解除劳动关系时的所在地上年度职工月平均工资为基数，分别支付36个月、33个月的一次性工伤医疗补助金和24个月、21个月的一次性伤残就业补助金；工伤职工距法定退休年龄不足5年的，一次性工伤医疗补助金和伤残就业补助金，以5年为基数每少1年递减10%。工伤职工达到退休年龄或者办理退休手续的，不享受一次性工伤医疗补助金和伤残就业补助金。（3）湖北省规定的标准是用人单位以其解除劳动关系时的所在地上年度职工月平均工资为基数，分别支付18个月、16个月的一次性工伤医疗补助金和34个月、28个月的一次性伤残就业补助金；（4）河南省规定的标准是用人单位以其解除劳动关系时的所在地上年度职工月平均工资为基数，分别支付16个月、14个月的一次性工伤医疗补助金和56个月、46个月的一次性伤残就业补助金。

农民工因工致残被鉴定为七至十级伤残的，应享受什么工伤待遇？

农民工因工致残被鉴定为七级至十级伤残的，享受以下待遇：

（一）从工伤保险基金中按伤残等级支付一次性伤残补助金，标准为：七级伤残为12个月的本人工资，八级伤残为10个月的本人工资，九级伤残为8个月的本人工资，十级伤残为6个月的本人工资。

（二）劳动合同期满终止，或者职工本人提出解除劳动合同的，由用人单位支付一次性工伤医疗补助金和伤残就业补助金。(1)陕西省规定的标准是，一次性工伤医疗补助金标准：七级伤残为15个月的本人工资，八级伤残为12个月的本人工资，九级伤残为9个月的本人工资，十级伤残为6个月的本人工资。一次性伤残就业补助金标准：七级伤残为15个月的本人工资，八级伤残为12个月的本人工资，九级伤残为9个月的本人工资，十级伤残为6个月的本人工资。(2)山西省规定的标准是，一次性工伤医疗补助金标准：七级伤残为24个月的本人工资，八级伤残为21个月的本人工资，九级伤残为18个月的本人工资，十级伤残为15个月的本人工资。一次性伤残就业补助金标准：七级伤残为15个月的本人工资，八级伤残为12个月的本人工资，九级伤残为9个月的本人工资，十级伤残为6个月的本人工资。工伤职工距法定退休年龄不足5年的，一次性工伤医疗补助金和伤残就业补助金，以5年为基数每少1年递减10%。工伤职工达到退休年龄或者办理退休手续的，不享受一次性工伤医疗补助金和伤残就业补助金。(3)湖北省规定的标准是，一次性工伤医疗补助金标准：七级伤残为14个月的本人工资，八级伤残为12个月的本人工资，九级伤残为10个月的本人工资，十级伤残为8个月的本人工资。一次性伤残就业补助金标准：七级伤残为20个月的本人工资，八级伤残为16个月的本人工资，九级伤残为12个月的本人工资，十级伤残为8个月的本人工资。(4)河南省规定的标准是,一次性工伤医疗补助金标准:七级伤残为12个月的本人工资,八级伤残为10个月的本人工资,九级伤残为8个月的本人工资,十级伤残为6个月的本人工资。一次性伤残就业补助金标准:七级伤残为36个月的本人工资,八级伤残为26个月的本人工资,九级伤残为16个月的本人工资,十级伤残为6个月的本人工资。

农民工因工致残被鉴定为一至四级伤残的,可以要求用人单位一次性支付各项工伤待遇吗?

为了保护农民工利益,保证农民工获得一次性赔偿有据可依,各省相继规定农民工工伤一至四级时,可以一次性领取赔偿金。其中:

(一)山西省规定,农民工本人自愿选择一次性领取工伤保险待遇的,除按照《工伤保险条例》第三十三条第一款第一项规定的标准,支付一次性伤残补助金外,再根据其工伤发生之日或职业病诊断之日的年龄和经劳动能力鉴定部门确定的伤残等级,按照下列标准计发伤残津贴、生活护理费,其他待遇不再发给。(1)35周岁(含35周岁)以下伤残等级一级的为180个月;二级的为156个月;三级的为132个月;四级的为108个月。(2)35周岁以上至50周岁(含50周岁)伤残等级一级的为168个月;二级的为144个月;三级的为120个月;四级的为96个月。(3)50周岁以上伤残等级一级的为156个月;二级的为132个月;三级的为108个月;四级的为84个月。

(二)陕西省规定,农民工(针对外省籍在陕农民工)本人自愿选择一次性领取工伤保险长期待遇的,根据工伤发生之日或者职业病诊断之日的年龄以及伤残等级,按以下办法计算包括伤残津贴、生活护理费和旧伤复发医疗费在内的一次性工伤保险长期待遇:(1)16周岁至25周岁伤残等级为一级15万元,二级13万元,三级11万元,四级9万元;(2)26周岁至35周岁伤残等级为一级14万元,二级12万元,三级10万元,四级8万元;(3)36周岁至45周岁伤残等级为一级13万元,二级11万元,三级9万元,四级7万元;(4)46周岁至55周岁伤残等级为一级12万元,二级10万元,三级8万元,四级6万元;(五)56周岁以上至国家法定退休年龄伤残等级为一级11万元,二级9万元,三级7万元,四级5万元。

(三)湖北省规定,鉴定为一至四级伤残的农民工,经伤残农民工本人提出可一次性享受有关工伤保险待遇并与所在统筹地区工伤保险经办机构签订协议,终止工伤保险关系。一次性工伤保险待遇的计发标准为:一次性伤残补助金按《工伤保险条例》规定标准计发;一次性医疗补助金分别按统筹地区上年度职工月平均工资的26个月、24个月、22个月、20个月的标准计发;一次性伤残津贴以本人当年的伤残津贴为标准,计发到法定正常退休年龄,最高不超过20年;一次性生活护理费以本人当年生活护理费为基数,按计发伤残津贴的时间折半计算。

用人单位未给农民工参加工伤保险,农民工是否可以认定为工伤?是否按国家规定享受有关待遇?

《工伤保险条例》第二条规定:“中华人民共和国境内的各类企业、有雇工的个体工商户(以下称用人单位)应当依照本条例规定参加工伤保险,为本单位全部职工或者雇工(以下称职工)缴纳工伤保险费。中华人民共和国境内的各类企业的职工和个体工商户的雇工,均有依照本条例的规定享受工伤保险待遇的权利。”

根据这一规定:(1)我国境内的各类企业和雇工的个体工

商户都必须为本单位全部职工缴纳工伤保险费，这是一种法定的义务；(2)我国境内的各类企业职工(雇工)都可以享受工伤保险待遇的权利，这是一种法定的权利，企业不得侵犯。

因此，用人单位没有参加工伤保险的，不影响其职工的工伤认定，但是相应的工伤待遇不是由工伤保险基金支付，而是全部由该企业单位承担。企业不参加工伤保险的社会统筹，一旦职工发生工伤事故，一切费用也都要由企业遵照《工伤保险条例》中的有关规定支付。

农民工受工伤后与单位达成了赔偿协议，但旧伤又复发了，单位不再给予赔偿合法吗?

不合法。《工伤保险条例》第二十九条规定，职工因工作遭受事故伤害或者患职业病进行治疗，享受工伤医疗待遇。治疗工伤所需费用符合工伤保险诊疗项目目录、工伤保险药品目录、工伤保险住院服务标准的，从工伤保险基金中支付。职工住院治疗工伤的，由所在单位按照本单位因公出差伙食补助标准的70%发给住院伙食补助费；经医疗机构出具证明，报经办机构同意，工伤职工到统筹地区以外就医的，所需交通、食宿费用由所在单位按照本单位职工因公出差标准报销。根据《工伤保险条例》第三十六条规定："工伤职工工伤复发，确认需要治疗的，享受本条例第二十九条、第三十条和第三十一条规定的工伤待遇。"因此，工伤职工工伤复发，仍按因工受伤处理。虽然用人单位同受伤农民工签订了一次性处理协议，但由于该协议违反了法律规定，应属无效。伤者仍然要按照法律规定享受一切工伤待遇。

农民工因工死亡，家属可享受什么待遇？

根据《工伤保险条例》第三十七条规定，职工因工死亡，其直系亲属按照下列规定从工伤保险基金中领取丧葬补助金、供养亲属抚恤金和一次性工亡补助金：(1)丧葬补助金为6个月的统筹地区上年度职工月平均工资。(2)供养亲属抚恤金按照职工本人工资的一定比例发给由因工死亡职工生前提供主要生活来源、无劳动能力的亲属。标准为：配偶每月40%，其他亲属每人每月30%，孤寡老人或者孤儿每人每月在上述标准的基础上增加10%。核定的各供养亲属的抚恤金之和不应高于因工死亡职工生前的工资。供养亲属的具体范围由国务院劳动保障行政部门规定（注：见《因工死亡职工供养亲属范围规定》）。(3)一次性工亡补助金标准为48个月至60个月的统筹地区上年度职工月平均工资。具体标准由统筹地区的人民政府根据当地经济、社会发展状况规定，报省、自治区、直辖市人民政府备案。伤残职工在停工留薪期内因工伤导致死亡的，其直系亲属享受本条第一款规定的待遇。一级至四级伤残职工在停工留薪期满后死亡的，其直系亲属可以享受本条第一款第(1)项、第(2)项规定的待遇。

农民工因工死亡后，哪些亲属应该由用人单位支付供养费？

农民工因工伤死亡，其如下供养亲属应该由用人单位支付供养费：

（一）供养亲属范围：该职工的配偶、子女、父母、祖父母、外祖父母、孙子女、外孙子女、兄弟姐妹。(1)子女，包括婚生子女、非婚生子女、养子女和有抚养关系的继子女，其中，婚生子女、非婚生子女包括遗腹子女;(2)父母,包括生父母、养父母和有抚养关系的继父母;(3)兄弟姐妹,包括同父母的兄弟姐妹、同父异母或者同母异父的兄弟姐妹、养兄弟姐妹、有抚养关系的继兄弟姐妹。

(二)对供养亲属的条件要求:依靠因工死亡职工生前提供主要生活来源,并有下列情形之一的,可按规定申请供养亲属抚恤金:(1)完全丧失劳动能力的;(2)工亡职工配偶男年满60周岁、女年满55周岁的;(3)工亡职工父母男年满60周岁、女年满55周岁的;(4)工亡职工子女未满18周岁的;(5)工亡职工父母均已死亡,其祖父、外祖父年满60周岁,祖母、外祖母年满55周岁的;(6)工亡职工子女已经死亡或完全丧失劳动能力,其孙子女、外孙子女未满18周岁的;(7)工亡职工父母均已死亡或完全丧失劳动能力,其兄弟姐妹未满18周岁的。

农民工受工伤后,计算工伤待遇时,“本人工资”如何确定?

根据劳动部《企业职工工伤保险试行办法》(劳部发[1996]266号)第五十八条规定,本人工资是指职工因工负伤或者死亡前12个月的月平均工资收入。计发工伤保险待遇时,本人工资收入低于当地职工平均工资75%的,以当地职工平均工资75%为计发基数,高于当地职工平均工资300%以上的,以当地职工平均工资300%为计发基数。用人单位工作不满1年的,以实际工作月份的平均工资作为本人工资。用人单位和农民工双方签订的劳动合同中约定了工资标准的,按照劳动合同中约定的工资标准计算。

但在现实生活中,普遍存在农民工没有同用人单位签订合同,约定工资标准,用人单位工资发放管理混乱,无法核实农民工具体的工资收入以及农民工工作不到一年就受伤的情况，针对这种情况，山西省规定，用人单位和农民工双方没有签订劳动合同或者劳动合同中没有约定工资标准或者工作不满一个月的，月工资标准参照适用其统筹地区上年度职工平均工资。有本人工资的，以本人工资计算；难以确定本人工资的，按统筹地区上年度职工月平均工资确定。

农民工实际工资与签订劳动合同时约定的工资不一致时，以哪个为准？

用人单位为了逃避责任，避免支付相应税金，在同农民工签订合同时，往往约定比其实际工资收入少得多的工资标准，农民工为了就业，在签订劳动合同时，往往并没有在意工资约定。有时发现工资约定较低，但用人单位往往以约定只是应付上面检查的加以糊弄，实际工资还是按照双方的口头约定来履行。用人单位在签订合同后确实按照农民工工作的时间来实际支付相应工资，但是，一旦发生了工伤，是以合同约定的工资标准还是依实际工资标准计算赔偿的基数，往往发生争议。原劳动部《企业职工工伤保险试行办法》（劳部发［1996］266号）第五十八条规定，本人工资是指职工因工负伤或者死亡前12个月的月平均工资收入，因此，只要农民工朋友能够有确切的证据证明其实际工资收入标准，应当依据其实际工资收入计算工伤待遇。

但现实生活中，许多农民工是拿不出证据来证明其工资收入的具体数额的，劳动部门往往就会以合同约定的工资标准来认定其本人的月平均工资收入，因此，农民工朋友在签订合同时，一定要注意在“工资报酬约定”条款明确你所要求的工资待遇标准，以维护自己的合法权益。

农民工在平时工作中，应注意保留哪些证据?

劳动者通过劳动保障监察、劳动争议仲裁、行政复议等法律途径维护自身合法权益，或者申请工伤认定、职业病诊断与鉴定等，都需要提供证明自己主张或案件事实的证据。如果劳动者不能提供有关证据，可能会影响自身权益的维护。因此，劳动者在平时的工作中，应该注意保留有关证据。主要包括：

(一)来自用人单位的证据。如与用人单位签订的劳动合同或者与用人单位存在事实劳动关系的证明材料、工资单、收取押金等的收条、用人单位解除或终止劳动关系通知书、出勤记录等。

(二)来自其他主体的证据。如职业中介机构的收费单据。

(三)来自有关社会机构的证据。如发生工伤或职业病后的医疗诊断证明或者职业病诊断证明书、职业病诊断鉴定书、向劳动保障行政部门寄出举报材料等的邮局回执。

(四)来自劳动保障部门的证据。如劳动保障部门告知投诉受理结果或查处结果的通知书等。

农民工受工伤后，在维护自身利益方面应注意哪些法定时限?

法定时限是指对法定义务人在一定时间内履行义务的要求，如果法定义务人没有在法定时间内履行义务，就要承担相应的责任。农民工在自身权益受到损害时，一方面由于不懂法，另一方面由于用人单位拖延，往往导致错过了法定的时限。而根据法律规定，权利人在法定期间内不行使权利，就丧失了请求执法机关依法定程序强制义务人履行义务的权利。因此，由于农民工不及时维权，导致有关机关不能再受理申诉，从而使自身权益难以得到保护。在农民工维权时，应注意以下法定时限，农民工切记要在法定时限内向规定的部门主张权利。

(一)申请工伤认定的时限。农民工所在单位应当自事故伤害发生之日或者被诊断、鉴定为职业病之日起 30 日内，向统筹地区劳动保障行政部门提出工伤认定申请。遇有特殊情况，经报劳动保障行政部门同意，申请时限可以适当延长。用人单位未按前述规定提出工伤认定申请的，工伤职工或者其直系亲属、工会组织申请工伤认定的时限，应当在事故伤害发生之日或者被诊断、鉴定为职业病之日起 1 年内，可以直接向用人单位统筹地区劳动保障行政部门提出工伤认定申请。

(二)劳动能力鉴定申请时限。农民工在劳动部门确认工伤后，应及时向工作单位所在的设区的市级劳动能力鉴定委员会提出申请，为获取工伤待遇提供赔偿依据。

(三)申请劳动争议仲裁的时限。劳动争议申请仲裁的时效期间为一年。仲裁时效期间从当事人知道或者应当知道其权利被侵害之日起计算。因农民工向用人单位主张权利，或者向有关部门请求权利救济，或者用人单位同意履行义务而中断。从中断时起，仲裁时效期间重新计算。

(四)对劳动争议仲裁裁决不服、提起诉讼的时限。农民工对劳动争议仲裁裁决不服的，应当自收到仲裁裁决书之日起 15 日内，向人民法院提起诉讼。否则，该裁决书发生法律效力。

劳动仲裁委员会是否受理未签订劳动合同的劳动争议?

根据《劳动合同法》的规定，只要用人单位与劳动者建立了事实劳动关系，不论是否签订劳动合同，均应认定双方劳动关系成立。只要双方之间的争议符合《中华人民共和国劳动争议调解仲裁法》的受理范围,劳动仲裁委员会均应受理。

农民工不服劳动争议仲裁委员会裁决的哪些劳动争议可以依法向人民法院起诉?

根据《中华人民共和国劳动争议调解仲裁法》的规定,农民工因以下争议不服劳动争议仲裁委员会作出的裁决,依法向人民法院起诉的,人民法院应当受理:(1)因确认劳动关系发生的争议;(2)因订立、履行、变更、解除和终止劳动合同发生的争议;(3)因除名、辞退和辞职、离职发生的争议;(4)因工作时间、休息休假、社会保险、福利、培训以及劳动保护发生的争议;(5)因劳动报酬、工伤医疗费、经济补偿或者赔偿金等发生的争议;(6)法律、法规规定的其他劳动争议。农民工应当在收到仲裁裁决书之日起 15 日内向人民法院提起诉讼。

因为超过法定申诉时效,劳动争议仲裁委员会不予受理时,农民工可以向法院起诉吗?

在农民工因各种原因超过了法定时限,劳动争议仲裁委员会不能受理争议案件时,农民工可以凭劳动争议仲裁委员会出具的不予受理决定书向人民法院提起诉讼,让法院查明案情,维护自身的合法权益。但经法院查明,确实因为农民工自身原因导致超过法定时效的,法院一般要驳回农民工的起诉,因此,农民工朋友还是要及时维权,以免因超过时效,使自已利益受损。

农民工在哪些情况下,可以向劳动保障监察机构投诉?

根据《劳动法》、《劳动保障监察条例》、《关于实施〈劳动保障监察条例〉若干规定》等规定,农民工遇到下列情况,可以向劳动保障监察机构投诉:(1)用人单位制定的内部劳动保障规章制度违反法律规定,损害农民工利益,如工伤责任由农民工自负等;(2)用人单位违反劳动合同规定,如拒不签订劳动合同、违法解除劳动合同、解除劳动合同后不按国家规定支付经济补偿金;(3)用人单位违反禁止使用童工规定;(4)用人单位违反女职工和未成年工特殊劳动保护规定,如安排女职工和未成年工从事国家规定的禁忌劳动;(5)用人单位违反工作时间和休息休假规定,如超时加班加点、强迫加班加点、不依法安排劳动者休假等;(6)用人单位不遵守支付劳动者工资和执行最低工资标准规定;(7)用人单位不依法为农民工参加各项社会保险和缴纳社会保险费;(8)职业介绍机构、职业技能培训机构、职业技能考核鉴定机构不遵守国家有关职业介绍、职业技能培训、职业技能考核鉴定规定;(9)法律、法规规定的其他损害农民工利益属于劳动保障监察事项。

农民工维权无法支付费用,能够获得法律援助吗?

法律援助,是指在国家设立的法律援助机构的指导和协调下,律师、公证员、基层法律工作者等法律服务人员为经济困难或特殊案件的当事人给予减免收费,提供法律帮助的一项法律制度。农民因为家庭贫困去外地打工,当其在打工过程中遭受损害时,往往给其家庭带来更大的困难,因此,作为经济困难的农民工,在其维权无法支付费用时,完全可以向有关部门申请,以期获得法律援助。

农民工能够获得哪些法律援助?

对符合援助条件的农民工,其以下请求可以依法获得法律援助:(1)依法请求国家赔偿的;(2)请求给予社会保险待遇或者最低生活保障待遇的;(3)请求发给抚恤金、救济金的;(4)请求给付赡养费、抚养费、扶养费的;(5)请求支付劳动报酬的;(6)主张因见义勇为行为产生的民事权益的。

农民工如何申请法律援助?

凡符合条件的农民工,有属于法律援助范围的法律事项,需要申请法律援助的,按下列程序办理:

(一)向拟起诉的人民法院所在地的法律援助机构提出申请,并填写法律援助申请书。在申请中说明因何需要法律援助及申请法律援助的理由,并同时提供以下证明材料:申请人身份证或身份证明,案件有关材料,由有关部门出具的经济困难证明。

(二)法律援助机构对申请进行审查,经审查认为该申请符合法律援助条件的,将作出同意提供法律援助的决定;认为不符合条件的,告之其理由。

(三)法律援助机构指派律师办理案件,审查批准获得法律援助的案件,由法律援助机构指定律师承办,并将受助人提交的有关证据材料移交给承办人。

(四)受助人应办理委托授权手续,受助农民工应给根据法律援助机构指定的律师出具授权委托书,作为律师代理案件的条件。

获得法律援助的案件,农民工能否依此申请法院减免或者缓交诉讼费?

根据我国法律规定,受助农民工可以根据法律援助机构作出同意提供法律援助的决定向诉讼人民法院提供缓、减、免交诉讼费的书面申请,并附符合法律援助条件的有效证明材料;人民法院对于法律援助机构决定减免费提供援助民事诉讼代理，经审查认为符合法律援助条件，应当先行对受助人作出缓收案件受理费及其他诉讼费的决定，待案件审结后再根据案件的具体情况决定诉讼费的支付。

医疗卫生保障篇

什么是新型农村合作医疗制度?

建立新型农村合作医疗制度,是党中央、国务院为解决“三农”问题,统筹城乡经济社会协调发展,提高农民健康水平,保护农村社会劳动力而作出的重大决策。新型农村合作医疗是由政府组织、引导、支持,农民自愿参加,个人、集体和政府多方筹资,与经济社会发展水平、农民承受能力相适应的以大病统筹为主的农民互助共济的医疗保障制度。

参加新型合作医疗的农民享有哪些权利?

参加新型合作医疗的农民享有如下权利:(1)获得新型合作医疗制度规定的基本医疗、预防保健、健康检查、健康教育等服务;(2)按规定报销一定比例的医药费用;(3)对新型农村合作医疗的管理和服务提出批评和建议;(4)监督合作医疗资金的使用和管理情况。

参加新型合作医疗的农民应履行哪些义务?

(1)遵守农村合作医疗的有关规定;(2)按时足额缴纳合作医疗资金;(3)积极配合医疗卫生单位做好各项预防保健工作。

新型农村合作医疗补偿项目有哪些?

新型农村合作医疗基金只能用于参加合作医疗的农民的医疗费用补偿,不得用于应由政府提供专项资金的计划免疫、妇幼保健、健康教育等公共卫生服务项目的补偿。具体补偿项目包括:住院、家庭账户、门诊统筹、慢性病的大额门诊、住院分娩和健康体检。

新型农村合作医疗基金如何分配?

新型农村合作医疗基金是由农民自愿缴纳、集体扶持、政府补贴的民办公助社会性资金,按照以收定支、收支平衡和公开、公平、公正的原则进行管理。

新型农村合作医疗基金由门诊医疗基金、大病统筹基金、健康体检基金和风险基金等四部分组成。(1)门诊医疗基金:用于参合农民在定点医疗机构享受门诊服务。(2)大病统筹基金:用于参合农民在定点医疗机构住院费用补偿和患特殊病种的门诊大额医药费的补偿及计划内住院分娩的定额补偿。(3)健康体检基金:主要用于对一年内未享受住院补偿的参合农民进行健康体检。(4)风险基金:主要用于弥补合作医疗基金透支和意外情况的应急。

统筹基金怎样使用?

大病统筹基金一般在各地区县级新型农村合作医疗管理委员会确定的银行设立专用基金账户,实行统一管理,封闭运行,用于补助农民因病住院医药费用的补偿和患特殊病种的门诊大额医药费的补偿及计划内住院分娩的定额补偿。

家庭基金账户怎样使用?

新型农村合作医疗是以大病统筹为主,对门诊费用也给予适当报销。一般是从农民缴纳的费用中提取部分费用设为家庭基金账户,作为用于支付村、乡镇两级定点医疗机构门诊医药费用。家庭成员可调剂使用、超支自理、结余留用。上年度结余自动结转到下年继续使用。这种做法的好处是让多数参加人得到回报,客观上也能引导农民及时到卫生院、卫生室看病,做到有病早治。

报销有无“起付线”和“封顶线”？

在新型农村合作医疗中，医药费用报销有“起付线”和“封顶线”。设定起付线是为报销支付设定一个门槛，在起付线以上的费用才分段按比例报销。目的是减少对低住院费患者的补助，将资金补助的重点放在对大病患者的补助上。同时，也可以排除将门诊费用当作住院费用报销的情况。起付线的标准要适度，定得过高会影响合作医疗的受益面，也会影响病人对基层医院的选择。为引导病人尽可能选择在基层医疗机构住院，提高农村卫生资源利用率，起付线的设定可由低至高。封顶线是指合作医疗对参加人的最高补助额，是合作医疗保障水平的象征。由于合作医疗采取低水平的筹资方式，支付能力不大。如果不设定支付限额，少数人过高的医疗费用可能会超越合作医疗的支付能力，出现超支情况而无法控制，最终拖垮整个合作医疗制度。此外，少数人得到的补偿过高，还会影响多数人的积极性。当然，封顶线太低，也难以体现合作医疗的保障作用，同样会影响参加人的积极性，失去号召力。具体标准，由各地根据当地的医疗费用支付的实际情况及农民承担能力来确定。

参加新型合作医疗的农民住院费用如何报销？

农民在本地规定的定点医疗机构住院的，“实行直接减免”的办法，即：农民住院时先交押金，出院时由定点医疗机构的出院结算补偿窗口负责审核后，直接按规定比例补偿给农民。农民在外地规定医疗机构住院治疗的，先由个人垫付医疗费用，出院后携带有关资料，到当地新型合作医疗管理部门办理补偿手续。

住院患者办理医药费补偿时，应提供的资料有哪些？

（1）合作医疗证原件及复印件；（2）住院患者的身份证和户口簿原件及复印件；（3）出院证；（4）住院病案首页；（5）定点医疗单位住院医药费统一收据；（6）定点医疗单位住院费用一日清单；（7）用药处方；（8）承办人身份证；（9）其他需要提供的材料。

住院分娩定额补偿应提供哪些资料？

（1）医疗证原件及复印件；
（2）住院患者的身份证和户口簿原件及复印件；
（3）批准生育证明；
（4）新生儿出生医学证明复印件；
（5）出院证；
（6）住院病案首页；
（7）定点医疗单位住院医疗费统一收据；
（8）承办人身份证或其他有效证件。

如果一个人一年内多次住院如何补偿？

个人全年多次住院的医疗费用实行分次补偿，分别理算，即“住院一次结算一次”。全年一次性或累计补偿金额不得超过当地规定的最高补偿额。

一个农民可以重复参加合作医疗吗？

新型农村合作医疗不允许农民重复参加，只能一人一保，因为平等互利是合作医疗的基本原则。在农户收入存在较大差距的情况下，如果允许部分农民重复参加合作医疗，一人多保，在其住院后，就会得到多份补偿，这实际上侵占了其他农民的资金；其次，合作医疗的资金测算是以辖区发病率为基础的，如果一人多保，当事人一旦患病，就等于几人患病，增加了住院率，也增加了合作医疗的支付份额，加大了风险；第三，合作医疗是由财政补助的，每个农民只能享有一份补助，允许农民一人多保就违背了相关政策；第四，允许重复参加会造成虚假的合作医疗覆盖率，一些基层组织以此“完成任务”，争取财政补助，而最终损害的是农民的共同利益。因此，在一个统筹单位内，不能有两种或多种出资标准及补偿标准。

农村家庭中，有人在外面打工，可以不参加新型农村合作医疗吗？

不可以。新型农村合作医疗是国家为保障广大人民群众基本医疗所实施的一项保障制度，实行村民筹一点、集体贴一点、政府补一点的集资办法，本着互助共济的原则，共同承担疾病风险，为生病群众提供一定的经济援助，减少群众因病致贫、因病返贫现象的出现。因此要求全家人统一参保，这样既能为他人提供帮助，也能为自己提供保障。如果家庭有人不参加合作医疗，则全家都无法获得合作医疗证。

新型合作医疗筹资，是否会加重农民负担？

新型合作医疗是农民互助共济的医疗保障制度，农民自愿缴纳的合作医疗个人部分费用属于农民个人消费性支出，不是农民负担项目。农民参加合作医疗，是个人为了抵御疾病带来的风险。因此，履行缴费义务不能视为增加农民负担。并且，这些资金完全用于农民医疗保障，其中政府和集体补充了大量的资金用于推广该制度。因此,不存在加重农民负担的问题,其结果只能是农民受益。

在什么情况下,参加合作医疗的农民不能得到补偿?

参加合作医疗的农民有下列情况之一的,不予补偿:(1)因酗酒、打架斗殴、自我伤害、交通事故、医疗事故、违章作业、犯罪行为等发生的医药费。(2)自购药品,使用超出用药目录范围和诊疗范围项目服务设施以外的费用。(3)工伤、雇用导致伤残、疗养、康复、计划生育费。(4)挂号费、出诊费、伙食费、陪侍费、取暖费、救护车费、特护费、空调费、保险费、交通费等。(5)器官或组织移植、人工晶体、体内置放材料、假肢、输血、近视眼矫正术,保健性诊疗及康复性器具的费用。(6)各种减肥、增胖、增高等项目的费用。(7)治疗期间与病情无关的医疗费用、处方与诊断不符的药品费等。

大病统筹的农村合作医疗制度包括什么内容?

(一)统筹层次。以县(市)统筹形式筹集、管理、使用合作医疗基金。

(二)参加原则。以户为单位自愿参加。

(三)筹资标准。包括农民个人出资、集体扶持和政府支持筹资模式。

(四)运作时间。每年实行一次性筹资。

(五)保障水平。以保大病住院为主。规定报销范围、支付比例、起付线、封顶线。

(六)报销方式。在区域内定点医疗卫生机构就诊的以现场报销为主,在区域外定点医疗机构就诊的回当地乡镇合管办报销。

（七）医疗救助。资助特困农户参加合作医疗；农户患大病，在获得合作医疗补助后仍有较大困难的，可申请医疗救助。

（八）管理监督。登记造册、统计、审计、账目公开、年终报告及其他监督事项。

患病后，私自到外面或到个体诊所看病，能不能报销医疗费？

不能。因为未经定点医院批准，私自转诊或直接到个体诊所看病，按新型合作医疗管理规定不能报销。

参加农村合作医疗的患者，如何办理转院手续？

参加农村合作医疗的人员在住院时需要转院的，转省内各定点医院不必办理任何手续，直接转院即可。如转省外医院治疗，需到合作医疗管理中心办理转院手续；病情危急的，可先行转院，在规定时间内到合作医疗管理中心补办转院手续。

外出务工的参加农村合作医疗的人员在务工所在地因病就诊申请医疗费用补助应怎样办理报销手续？

在外务工人员因急诊住院必须在当地政府举办的医院就诊，并在出院前向本人户口所在地乡镇定点医院报告备案。到新型农村合作医疗管理中心报销住院费用时，要出具当地就诊医院证明；对慢性疾病和选择性治疗疾病需住院治疗的，应当回本县治疗。

农村五保户和特困农民家庭怎样参加新型农村合作医疗？

农村五保户和特困农民家庭参加新型农村合作医疗，其个人缴费部分由民政部门、财政部门审核后，分别从五保转移支付经费、医疗救助基金中解决。

外出打工人员能否参加新型农村合作医疗？

具有农村户口的外出打工人员可以在其户口所在地参加新型农村合作医疗。只要其在规定的时间缴纳了个人部分，办理了合作医疗手续，就可以和其他农民一样，享受合作医疗的各项政策待遇。

什么是农村最低生活保障制度？

农村最低生活保障制度是指地方政府为家庭人均纯收入低于当地最低生活保障标准的农村贫困群众，按最低生活保障标准，提供维持其基本生活的物质帮助。这一制度的实行和规范化必将有利于农村的稳定与发展。

农村低保对象的范围如何划定？

农村低保对象，是指家庭人均纯收入低于当地最低生活保障标准的贫困居民，根据各地农村低保工作的实际情况，我们强调保障的重点是那些因疾病、残疾、年老体弱、丧失劳动能力和生存条件恶劣等原因造成家庭生活常年困难的农村居民。

各地确定低保标准的原则是什么？

建立农村低保制度是以地方人民政府为主，实行属地管理，低保标准要由县以上各级地方政府自行制定和公布执行。各地确定低保标准主要从以下几方面考虑:一是维持当地农村居民基本生活所必需的吃饭、穿衣、用水、用电等费用;二是当地经济发展水平和财力状况;三是当地物价水平。目前,除了少数东部发达地区,一般地方都参照国家每年公布的贫困标准来制定。2006年国家公布的贫困标准是年人均纯收入683元,2007年是693元。农村低保起码应该保证低保对象的生活水平不低于绝对贫困线,否则就无法保证农村居民的最低生活需求。但低保标准也不宜比贫困线高得太多,否则会不利于鼓励有劳动能力的群众生产自救。

农村最低生活保障基金主要来源在哪里?

建立农村最低生活保障制度,实行地方人民政府负责制,按属地进行管理。农村最低生活保障资金的筹集以地方为主,省级人民政府要加大投入,地方各级人民政府要将农村最低生活保障资金列入财政预算,中央财政对财政困难地区给予适当补助。

农村低保对象收入是如何计算的?

目前各地根据本地实际,对于核定低保申请人的收入等情况采取了因地制宜的方法,主要可以分为两种类型:一类是一些东部经济发达地区,由于工作基础较好,可以做到在较准确地核定低保申请人家庭收入的基础上,原则上按照申请人家庭年人均纯收入与保障标准的差额发放低保金;另一类是在广大的中西部地区和部分东部地区,通常是在初步核查申请人家庭收入的基础上,更多地依靠民主评议等办法来确定低保对象,并采取按照低保对象家庭的困难程度和类别,分档发放低保金。

农村困难群众如何申请低保？如何确保审核发放过程中的公正？

申请农村低保的基本程序是：

（一）申请。凡申请享受农村低保待遇的，应按照属地管理原则，以家庭为单位，由户主向户口所在地的村委会提出书面申请，同时提交户口簿、身份证、家庭收入证明、劳动能力证明和财产状况证明以及其他相关证明材料。共同生活的家庭成员户口不在一地的，需持其居住地派出所和镇政府共同出具的证明，向户主户口所在地的村委会提出书面申请。

（二）受理。村民委员会接到申请后，组织本村农村低保评估小组成员2~3人通过入户的形式一周内完成对申请人家庭收入和实际生活水平的全面调查和核实工作，调查期间应广泛听取群众意见，对其是否符合低保资格进行评估，并将调查核实和评估意见提交村民代表会议进行民主评议。经评议符合低保条件的申请对象，在村务公开栏公示5日以上，对公示后无异议的，村委会组织申请人填写《农村居民最低生活保障申请审批表》（以下简称《审批表》）、村委会填写《入户调查情况登记表》，调查人员在意见栏内签字、盖章，同时将所有相关证明材料上报镇政府审核。对经评议或公示后复审不符合低保条件的，村委会应向申请人解释清楚，并将所有材料退还申请人。

（三）审核。镇政府组织农村低保评估委员会对村委会提交的申办材料及时进行认真审核。主要审核提交的申办材料是否齐全、规范、有效，同时对村委会的入户调查、邻里访问、张榜公示情况及申请人的家庭情况逐个进行核实认定，提出审核意见，并将每个申请人的审核意见在村务公开栏张榜公示5日以上。经公示群众无异议，认为符合低保条件的，在审批表上签字、盖章,写出审核情况说明,并将相关证明材料上报市、县民政部门审批。经审核不符合低保条件的,将所有证明材料退回村委会,并告知理由。

（四）审批。市、县民政部门应对镇政府提交的申办材料及时进行认真审查,主要审查提交的申办材料是否齐全、规范、有效,并按一定比例进行抽查,通过审查对符合低保条件的,确定保障金额,并委托村委会再次公示5日。经公示无异议的,由市、县民政部门在审批表中签字、盖章,并从批准之日下月起,享受农村低保待遇,并委托镇政府发放“农村居民最低生活保障证”（以下简称“低保证”）;对不符合低保条件的不予批准,材料退回镇政府,并书面告知理由。

为保证审核发放低保金过程中的公正,应采取民主公开的措施,包括严格执行民主评议、张榜公布、群众监督等程序,有关部门应经常进行抽查、检查,使得低保工作公开、公正和透明。

享受低保的农村居民应履行哪些法律责任?

（一）家庭人均收入情况发生变化的,应及时通过居（村）民委员会告知镇人民政府（街道办事处）,并办理调整保障金发放数量和停发保障金的手续。

（二）户口发生迁移和家庭人口发生变化的,应当向原户口所在地的区民政部门办理保障金变更或领取转移手续。

（三）达到法定就业年龄并具有劳动能力的,应当主动就业,参加劳动部门举办的就业培训,接受有关部门推荐就业。

（四）达到法定就业年龄并具有劳动能力且未就业的,应当参加其所在镇人民政府（街道办事处）、村（居）民委员会组织的公益性劳动。

违法生育且没有依法承担法律责任者，是否可以纳入农村低保？

违法生育且没有依法承担法律责任者，符合农村低保条件的可以纳入农村低保。城乡最低生活保障是保障城乡困难群众基本生活的一项基本救助制度，是社会主义制度优越性的重要体现，是国家应尽的责任和义务，也是城乡居民应享有的一项基本权利，而不是政府对困难群众的一种奖励或优惠政策。违法生育并接受处罚，是属于行政处罚措施。农民违法生育不缴纳罚款，不应当与发放农村低保相挂钩。

目前农村最低生活保障方式主要有哪几种？

农村最低生活保障方式亦可灵活多样，目前主要方式有三种：一是以发放救济金为主；二是发给部分救济金和部分实物，如粮食、生活用品等；三是给予政策优惠，优先享受教育救助等。

如何做到农村低保对象有进有出，补助水平有升有降？

我国农村最低生活保障制度对农村低保实行动态管理，通过在全国范围建立农村最低生活保障制度，将符合条件的农村贫困人口全部纳入保障范围，稳定、持久、有效地解决全国农村贫困人口的温饱问题。建立农村最低生活保障制度，实行地方人民政府负责制，按属地进行管理。乡（镇）人民政府和县级人民政府民政部门要采取多种形式，定期或不定期调查了解农村困难群众的生活状况，及时将符合条件的困难群众纳入保障范围；并根据其家庭经济状况的变化，及时按程序办理停发、减发或增发最低生活保障金的手续。保障对象和补助水平变动情况都要及时向社会公示。

此外，农村低保要与扶贫开发、促进就业以及其他农村社会保障政策、生活性补助措施相衔接，坚持政府救济与家庭赡养扶养、社会互助、个人自立相结合，鼓励和支持有劳动能力的贫困人口生产自救、脱贫致富。

哪些人员可以申请享受农村低保？

持有农业户口的农村居民，从事农业生产且共同生活的家庭成员人均收入低于当地农村居民最低生活保障标准的，均可以申请享受农村居民最低生活保障待遇。

哪种情况下可取消农村最低生活保障？

（一）保障对象虚报、隐瞒收入或提供虚假证明，经查明后取消。

（二）保障对象及家庭成员戴金挂玉、饲养宠物等，家庭生活水平明显高于邻居生活标准的可以取消。

（三）保障对象及家人在受保障期间，家庭添有高档消费品如彩电、冰箱、洗衣机、移动电话、摩托车、贵重饰品、空调等，或装修房屋、购买贵重家用电器、新装固定电话的可以取消。

（四）有劳动能力且已享受低保待遇的人员，无正当理由拒不参加村级公益性劳动的可以取消。

（五）保障对象连续三个月不按时领取低保金或无特殊理由请他人替领低保金的可以取消。

（六）保障对象及家庭成员与享受低保有不相符的娱乐和休闲消费的取消保障资格。

（七）已享受低保家庭成员中有赌博、吸毒、嫖娼行为的立即取消享受资格。

（八）低保对象在享受低保期间大办红白喜事，造成社会不良影响的取消保障资格。

哪些情形不能享受农村低保救助？

（一）家庭有就业能力的成员，又无正当理由拒绝就业，不自食其力的。

（二）家庭拥有闲置的生产生活设施或除基本生活必需品以外的非生产性物品，按变现后计算，人均值为最低生活标准6倍以上的。

（三）家庭实际生活水平明显高于农村最低生活标准的。

（四）正在服刑、劳教的。

（五）不按规定如实申报家庭收入的，不配合低保工作人员调查的。

（六）与户主无法定赡养、抚养关系的挂靠户口人员。

（七）有参与赌博、吸毒、嫖娼等违法行为者，被公安机关处罚后一年内不得享受农村低保。

（八）已经纳入农村五保供养范围，不得重复救助。

（九）从事封建迷信活动并收取费用的。

（十）其他不应当纳入保障范围的。

哪些项目不应计入家庭收入？

（一）义务兵家属优待金和优抚对象、见义勇为人员享受的各类抚恤金、补助金、护理费、保健金及政府给予的一次性奖励金；

（二）在校学生（不含择校生）获得的奖学金、助学金等；

（三）社会各界和个人给予的临时性救助款物；

（四）各级政府给予的临时性生活补贴以及节日慰问金和

慰问品；

（五）各级政府给予的农村独生子女或二女结扎户一次性奖励扶助金；

（六）各级政府给予的农业种植补贴和临时性救灾款物；

（七）因各种原因获得的一次性丧葬费、一次性抚恤金；

（八）经民政部门认定的其他特殊收入。

农村家庭稳定收入有哪些，如何认定？

农村家庭纯收入是指共同生活的家庭成员的全部货币收入和实物收入。包括：

（一）种植业收入，包括农作物和经济作物。具体计算方法为：种植总收入减去种植总成本。

（二）养殖业收入，包括家禽、家畜和水产品养殖。具体计算方法为：养殖总收入减去养殖总成本。

（三）工资、奖金收入，包括工资、薪金、年终加薪、离退休金、养老金、退职生活费以及工资性奖金等。

（四）劳务收入，包括劳动工资、奖金、补助等，以及手工加工、务工和从事其他劳务活动所得收入；

（五）继承、接受赠与和利息、红利、有价证券、特许权收入；

（六）赡养费、扶养费和抚养费及各类农村养老保险金；

（七）出租或变卖家庭资产所获得的收入；

（八）村（组）集体经济分配的收入；

（九）因征地拆迁或其他原因所获得的一次性补偿收入中，扣除房屋重建及简单装修费用支出、家庭成员当年因病住院的医疗费用支出。

（十）其他应计入的家庭收入。

怎样来核实农村低保申请者的家庭收入?

(一)入户调查。直接深入到申请对象家庭进行调查,核实家庭收入情况和吃、穿、住、用等实际生活状况。

(二)邻里走访。通过走访村民,了解申请对象及其家庭收入和实际生活状况。

(三)信函索证。对不便走访的有关人员,通过邮寄信函索取有关证明材料。

(四)跟踪了解。由镇或村委会对申请对象家庭的收入和生活消费情况进行跟踪了解。

(五)村民代表评议。对有隐性收入而又无法核实的特殊家庭,可采取召开村民代表会议的办法,决定是否给予保障。

同一家庭成员中有两类户籍的,如何享受低保?

在农村定居的农业户口与非农业户口混合的家庭,符合城市居民最低生活保障条件的非农业户口家庭成员,可以申请享受城市居民最低生活保障待遇,符合农村居民最低生活保障条件的,可以申请享受农村居民最低生活保障待遇。

申请人申请农村低保时,应提供哪些材料?

农村低保制度实行属地管理原则。申请享受农村低保待遇以家庭为单位,以户主为申请人向户籍所在地村民委员会提交书面申请,同时还应提供下列相关证件和证明材料:

(一)户口簿、居民身份证;

(二)家庭成员收入证明;

(三)法定赡养(扶养、抚养)人家庭成员收入证明或赡养(扶养、抚养)协议等有关法律证明;

（四）夫妻一方为外地农业户口的，需提供结婚证和户口证明，有子女的同时提供子女户口证明；

（五）土地（山林、水塘、厂矿）承包或者租赁合同原件及复印件，以及由村民委员会出具的农业收入证明；

（六）夫妻离婚的，需提供离婚证或离婚判决书以及有关子女抚养和财产分割协议书等；

（七）残疾人需提供残疾证，重残人需提供县残联组织出具的重残证明；

（八）丧失或基本丧失劳动能力的人员需出具医院的诊断证明；

（九）民政部门认为需提供的其他证明。

符合农村低保条件的家庭成员中，在什么条件下，可以其无收入作为重点救助对象？

（一）无生活来源，无劳动能力，无法定赡养人、抚养人、扶养人，男年满60周岁、女年满55周岁的孤寡老人和18周岁以下的孤儿；

（二）丧失劳动能力的一、二级残疾人；

（三）接受义务教育及高中（含高中）以上学历教育的在校学生；

（四）为保护国家、集体利益因公负伤致残丧失劳动能力的人员。

农村低保对象凭民政部门核发的“低保证”，可享受哪些社会救助和优惠政策？

（一）农村低保对象加入新型农村合作医疗个人负担的全部费用，从每年财政列支的农村医疗救助资金中解决；对患重大疾病的农村低保对象，民政部门按照有关规定给予医疗救助；农村低保对象因病到社会救助定点医院就诊的，卫生医疗服务机构按照规定减免有关医疗费用；

（二）农村低保对象家庭中有公办高中阶段（含普高、职高、中专、技校）和大学阶段（专科、本科）学生的，政府有关部门、社会团体给予适当的教育救助；

（三）农村低保对象家庭住房为危房的，政府应视其困难程度给予适当的资金或物质帮扶；

（四）农村低保对象在法定劳动年龄段内，具有劳动能力的，劳动和社会保障部门、镇政府应优先推荐就业，免交有关费用；

（五）农村低保对象家庭成员从事个体经营的，工商、税务等部门按规定减免有关费用；

（六）司法部门为农村低保对象免费提供法律咨询和法律援助服务。

夫妻一方为本地农业户口，其配偶、子女为外地农业户口，是否可以申请享受农村低保？

夫妻一方持有本地农业户口，其配偶及子女为外地农业户口，在现居住地定居一年以上，家庭年人均收入低于本地农村低保标准的，也可申请享受本地农村低保待遇。

怎样理解共同生活的家庭成员的含义？

家庭成员是指家庭中具有法定赡养、扶养或抚养关系的人员。主要包括下列人员：

（一）配偶和未成年子女；

（二）已成年但不能独立生活的子女；

（三）与父母户口所在地相同的未婚子女；

（四）父母双亡且由祖父母或外祖父母作为监护人的未成年，或已成年但不能独立生活的孙子女或外孙子女；

（五）民政部门根据有关原则、程序认定的其他人员。

农村低保怎样防止徇私舞弊？

农村最低生活保障制度本身是为了解决家庭人均纯收入低于当地最低生活保障标准的农村贫困群众的生活困难而实施的社会保障制度，要执行好农村低保制度，尤其是在农村基层落实好这项制度，就要防止优亲厚友、徇私舞弊的事情发生，防止将不符合条件的人纳入农村低保之中的做法。

为了执行好农村低保制度，各地地方政府应当在这项制度的操作规范性中，坚持三榜公示，也就是村级收入调查和民主评议情况要公示；乡镇政府对低保制度收入的核查情况要公示；县级民政部门对于低保对象的审批结果要公示。要通过公开来达到公平、公正的目的，使这项制度得到落实。

农村居民最低生活保障金如何发放？

农村居民最低生活保障金一般应按照审核、审批确定的保障对象、家庭贫困程度类别，分档次发放，也可按照申请人家庭年人均纯收入与保障标准的差额发放。对保障对象中的特殊困难人员，可适当增加救助金额。

农村最低生活保障资金实行专项管理，专账核算，专款专用，严禁挤占挪用。农村居民最低生活保障金应以货币形式由乡镇人民政府社会救助工作机构按季度发放。不得以实物救助冲抵，也不得抵扣、代扣各类欠款。有条件的地区要采取通过金融网点实行农村最低生活保障金社会化发放，直接发放到户、到人的办法。

什么是农村五保供养？哪些人可以申请为农村“五保户”？

所谓农村五保供养，是指对符合法定条件的农村居民，在吃、穿、住、医、葬方面给予的生活照顾和物质帮助。五保供养是农村的集体福利事业。

根据《农村五保供养条例》第六条规定，村民中符合以下条件的老年人、残疾人和成年人可以成为五保供养对象。(1)无法定赡养、抚养、扶养义务的人，或者其法定赡养、抚养、扶养义务人无赡养、抚养、扶养能力的；(2)无劳动能力的；(3)无生活来源的。

如何申请成为“五保户”？

符合五保供养条件的村民，应由本人申请或者由村民小组提名，经村民委员会审核，报乡、民族乡、镇人民政府批准。乡、民族乡、镇人民政府应当自收到申报材料之日起20日内提出审核意见，并将审核意见和有关材料报送县级人民政府民政部门审批。县级人民政府民政部门应当自收到审核意见和有关材料之日起20日内作出审批决定。对批准给予农村五保供养待遇的，发给农村五保供养证书；对不符合条件不予批准的，应当书面说明理由。

乡、民族乡、镇人民政府应当对申请人的家庭状况和经济条件进行调查核实；必要时，县级人民政府民政部门可以进行复核。申请人、有关组织或者个人应当配合接受调查，如实提供有关情况。

国家对“五保户”承担哪些供养义务？

《农村五保供养工作条例》第九条规定，国家对“五保户”承担如下供养义务：

（一）供给粮油、副食品和生活用燃料；

（二）供给服装、被褥等生活用品和零用钱；

（三）提供符合基本居住条件的住房；

（四）提供疾病治疗，对生活不能自理的给予照料；

（五）办理丧葬事宜。

农村五保供养对象未满 16 周岁或者已满 16 周岁仍在接受义务教育的，应当保障他们依法接受义务教育所需的费用。

农村五保供养对象的疾病治疗，应当与当地农村合作医疗和农村医疗救助制度相衔接。

“五保户”可以自己在家享受供养吗？

《农村五保供养工作条例》规定，农村五保供养对象可以在当地的农村五保供养服务机构集中供养，也可以在家分散供养。供养对象可以自行选择供养形式。集中供养的对象，由农村五保供养服务机构提供供养服务；分散供养的对象，可以由村民委员会提供照料，也可以由农村五保供养服务机构提供有关供养服务。因此，五保户可以在自己家居住并享受供养服务。

“五保户”可以要求承包土地吗？

“五保户”的吃、穿、烧、住、用及疾病治疗、死亡殡葬，由政府负责供养。五保户要求承包土地的，也可像其他村民一样承包土地，生产队可以组织帮耕代耕，付给合理的代耕费。

“五保户”车祸身亡后，其赔偿金由谁获得？

我国对“五保户”实行的是属地供养原则，一般由“五保户”所在的村集体经济组织履行具体供养职责。根据《最高人民法院关于如何处理农村五保对象遗产问题的批复》的规定，农村五保对象死亡后，其遗产按照《农村五保供养工作条例》第十八条、第十九条的规定处理。《农村五保供养工作条例》第十九条规定：“五保对象死亡后，其遗产归所在的农村集体经济组织所有；有五保供养协议的，按照协议处理。”死亡赔偿金作为财产性质的收入损失，应比照死者遗产予以处理。因此，五保户因车祸身亡的，其赔偿金由提供供养职责的农村集体经济组织所有，农村集体经济组织可以作为赔偿权利人要求侵权人承担责任。

农村婚姻家庭篇

结婚登记需要什么条件?

(一)要求结婚的男女双方共同到具有管辖权的婚姻登记处提出申请;

(二)当事人男年满22周岁,女年满20周岁;

(三)当事人双方均无配偶(未婚、离婚、丧偶);

(四)当事人双方没有直系血亲(如祖父母、外祖父母、父母、子女、孙子女、外孙子女等)和三代以内旁系血亲(如兄弟姐妹、伯叔姑姨舅、堂兄弟姐妹等)关系;

(五)双方自愿结婚;

(六)当事人提交3张大2寸双方近期半身免冠合影照片;

(七)当事人持身份证、户口簿。

领取结婚证,需要办什么手续?

随着新的《中华人民共和国婚姻法》(以下简称《婚姻法》)及《婚姻登记条例》的实施,我国居民目前办理结婚登记、领取结婚证书较以前更加简便,不需要再到所在单位或者村民委员会、居民委员会开具证明材料。男女双方结婚时,可以到任何一方的户口所在地的婚姻登记管理机关办理结婚登记。同时,只要出具下列证件和证明材料:(1)双方身份证、户口簿;(2)本人无配偶以及与对方当事人没有直系血亲和三代以内旁系血亲关系的签字声明。双方本人到场照相、填表、签字后,即可领到结婚证书。

办理结婚登记一般需要哪些过程?

(一)当事人提交证件和证明材料;

(二)婚姻登记员查验相应证件和证明材料;

(三)婚姻登记员询问当事人的结婚意愿;

(四)自愿结婚的当事人双方各填写一份申请结婚登记声明书,并在婚姻登记员面前签名;

(五)当事人宣读本人的声明书,婚姻登记员作为监誓人在监誓人一栏签名;

(六)婚姻登记员对当事人提交的证件、证明、声明进行审查,符合结婚条件的,填写结婚登记审查处理表和结婚证;

(七)发结婚证。颁发结婚证应当在当事人双方均在场时按照下列步骤进行:(1)向当事人双方核实姓名、出生日期、结婚意愿;(2)告知当事人双方领取结婚证后的法律关系以及夫妻权利、义务;(3)见证当事人本人亲自在附件2上的"当事人领证签名或按指纹"一栏中签名;当事人不会书写姓名的,应当按指纹;"当事人领证签名或按指纹"一栏不得空白,不得由他人代为填写、代按指纹;(4)将结婚证分别颁发给结婚登记当事人双方,向双方当事人宣布:取得结婚证,确立夫妻关系;(5)祝贺新人。

结婚时一方不在,结婚手续他人可以代为办理吗?

男女双方结婚必须依据我国《婚姻法》第八条"结婚的男女双方必须亲自到婚姻登记机关进行结婚登记"的规定办理登记手续。而委托他人代为办理,违背了法律强制性规定,其所办理的结婚证无效,双方的婚姻关系亦无效。因此,结婚必须由申请结婚的双方婚姻当事人亲自到县以上民政部门结婚登记机关登记,其他任何人不能代为行使这种民事权利。如果申请结婚的双方当事人的一方确因某种原因不能亲自到场,可在双方当事人指定的时间、地点,请求婚姻登记机关现场登记。

没有领取结婚证，但举办了婚宴酒席，能证明男女双方结婚吗？

我国《婚姻法》第八条明确规定："要求结婚的男女双方必须亲自到婚姻登记机关进行结婚登记。符合本法规定的，予以登记，发给结婚证。取得结婚证，即确立夫妻关系。未办理结婚登记的，应当补办登记。"结婚登记是使婚姻合法有效的程序，只要是办理了结婚登记手续，取得了结婚证的，婚姻即告成立，在法律上就是合法夫妻，受法律的保护。

如果没有进行结婚登记手续，即使双方都认为相互之间是夫妻关系，包括已经举行了婚礼、两人已经同居、财产共享，这些都不为法律所认可，当然也就不能享受到法律对夫妻关系的保护。因此，男女双方虽然举行了传统的结婚仪式，办了酒席，但他们仍未成立合法的婚姻关系，应当补办结婚登记手续。

共同生活多年且有孩子，但没有领取结婚证，双方感情不和时，能否提起离婚？

结婚登记是使婚姻合法有效的程序，只要是办理了结婚登记手续，取得了结婚证的，婚姻即告成立，在法律上就是合法夫妻，受法律的保护。1994年2月1日民政部《婚姻登记管理条例》实施前，男女双方已经符合结婚实质条件的，按照事实婚姻处理，办理相应离婚手续；1994年2月1日民政部《婚姻登记管理条例》实施后，没有领取结婚证书而以夫妻名义同居生活的，其婚姻关系无效，不受法律保护，不给办理离婚手续，而是解除非法同居关系。

哪些情况婚姻登记机关不予受理结婚登记?

根据《婚姻法》的规定,以下情况婚姻登记机关不予受理结婚登记:(一)未到法定结婚年龄的;(二)非双方自愿的;(三)一方或者双方已有配偶的;(四)属于直系血亲或者三代以内旁系血亲的;(五)患有医学上认为不应当结婚的疾病的,如麻风病人、性病患者、重症精神病患者、先天痴呆症患者等。

虚报年龄登记结婚怎么处理?

我国《婚姻法》第五条规定:“结婚年龄,男不得早于22周岁,女不得早于20周岁。”民政部在《婚姻登记管理条例》中也明确规定,当事人结婚的,必须双方亲自到一方户口所在地的婚姻登记管理机关申请结婚登记。

申请婚姻登记的当事人,应如实提供本条例规定的有关证件和证明,不得隐瞒真实情况。申请婚姻登记的当事人弄虚作假,骗取婚姻登记的,婚姻登记机关对当事人宣布其婚姻关系无效并收回结婚证,可对其进行处罚。

单位或者组织为申请婚姻登记的当事人出具虚假证明的,应当予以没收,并建议单位或者组织对直接责任人给予批评教育或者行政处分。

被迫和他人结婚,可以向法院申请撤销吗?

婚姻最重要的原则就是意志自由。一方以任何理由威胁对方结婚,被威胁一方被迫同意结婚的情况显然违背了婚姻自由的宗旨,可以由当事人申请撤销该婚姻。

只有存在胁迫,婚姻才可以被撤销。这里的“胁迫”,是指行为人以给另一方当事人或者其近亲属的生命、身体健康、名誉、财产等方面造成损害为要挟，迫使另一方当事人违背真实意愿结婚的情况。

因胁迫结婚的，受胁迫的一方可以到婚姻登记机关或者人民法院申请撤销婚姻。到婚姻登记机关办理该手续时，当事人必须携带下列材料：(1)本人的身份证、结婚证；(2)要求撤销婚姻的书面申请；(3)公安机关出具的当事人被拐卖、解救的证明，或者人民法院作出的能够证明当事人被胁迫的判决书。

另外必须要特别注意的是：撤销婚姻的申请，必须要在婚后1年之内，由被胁迫一方主动提出。之所以要规定这样一个时间限制，是为了尽量维持婚姻关系的稳定性。

如果婚姻登记已经过了1年，受胁迫一方只能提起普通的离婚诉讼。也就是说，可撤销婚姻缔结时间只要超过1年，在法律上就会被视为完全合法的婚姻。

订婚受法律保护吗？

订婚，是指男女双方以结婚为目的而对婚姻关系所做的事先约定。我国法律上没有订婚这一说法，订婚也不受我国法律的保护，订婚只是我国民间的一种习俗。法律上对婚约采取“不提倡、不禁止”的态度，我国法律不把订婚作为结婚的法定程序，婚约也不具有法律效力，当事人可以遵从“自愿履行、自愿解除”的原则。一方要求解除婚约时，只要通知对方即可，既不要求对方同意，也不需要经过任何机关、组织办理解约手续。任何一方均不能以订婚为理由，强迫另一方同自己结婚。

怎样判断财产是婚前的，还是婚后的？

现实中常有这种情况：男女中的一方在婚前已经取得了某财产的所有权，但只是在婚后才实际控制或者拥有该财产。典型的例子就是:一方在婚前就已经获得了某笔财产的继承权,但直到婚后才得到这笔遗产。这种情况怎么处理?到底算是婚前的个人财产还是婚后共同财产?法律上判断婚前婚后财产,是以“取得财产权利”的时间为判断标准,夫妻的个人财产,不因婚姻关系的延续而转化为夫妻共同财产,除非夫妻双方另有约定。因此,在结婚时虽然没有实际占有某项财产,但只要拥有取得该项财产的权利,即为婚前财产。

结婚彩礼可以要求返还吗?

彩礼是男女双方基于婚约,而其中一方给付给另一方的用于确定婚约的财物。对于彩礼的认定应注意以下几个方面的问题:第一,彩礼的给付必须以结婚为目的,男女双方为增加感情所给予的财物不属于彩礼的范围;第二,订立婚约必须是男女双方自愿,如果是存在包办或买卖婚姻的情形,则给付的财物也不应当认定为彩礼;第三,给付彩礼应当是一种习俗。依据《婚姻法》司法解释的规定,存在以下几种情况的,一方请求返还彩礼,应当给予支持。(1)双方未办理结婚登记手续,但确定了恋爱关系,在农村也叫订婚。一方按照当地风俗收取了对方的彩礼,后因种种原因,双方没有到婚姻登记处登记结婚即分手。在这种情况下,理当把彩礼返还给另一方,但这里不包括双方为增进感情而给付另一方的财物,也不包括为订立婚约所支付的费用。(2)双方虽然登记结婚了,但确未共同生活。在这种情况下,给付彩礼的一方要求对方返还彩礼的也应当支持,但必须以双方离婚为条件。(3)结婚后在一起共同生活了一段时间,最后还是因感情问题要离婚,在此情形下彩礼要如何处理呢?根据《婚姻法》司法解释的规定,原则上是不返还彩礼的,但如果给付彩礼的行为致使给付人生活困难,并且给付人要求返还彩礼的，法院也应当支持，但前提条件是双方离婚。

哪些情况下婚姻是无效的？

《中华人民共和国婚姻法》第十条规定，有下列情形之一的，婚姻无效：

（一）重婚。根据法律规定，以下情况都属于重婚行为：（1）有配偶者与他人再次登记结婚的；（2）有配偶者与他人以夫妻名义共同生活的。

（二）有禁止结婚的亲属关系。法律规定：直系血亲和三代以内的旁系血亲禁止结婚。

（三）婚前患有医学上认为不应当结婚的疾病，婚后尚未治愈。法律规定，医学上认为不应当结婚的疾病主要包括：（1）严重遗传性疾病。（2）指定传染病。包括艾滋病、淋病、梅毒、麻风病以及医学上认为影响结婚和生育的其他传染病。（3）有关精神病是指精神分裂症、狂躁抑郁型精神病以及其他重型精神病。

（四）不到法定婚龄。法定婚龄是法律允许自然人结婚的最低年龄，年龄界限是基于人的自然性和社会性而确定的。《婚姻法》第六条规定："法定年龄，男不得早于22周岁，女不得早于20周岁，晚婚晚育应予鼓励。"当事人没有达到法定年龄，其婚姻关系无效。我国《婚姻法》没有规定法定婚龄的上限。

无效婚姻的法律后果是什么？

无效婚姻是指因欠缺婚姻成立要件而不具有法律效力的违法婚姻。即男女双方的结合由于不符合法律规定的结婚实质要件，因而自始不具备婚姻的法律要件。婚姻关系无效，当事人之间自始不产生夫妻间的权利义务关系。首先，是对当事人之间产生的法律后果。人身关系方面:《婚姻法》第十二条规定,无效或被撤销的婚姻,自始无效。当事人不具有夫妻的权利和义务,自始无夫妻权利、义务,如不再有同居权,不再承担计划生育、相互扶养的义务等。财产关系方面:因为夫妻财产关系是以夫妻人身关系为前提的,没有夫妻身份了,当然不再发生夫妻财产关系,如夫妻对共同财产的平等处理权、夫妻之间相互继承遗产的权利,将无效婚姻的共同财产作为一般共同财产进行分割。《婚姻法》第十二条规定同居期间所得的财产,由当事人协议处理;协议不成时,由人民法院根据照顾无过错方的原则判决。对重婚导致的婚姻无效的财产处理,不得侵害合法婚姻当事人的财产收益。这个规定有一定的合理性,体现了过错承担原则,此外,在婚姻无效或被撤销后,生活困难的一方可以请求另一方必要的经济补偿,无过错一方还可向过错方请求损害赔偿。

其次是父母子女关系。尽管婚姻关系被确认无效,但是依据《婚姻法》第二十五条的规定,非婚生子女享有与婚生子女同等的权利,任何人不得加以危害和歧视。不直接抚养非婚生子女的生父或生母,应当负担子女的生活费和教育费,直至子女能独立生活为止。据此,虽然婚姻关系被确认无效,但并不会对父母和子女关系造成影响,关于孩子的抚养权、抚养费、探视权、继承等都依据《婚姻法》及其他相关法律的规定进行处理。

谁有权向法院提出宣告婚姻无效?

根据最高人民法院关于适用《中华人民共和国婚姻法》若干问题的解释第七条规定,有权依据《婚姻法》第十条规定向人民法院就已办理结婚登记的婚姻申请宣告婚姻无效的主体,包括婚姻当事人及利害关系人。利害关系人包括:(一)以重婚为由申请宣告婚姻无效的,为当事人的近亲属及其基层组织;

(二)以未到法定婚龄为由申请宣告婚姻无效的,为未到法定婚龄者的近亲属;(三)以有禁止结婚的亲属关系为由申请宣告婚姻无效的,为当事人的近亲属;(四)以婚前患有医学上认为不应当结婚的疾病,婚后尚未治愈为由申请婚姻无效的,为与患病者共同生活的近亲属;(五)夫妻双方都死亡,利害关系人申请宣告婚姻无效的,利害关系人为申请人,不列被申请人;夫妻一方死亡的,利害关系人为申请人,婚姻当事人中未死亡的一方为被申请人。

协议离婚需要什么条件?

(一)男女双方须为合法夫妻并且具有完全民事行为能力

(1)协议离婚的当事人双方应当具有合法夫妻身份。以协议离婚方式办理离婚的,仅限于依法办理了结婚登记的婚姻关系当事人。不包括未婚同居和有配偶者与他人非法同居的男女双方,也不包括未办理结婚登记的“事实婚姻”中的男女双方。根据《婚姻登记管理条例》第十八条的规定,未办理过结婚登记的男女申请离婚登记的,婚姻登记管理机关不予受理。其间发生的有关身份关系的纠纷,以及涉及子女、财产问题的争议,可以向人民法院起诉处理。

(2)协议离婚的当事人双方均应当具有完全的民事行为能力。只有完全民事行为能力人才能独立自主地处理自己的婚姻问题。一方或者双方当事人为限制民事行为能力或者无民事行为能力的,即精神病患者、痴呆症患者,不适用协议离婚程序,只能适用诉讼程序处理离婚问题,以维护没有完全民事行为能力当事人的合法权益。

(二)协议离婚当事人双方必须具有离婚的共同意愿

“双方自愿”是协议离婚的基本条件,协议离婚的当事人应当有一致的离婚意愿。这一意愿必须是真实而非虚假的；必须是自主作出的而不是受对方或第三方欺诈、胁迫或因重大误解而形成的；必须是一致的而不是有分歧的。对于一方要求离婚的，婚姻登记管理机关不予受理，只能通过诉讼离婚解决争议。

（三）对子女和财产问题已有适当处理

“对子女和财产问题已有适当处理”是协议离婚的必要条件。如果婚姻关系当事人不能对离婚后的子女和财产问题达成一致意见、作出适当处理的话，则不能通过婚姻登记程序离婚，而只能通过诉讼程序离婚。

（1）对子女问题有适当处理，是指对双方离婚后有关子女抚养、教育、探望等问题，在有利于保护子女合法权益的原则下作了合理的、妥当的安排。包括子女由哪一方直接抚养，子女的抚养费和教育费如何负担、如何给付等等。由于父母与子女的关系不因父母离婚而消除，协议中还可以约定不直接抚育方对子女探望权利行使的内容，包括探望的方式、时间等。

（2）对财产问题有适当处理，主要包括：①在不侵害任何一方合法权益的前提下，对夫妻共同财产作合理分割，对给予生活困难的另一方以经济帮助作妥善安排，并切实解决好双方离婚后的住房问题；②在不侵害国家、集体和第三人利益的前提下，对共同债务的清偿作出负责的处理。

怎样办理协议离婚？

协议离婚的主管机关是当地的民政部门，协议离婚时，男女双方应到一方户口所在地的民政部门共同申请办理离婚登记手续，具体为：

（一）当事人写申请。男女双方离婚，必须双方亲自到婚姻登记管理机关申请离婚登记，不得委托他人代为办理。申请时应持双方的结婚证、户口簿、居民身份证等证件和证明，以及离婚协议书。离婚协议书应当写明双方当事人的离婚意思表示以及关于子女抚养、夫妻一方生活困难的经济帮助、财产分割及债务处理等协议事项，并由双方当事人签字或者盖章。

（二）婚姻登记管理机关审查。婚姻登记管理机关应对当事人的离婚申请进行审查，查明当事人所携带的证明和证件是否齐全，当事人是否符合登记离婚的诸项条件。婚姻登记管理机关如查明仅为夫妻一方要求离婚，或者夫妻双方虽然都同意离婚，但在子女和财产等问题上未达成协议的，婚姻登记机关不予受理。

（三）离婚登记和发给离婚证。婚姻登记管理机关自受理离婚申请之日起1个月内，对符合离婚条件的，应当予以登记，发给离婚证，注销结婚证。离婚证是婚姻关系已经合法解除的具有法律效力的文件。当事人从取得离婚证之日起，解除婚姻关系。

经过审查，对不符合法定条件而不予登记的，婚姻登记管理机关应当以书面形式说明不予登记的理由。

协议离婚登记需要经过哪些过程？

（一）当事人提交证件和证明材料；

（二）婚姻登记员查验相应证件和证明材料；

（三）婚姻登记员向当事人讲明《婚姻法》关于登记离婚的条件；

（四）婚姻登记员询问当事人的离婚意愿以及对离婚协议内容的意愿；

（五）双方自愿离婚且对子女抚养、财产及债务处理等事项协商一致的，双方填写申请离婚登记声明书，并在监誓人面前签名；

(六)夫妻双方亲自在离婚协议上签名，婚姻登记员作监誓人；协议书夫妻双方各一份，婚姻登记处存档一份；

(七)婚姻登记员对当事人提交的证件、申请离婚登记声明书、离婚协议书进行审查，符合离婚条件的，填写离婚登记审查处理表和离婚证；

(八)颁发离婚证。颁发离婚证应当在当事人双方均在场时按照下列步骤进行：①向当事人双方核实姓名、出生日期、离婚意愿；②告知当事人双方领取离婚证后的法律关系以及离婚后与子女的关系、应尽的义务；③见证当事人本人亲自在离婚登记审查处理表"当事人领证签名或按指纹"一栏中签名；当事人不会书写姓名的，应当按指纹；④在当事人的结婚证上加盖条形印章，其中注明"双方离婚，证件失效。××婚姻登记处"，注销后的结婚证退还当事人；⑤将离婚证分别颁发给离婚当事人双方，向双方宣布：取得离婚证，解除夫妻关系。

如何认定夫妻感情确已破裂？

人民法院审理离婚案件，准予或不准离婚应以夫妻感情是否确已破裂作为区分的界限。判断夫妻感情是否确已破裂，应当从婚姻基础、婚后感情、离婚原因、夫妻关系的现状和有无和好的可能等方面综合分析。根据《婚姻法》的有关规定和审判实践经验，凡属下列情形之一的，视为夫妻感情确已破裂。一方坚决要求离婚，经调解无效，可依法判决准予离婚。

(一)一方患有法定禁止结婚疾病的，或一方有生理缺陷，或其他原因不能发生性行为，且难治愈的；

(二)婚前缺乏了解，草率结婚，婚后未建立起夫妻感情，难以共同生活的；

（三）婚前隐瞒了精神病，婚后久治不愈，或者婚前知道对方患有精神病而与其结婚，或一方在夫妻共同生活期间患有精神病，久治不愈的；

（四）一方欺骗对方，或者在结婚登记时弄虚作假，骗取结婚证的；

（五）双方办理结婚登记后，未同居生活，无和好可能的；

（六）包办、买卖婚姻，婚后一方随即提出离婚，或者虽共同生活多年，但确未建立起夫妻感情的；

（七）因感情不和分居已满 2 年，确无和好可能的，或者经人民法院判决不准离婚后又分居满 1 年，一直不履行夫妻义务的；

（八）一方与他人通奸，非法同居，经教育仍无悔改表现，无过错一方起诉离婚，或者过错方起诉离婚，对方不同意离婚，经批评教育、处分，或在人民法院判决不准离婚后，过错方又起诉离婚，确无和好可能的；

（九）一方重婚，对方提出离婚的；

（十）一方好逸恶劳，有赌博等恶习，不履行家庭义务，屡教不改，夫妻难以共同生活的；

（十一）一方被依法判处长期徒刑，或其违法犯罪行为严重伤害夫妻感情的；

（十二）一方下落不明满 2 年，对方起诉离婚，经公告查找确无下落的；

（十三）受对方虐待、遗弃，或者受对方亲属虐待，或者虐待对方亲属，经教育不改，另一方不谅解的；

（十四）因其他原因导致夫妻感情确已破裂的。

谁先提出离婚,谁就吃亏吗?

时常听到有人讲,谁先提出离婚,谁就吃亏,因而一些人不愿主动做原告起诉,而宁可双方僵持着或者分居生活,以期对方首先提出来离婚。其实,这完全是一种误解。婚姻自由包括结婚自由和离婚自由。夫妻双方有权在感情不和、和好无望的情况下提出离婚要求。谁先提出离婚,这本身并无过错,也不存在吃亏的问题。这可从因离婚而牵涉的子女抚养与财产分割两方面来说明。

根据我国《婚姻法》、《妇女权益保护法》及有关司法解释,对离婚案件的财产分割问题要坚持男女平等,保护妇女、儿童的合法权益,照顾无过错方,尊重当事人意愿,有利生产,方便生活的原则,合情合理地予以处理。因第三者介入或喜新厌旧而离婚的,处理财物时,要注意照顾无过错一方和子女的利益。

按照《婚姻法》第二十九条规定:“父母与子女间的关系,不因父母离婚而消除。离婚后,子女无论由父方或母方抚养,仍是父母双方的子女。”对于离婚后子女归谁抚养,法院处理原则是从有利于子女身心健康,保障其子女的合法权益出发,结合父母双方的抚养能力和抚养条件等具体情况妥善解决。

因此,那种“谁先提出离婚,谁就吃亏”的想法是没有法律依据的。

哪些债务需要夫妻一起还?

离婚时,原为夫妻共同生活所负的债务,应当共同偿还。共同财产不足以清偿的,或财产归各自所有的,由双方协议清偿;协议不成时,由人民法院判决。

在夫妻关系存续期间,一方从事个体经营或者承包经营的,其收入为夫妻共有财产，债务亦应以夫妻共有财产清偿。

夫妻为共同生活或为履行抚养、赡养义务等所负债务，应认定为夫妻共同债务，离婚时应当以夫妻共同财产清偿。

婚前一方借款购置的房屋等财物已转化为夫妻共同财产的，为购置财物所借负债务，视为夫妻共同债务。

当事人的离婚协议或者人民法院的判决书、裁定书、调解书已经对夫妻财产分割问题作出处理的，债权人仍有权就夫妻共同债务向男女双方主张权利。

一方就共同债务承担连带清偿责任后，基于离婚协议或者人民法院的法律文书向另一方主张追偿的，人民法院应当支持。

夫妻一方死亡的，生存一方应当对婚姻关系存续期间的共同债务承担连带清偿责任。

哪些债务需要个人还?

根据《婚姻法解释(二)》第二十三条，债权人就一方婚前所负个人债务向债务人的配偶主张权利的，人民法院不予支持。但债权人能够证明所负债务用于婚后家庭共同生活的除外。

根据《婚姻法解释(二)》第二十四条，债权人就婚姻关系存续期间夫妻一方以个人名义所负债务主张权利的，应当按夫妻共同债务处理。但夫妻一方能够证明债权人与债务人明确约定为个人债务，或者能够证明属于《婚姻法》第十九条第三款规定情形的除外。

根据《婚姻法》第十九条第三款的规定：夫妻对婚姻关系存续期间所得的财产约定归各自所有的，夫妻一方对外所负的债务，第三人知道该约定的，以夫妻一方所有的财产清偿。

根据最高人民法院关于《审理离婚案件处理财产分割问题的意见》第十七条的规定：下列债务不能认定为夫妻共同债务，

应当由一方以个人财产清偿:

(一)夫妻双方约定由个人负担的债务,但以逃避债务为目的的除外。

(二)一方未经对方同意,擅自资助与其没有抚养义务的亲朋所负的债务。

(三)一方未经对方同意,独自筹资从事经营活动,其收入确未用于共同生活所负的债务。

(四)其他应由个人承担的债务。

夫妻离婚如何处理所欠债务?

第一,夫妻对婚姻关系存续期间所得的财产约定归各自所有情形下债务的处理。《婚姻法》第十九条第三款规定:“夫妻对婚姻关系存续期间所得的财产约定归各自所有的,夫或妻一方对外所负的债务,第三人知道该约定的,以夫或妻一方所有的财产清偿。”也就是说,这种情形下的债务由个人承担。

第二,这个债务在离婚时如何处理,关键是所借债务是否用于夫妻共同生活。《婚姻法》第四十一条规定:“离婚时,原为夫妻共同生活所负的债务,应当共同偿还。共同财产不足清偿的,或财产归各自所有的,由双方协议清偿;协议不成时,由人民法院判决。”也就是说,如果所借债务用于夫妻共同生活,那么,其所负的债务就属于夫妻共同债务。

第三,债权人主张权利情形下债务的处理。最高人民法院《关于适用〈中华人民共和国婚姻法〉若干问题的解释(二)》第二十四条规定:“债权人就婚姻关系存续期间夫妻一方以个人名义所负债务主张权利的,应当按夫妻共同债务处理。但夫妻一方能够证明债权人与债务人明确约定为个人债务,或者能够证明属于《婚姻法》第十九条第三款规定情形的除外。”也就是说，如果债权人向一方以个人名义所负债务主张权利的，按照这个规定处理债务。

一方去外地打工，另一方起诉离婚，应该向什么地方的法院起诉？

依照《中华人民共和国民事诉讼法》（以下简称《民事诉讼法》）和最高人民法院《关于适用〈中华人民共和国民事诉讼法〉若干问题的意见》，当事人提起的离婚诉讼，原则上由被告住所地人民法院管辖。但在下述情况下，采用特殊的地域管辖：

（1）被告离开住所地超过一年的，由原告住所地人民法院管辖；双方离开住所地超过一年的，由被告经常居住地人民法院管辖，没有经常居住地的，由原告起诉时居住地的人民法院管辖。

（2）被告下落不明或者宣告失踪的，由原告住所地人民法院管辖；原告住所地与经常居住地不一致的，由原告经常居住地人民法院管辖。

（3）被告被劳动教养或者被监禁的，由原告住所地人民法院管辖；原告住所地与经常居住地不一致的，由原告经常居住地人民法院管辖。

根据上述规定，如果一方去外地打工持续时间超过一年，另一方仍在原籍居住生活并起诉离婚的，在原籍生活的这一方就可以向其住所地的法院起诉离婚；比如在农村，男方出外打工超过一年，女方在家，当女方起诉离婚时，可以向女方住所地（户口所在地）法院起诉。如果男女双方都到外地打工且固定在一个地方居住超过一年的，则应向被告打工居住地法院起诉；男女双方都到外地打工且固定在一个地方居住没有超过一年或者虽然在外地打工超过一年了，但打工地点经常变化的，应当向原告起诉时居住地的人民法院起诉。当然，在受理案件时，法院一般要求原告提供村民委员会或者居民委员会有关被告居住情况的证明并加署当地派出所的印章。

离婚时，一方隐藏、转移、变卖、毁损夫妻共同财产或一方伪造债务，企图侵占另一方财产的怎么办？

（一）离婚时，一方隐藏、转移、变卖、毁损夫妻共同财产，或伪造债务企图侵占另一方财产的，分割财产时，对隐藏、转移、变卖、毁损夫妻共同财产或伪造债务的一方，可以不分或少分。

隐藏是指藏匿，不显露。转移是指改换原物的地方。变卖是指出售财产什物，换取现款。毁损是指损伤、损坏。夫妻共同财产是指实行法定夫妻财产制的夫妻在婚姻存续期间所取得的财产，或实行约定财产制的夫妻将婚前财产约定为共同财产或将婚后所得的财产部分约定为共同所有的财产。伪造债务是指夫妻本不对债权人负担共同债务而伪造证据证明负担，或者对债权人负担共同债务而夸大其数额。企图侵占另一方财产是指伪造共同债务的目的是在以夫妻共同财产清偿伪造的共同债务以后获得该共同财产的全部或一部分，是否有侵占另一方财产的企图依据客观的事实加以判断。分割是指在判决离婚中于当事人无法达成协议的情况下，人民法院对于共同财产判决实物分割、变价分割或作价补偿。少分是指人民法院判决从事上述违法行为的一方获得比均等分割的份额少的财产。不分是指人民法院判决从事上述违法行为的一方不能分得任何共同财产。

（二）离婚后，另一方发现隐藏、转移、变卖、毁损的夫妻共同财产，或一方伪造债务的，可以向人民法院提起诉讼，请求再次分割夫妻共同财产。

离婚包括协议离婚和判决离婚两种。请求再次分割夫妻共同财产根据不同的情况应该作出不同的解释:在一方“隐藏”和“转移”共同财产的情况下,可以直接请求分割共同财产;而在一方“变卖”共同财产的情况下,如果转让的共同财产为动产,受让人取得该动产时出于善意,依据最高人民法院《关于贯彻执行〈中华人民共和国民法通则〉若干问题的意见(试行)》的有关规定,法律行为有效,起诉的一方仅能够请求分割价金而不能请求分割共同财产;在其他情况下,变卖行为无效,起诉的一方仍然可以请求分割被变卖的共同财产;在一方“毁损”夫妻共同财产的情况下,起诉的一方仅能够请求支付损害赔偿金;在一方“伪造债务”的情况下,起诉的一方可以请求非法占有人返还共同财产,在返还不能的情况下,可以请求赔偿损失。

在离婚后起诉分割夫妻共同财产的情况下,是否仍然适用第一款的对于从事上述违法行为的一方不分或少分共同财产的规定,法律未予规定。在解释上应该适用,以惩罚加害的一方,更好地保护受害人的利益。

(三)人民法院对于上述妨害民事诉讼行为的一方,依照《民事诉讼法》的规定予以制裁。“依照《民事诉讼法》的规定予以制裁”是指依据《民事诉讼法》的第十章“对妨害民事诉讼的强制措施”第一百零二条第一款第一项予以罚款、拘留。

如何确定离婚时孩子的抚养问题?

在每次离婚大战中,男女双方为了争夺孩子使出各种办法,来争取孩子的抚养权。我国《婚姻法》对夫妻离婚时孩子抚养权归属有一个原则规定,就是从是否有利于孩子的健康成长为出发点来确定孩子抚养权的归属。具体的规定有:

(1)哺乳期内的子女的抚养。离婚后,哺乳期内的子女,以随哺乳的母亲抚养为原则。两周岁以下的子女,一般随母亲生活。但母亲有下列情形之一的，也可随父亲生活：一是母亲患有久治不愈的传染性疾病或其他严重疾病，子女不宜与其共同生活的；二是母亲有抚养条件不尽抚养义务，而父亲要求子女随其生活的，并对子女健康成长没有不利影响的；三是因其他原因，子女确实无法随母方生活的，如母亲的经济能力及生活环境对抚养子女明显不利的，或母亲的品行不端不利于子女成长的，或因违法犯罪被判服刑不可能抚养子女的，等等。

(2)两周岁以上未成年子女的抚养。本条还规定："哺乳期后的子女，如双方因抚养问题发生争执不能达成协议时，由人民法院根据子女的权益和双方的具体情况判决。"夫妻离婚后，对两周岁以上的未成年子女，随父或随母生活，首先应由父母双方协议决定。

如果当事人双方因子女抚养问题达不成协议时，法院应结合父母双方的抚养能力和抚养条件等具体情况，根据有利于子女健康成长的原则妥善地作出裁决。但应注意以下问题：对两周岁以上未成年的子女，父亲和母亲均要求随其生活，一方有下列情形之一的，可予优先考虑：①已做绝育手术或因其他原因丧失生育能力的；②子女随其生活时间较长，改变生活环境对子女健康成长明显不利的；③无其他子女，而另一方有其他子女的；④子女随其生活，对子女成长有利，而另一方患有久治不愈的传染性疾病或其他严重疾病，或者有其他不利于子女身心健康的情形，不宜与子女共同生活的。

(3)父母双方对十周岁以上的未成年子女随父或随母生活发生争执的，应考虑该子女的意见。

(4)父母双方抚养子女的条件基本相同，双方均要求子女与其共同生活，但子女单独随祖父母或外祖父母共同生活多年，且祖父母或外祖父母要求并且有能力帮助子女照顾孙子女或外孙子女的,可作为子女随父或母生活的优先条件予以考虑。

(5)在有利于保护子女利益的前提下,父母双方协议轮流抚养子女的,应予准许。父母双方可以协议子女随一方生活并由抚养方负担子女全部抚育费。但经查实,抚养方的抚养能力明显不能保障子女所需费用,影响子女健康成长的,对单方负担全部抚育费的请求,不予准许。

离婚时因为没有能力抚养孩子,孩子判由对方抚养,现在有能力了,想变更要求抚养孩子,可以吗?

父母离婚后,在一定条件下,可以根据父母双方或子女的实际情况的变化,依法予以变更。抚养归属的变更,有两种形式:一是双方协议变更。父母双方协议变更子女抚养关系的,只要有利于子女身心健康和保障子女合法权益,则应予支持。二是一方要求变更。凡一方要求变更子女抚养关系的,有下列情形之一的,应予支持。(1)与子女共同生活的一方因患严重疾病或因伤残无力继续抚养子女的;(2)与子女共同生活的一方不尽抚养义务或有虐待子女行为,或其与子女共同生活对子女身心健康确有不利影响的;(3)十周岁以上未成年子女,愿随另一方生活,该方又有抚养能力的;(4)有其他正当理由需要变更的。

对孩子的抚养教育不仅仅是物质上的满足,更多的是身心方面的健康发展,未成年人容易受到生活环境变化的影响,抚养孩子的一方与孩子生活在一起,形成了较固定的生活方式,改变生活环境可能给孩子带来不利的影响。因此,一方以自己有能力抚养而向法院起诉变更抚养权,如果抚养孩子的另一方没有上述情况的发生,法院是很难判决变更的。

离婚后，子女抚养费应如何给付？年限有规定吗？

抚养费是指长辈对晚辈抚育教养所必须支付的费用，包括子女生活费、教育费、医疗费等费用。根据我国《婚姻法》的规定，离婚后一方抚养的子女，另一方应负担必要的生活费和教育费的一部分或全部，负担费用的多少和期限的长短，由双方协议；协议不成时，由人民法院判决。

关于子女生活费和教育费的协议或判决，不妨碍子女在必要时向父母任何一方提出超过协议或判决原定数额的合理要求。

子女的抚育费数额可根据子女的实际需要、父母双方的负担能力和当地的实际生活水平确定。有固定收入的，抚育费一般应按其月总收入的20%～30%的比例给付。负担两个以上子女抚育费的，比例可适当提高，但一般不得超过月总收入的50%。无固定收入的，抚育费的数额可依据当年总收入或同行业平均收入，参照上述比例确定，有特殊情况的，可适当提高或降低上述比例。

抚育费的给付期限，一般至子女18周岁为止。尚未独立生活的成年子女有下列情形之一，父母又有给付能力的，仍应负担必要的抚育费：(1)丧失劳动能力或虽未完全丧失劳动能力，但其收入不足以维持生活的；(2)尚在校就读的；(3)确无独立生活能力和条件的。

离婚后，不直接抚养子女的一方是否有探望子女的权利？

我国《婚姻法》第三十八条规定："离婚后，不直接抚养子女的父或母，有探望子女的权利，另一方有协助的义务。行使探望权利的方式、时间由当事人协议；协议不成时，由人民法院判决。父或母探望子女，不利于子女身心健康的，由人民法院依法中止探望的权利；中止的事由消失后，应当恢复探望的权利。”

未成年子女致人损害，离异夫妻应否共同承担责任？

未成年子女致人损害，离异夫妻应共同承担责任。首先，父母与子女的关系，不因父母离婚而消除。我国《婚姻法》第二十九条规定：“父母与子女的关系，不因父母离婚而消除。离婚后，子女无论由父方或母方抚养，仍是父母双方的子女。”

其次，根据最高人民法院《关于贯彻执行〈中华人民共和国民法通则〉若干问题的意见（试行）》第一百五十八条：“夫妻离婚后，未成年子女侵害他人权益的，同该子女共同生活的一方应当承担民事责任；如果独立承担民事责任确有困难的，可以责令未与子女共同生活的一方共同承担民事责任。”从规定可知，未成年子女侵害他人权益的，同未成年子女共同生活的一方独立承担民事责任无困难，则无需另一方承担民事责任；否则，可以责令未与未成年子女共同生活的一方共同承担民事责任。

离婚后，孩子随母亲生活时，母亲能随意给孩子改姓名吗？

关于单方变更子女姓氏问题，最高人民法院《关于人民法院审理离婚案件处理子女抚养问题的若干具体意见》（以下简称《意见》）第十九条规定：“父母不得因子女变更姓氏而拒付子女抚育费。父或母一方擅自将子女姓氏改为继母或继父姓氏而引起纠纷的，应责令恢复原姓氏。”

不能独立生活的子女的含义是什么?

不能独立生活的子女,是指尚在校接受高中及其以下学历教育,或者丧失或未完全丧失劳动能力等非因主观原因而无法维持正常生活的成年子女。根据《最高人民法院关于人民法院审理离婚案件处理子女抚养问题的若干具体意见》的规定,对不能独立生活的子女,父母又有给付能力的,仍应负担必要的抚育费。

继父母与继子女之间的关系,法律是如何规定的?

继子女在现代社会十分常见,由于父母一方离婚或死亡,双方或一方再行结婚,子女同其生母或生父再婚后的夫或妻即为继父母子女关系。

继子女,是指妻与前夫或夫与前妻所生的子女。继父母,是指子女对母之后夫或父之后妻的称呼。继父母和继子女的关系是由于父母一方死亡,另一方带子女再婚,或者由于父母离婚,抚养子女的一方或双方再婚而形成的。继父母与继子女的关系是一种姻亲关系,同样受法律保护。根据《婚姻法》的规定,继父母与继子女间,不得虐待或歧视。继父或继母和受其抚养教育的继子女间的权利和义务,适用《婚姻法》对父母子女关系的有关规定。

父母离婚后,随一方生活的孩子在生活困难时,能否向另一方索要抚养费?

根据《婚姻法》第三十七条第二款规定:“关于子女生活费和教育费的协议或判决,不妨碍子女在必要时向父母任何一方提出超过协议或判决原定数额的合理要求。”当原定抚养费数额不足以维持当地实际生活水平的或者因子女患病、上学，实际需要已超过原定数额的，子女可以向另一方索要抚养费。

何为亲子鉴定？父亲怀疑孩子与自己没有血缘关系，可以申请亲子鉴定吗？

所谓亲子鉴定，是指应用医学、生物学和遗传学的理论和技术，判断有争议的父母与子女之间是否有亲生关系。亲子鉴定又称亲权鉴定、父权鉴定。

亲子鉴定是法医活体鉴定的一项重要内容，主要见于：(1)家庭纠纷，或未婚先孕，怀疑子女不是亲生；(2)怀疑医院产房或育婴室调错新生婴儿；(3)失散多年的家庭成员认亲；(4)移民公证，需确定要求移民者与某人有无亲生关系；(5)涉及计划生育政策，怀疑将亲生子女作为收养儿或将超胎子女给他人抚养等；(6)遗产继承纠纷要确定亲生关系，或试管婴儿的生父认定。

亲子鉴定可以分为司法鉴定和个人鉴定。司法鉴定是指必须由相关机构出具委托书，经过一系列司法公证程序所完成的鉴定，具有法律效力，可作为法庭证据使用。必须是指定的专门司法鉴定部门的亲子鉴定中心的鉴定才具有法律效力。个人鉴定仅是对个人的遗传基因所做的生物学比对，鉴定流程相对简单，但不能作为法庭证据使用。在大多数的情况下，母、子关系是已知的，要求鉴定假设父亲和孩子是否亲生关系。此时首先从母、子基因型的对比中，不排除与孩子有亲生关系。亲子鉴定的可靠率能达到98%以上，但是要到权威的司法鉴定部门，因为只有那儿的司法鉴定才具有法律效力。

因此，当父亲怀疑孩子与自己没有血缘关系时，可以通过上述两种途径进行亲子鉴定。

《婚姻法》对离婚有何限制性规定?

女方在怀孕期间、分娩后一年内或中止妊娠后六个月内,男方不得提出离婚。女方提出离婚的,或人民法院认为确有必要受理男方离婚请求的,不在此限。

现役军人的配偶要求离婚,须得军人同意,但军人一方有重大过错的除外。

在什么情况下,离婚时一方有权请求损害赔偿?离婚损害赔偿的范围是什么?

所谓离婚过错损害赔偿制度,是指在离婚诉讼中,因过错方的行为导致夫妻离婚时,过错方应对无过错方给予民事赔偿的法律制度。《婚姻法》第四十六条规定:有下列情形之一,导致离婚的,无过错方有权请求损害赔偿:(一)重婚的;(二)有配偶者与他人同居的;(三)实施家庭暴力的;(四)虐待、遗弃家庭成员的。因上述原因导致离婚,提出损害赔偿的:(1)必须是合法婚姻关系中的无过错方;(2)必须是由于对方的过错导致离婚的;(3)必须是在提出离婚时提出,即:离婚才能提起赔偿,赔偿必须在离婚的前提下提出,只提赔偿不提离婚的,人民法院不予受理;(4)必须是针对合法婚姻关系中的过错方,不能向第三方提出损害赔偿。

根据相关司法解释,《婚姻法》第四十六条规定的"损害赔偿",包括物质损害赔偿和精神损害赔偿。所谓物质损害赔偿,是指因过错方的行为给受害人一方造成经济损失,过错方应予赔偿经济损失,譬如,一方实施家庭暴力给对方造成伤害后果所发生的医疗费、护理费、交通费等。精神损害赔偿,是指由于行为人的过错给他人造成损害,加害方应依法对受害方的精神损失予以赔偿。在离婚诉讼中,由于一方的过错导致离婚,无过错方受到损害是肯定的,这种损害既包括物质方面的,也包括精神方面的。该精神损害赔偿的法律依据是最高人民法院2001年2月26日公布的《关于确定民事侵权精神损害赔偿责任书若干问题的解释》,该解释规定:"违反社会公共利益、社会公德,侵害他人隐私或者其他社会公共利益,受害人以侵权为由向人民法院起诉请求赔偿精神损害的,人民法院应当依法予以受理。"该解释还对确定精神损害赔偿的数额作了原则规定,无过错方可据此请求法院判决过错方赔偿一定数额的精神损害抚慰金。

什么是家庭暴力?

依据《最高人民法院关于适用〈中华人民共和国婚姻法〉若干问题的解释(一)》第一条的规定,家庭暴力是指行为人以殴打、捆绑、残害、强行限制人身自由或者其他手段,给其家庭成员的身体、精神等方面造成一定伤害后果的行为。其实施手段上具有多样性:如殴打、罚跪、伤害甚至杀害,以暴力限制人身自由,以暴力干涉婚姻自由,以暴力强迫对方从事性行为,以暴力将对方逐出家门,以暴力强迫对方就范等。溺婴和其他残害婴儿的行为,也应纳入家庭暴力的范围。家庭暴力的发生特征主要表现为:(1)施暴方和受害方主体双方之间存在特定的亲属身份关系,如配偶、父母、兄弟姐妹、祖孙等,其中比较容易受伤害的为女性配偶、儿童和老人。(2)暴力发生的场所为家庭住所;较一般的虐待行为有更大的危害性、隐蔽性。施暴者一般是在家庭中处于强势地位的成员;受害者一般是在家庭中处于弱势地位的成员。这些受害者(大多为妇女、儿童或老人)往往缺乏独立的生活能力和自卫能力,同时,存在"家丑不可外扬"的观念,所以,长期对暴力行为采取哭泣、忍让或沉默态度,从而导致施暴者有恃无恐，气焰更为嚣张。(3)侵害的客体为身体、精神两个方面的人身权利，主要表现为侵犯生命健康权、人身自由权、婚姻自主权、性权利等。(4)主观是必须为故意，过失不构成家庭暴力。(5)从结果上看，必须给家庭成员造成一定的伤害后果，这可以把家庭成员间一般的争吵和家庭暴力区别开来。从家庭暴力的表现形式上看，可以是积极的行为，如殴打、捆绑、残害、禁闭、强奸或以暴力恐吓等暴力行为；从消极方面来看，表现为使受害人挨冻受饿等。

发生了家庭暴力问题，可以到哪里求助？

《中华人民共和国婚姻法》第四十三条规定："实施家庭暴力或虐待家庭成员，受害人有权提出请求，居民委员会、村民委员会以及所在单位应当予以劝阻、调解；对正在实施的家庭暴力，受害人有权提出请求，居民委员会、村民委员会应当予以劝阻，公安机关应当予以制止，实施家庭暴力或虐待家庭成员，受害人提出请求的，公安机关应当依照治安管理处罚的法律规定予以行政处罚。"对于实施家庭暴力构成犯罪的，依法追究刑事责任。

因此，发生了家庭暴力问题，受害人可以向居民委员会、村民委员会、所在单位或者公安机关求助，构成伤害罪或虐待罪的，受害人还可以向人民法院提起自诉。

家庭暴力实施者要负什么样的法律责任？

(1)民事责任。根据《婚姻法》的规定，家庭暴力是法定离婚理由之一，而且受害者可以要求家庭暴力实施者承担损害赔偿的民事责任。

(2)行政法律责任。根据《治安管理处罚法》的规定，对实施家庭暴力尚未构成犯罪的可以进行治安处罚。

(3)刑事责任。当家庭暴力达到一定的严重程度,即当这种暴力行为具有严重的社会危害性和依法应受刑事处罚的属性时,就触犯了刑法,可能构成虐待罪、侮辱罪、故意伤害罪、故意杀人罪等。

家庭暴力实施者对共同生活的家庭成员经常以打骂、捆绑、冻饿、强迫超体力劳动、限制自由等方式,从肉体、精神上摧残、折磨,情节恶劣的,构成虐待罪。

家庭暴力实施者,使用暴力公然贬低其他家庭成员人格,破坏其名誉,情节严重的,构成侮辱罪。

家庭暴力实施者故意非法剥夺家庭成员生命的,构成故意杀人罪。

家庭暴力实施者,故意非法损害他人身体健康的,构成故意伤害罪。

家庭暴力实施者,以暴力手段干涉家庭成员结婚和离婚自由的,则构成暴力干涉婚姻自由罪。

对家庭暴力的受害者有哪些救助措施?

依《中华人民共和国婚姻法》的规定,对家庭暴力的受害者的救助措施主要有:(1)家庭暴力的受害者有权提出请求,居民委员会、村民委员会以及所在单位应当予以调解;(2)对正在实施的家庭暴力,受害者有权提出请求,公安机关应当予以制止,居民委员会、村民委员会应当予以劝阻;(3)家庭暴力的受害者提出请求的,公安机关应当依照治安管理处罚的法律规定对加害者予以行政处罚;(4)家庭暴力的受害者也可将对方实施家庭暴力作为确认双方感情确已破裂的法定依据,要求离婚。受害者也可同时向法院提起民事诉讼,要求法院判令加害者承担损害赔偿的民事责任;(5)对于已构成犯罪的家庭暴力行为,受害者可以依《刑事诉讼法》的有关规定,向人民法院自诉;公安机关应当依法侦查,人民检察院应当依法提起公诉。家庭暴力的受害者在提出刑事控告的同时,也可以同时提出附带民事诉讼,要求暴力人给予一定的经济补偿。

什么是性骚扰?常见的性骚扰主要有哪些?

尽管给"性骚扰"下的定义很多,但我国现行的法律仍没有"性骚扰"的概念。在立法机关没有采纳之前,仍属于学术上的观点。一般来说,性骚扰是一种不受欢迎或不被接受的注意力,或带有性意识的接触。也就是说,若某一方用各种方法去接近,或尝试接近另一方,而另一方没有兴趣、不喜欢、不愿意,或不想要这些带有性意识的接近,便可以说是性骚扰。

一般较常见的性骚扰主要有以下几种:(1)身体的接触。例如不必要的接触或抚摸他人的身体。(2)言语的接触。例如不必要而故意谈论有关性的话题,询问妇女的性生活,故意讲述色情笑话、故事等。(3)非言语的行为。例如身体或手的动作具有性的暗示,展示与性有关的物件等。(4)以性作为贿赂或要挟的行为。以同意性服务作为借口,来换取一些利益,甚至以威胁的手段,强迫进行性行为。这种类型的性骚扰在职场上的上下属之间常发生。

妇女面对性骚扰应该如何维护自身权益?

目前在我国农村,男方出外打工,女方独自留守在家,很容易受到不法分子的性骚扰。那么妇女在面对性骚扰时,应该如何维护自己的权益,不让有非法想法的人得逞呢?性骚扰主要有三种情形,针对不同的情形应采取不同的对策来维护自身权益。(一)当女性受到违背意愿的强烈性要求,即遭受性攻击时,受害人可直接报警,通过公安机关调查、取证认定事实;(二)在公共场所遭受骚扰行为,包括有侮辱性言语和动作,这种情况通称“流氓行为”,受害人也可报警,通过公安机关调查取证认定事实;(三)当妇女遭遇具有隐蔽性、突发性特征的“性骚扰”时,这种性骚扰通常侵害程度轻微,无他人在场,难于取证或未及时报警,可通过告对方民事侵权来维护权益。

妇女遭遇性骚扰应该注意保留哪些证据?

在农村,当有的妇女不幸遭到男人强奸时,常常是又惊又怕,觉得自己脏极了,回家后立即洗澡、洗衣服。殊不知,这样做往往使证据灭失,给破案带来难度。遇到这种情况,一定要注意保存证据。

在现实生活中,妇女如果遭遇性骚扰,一定要注意保留证据,特别是要注意保留“性骚扰”行为发生时所留下的衣物和行为痕迹,千万不要清洗使证据灭失,以备将来诉讼之用。除此之外,被骚扰妇女应该尽可能地保留和获取其他有关的证据。比如观察一下四周有没有直接的目击者,或是有没有能听见你呼救的人,手中留没留下作案人的东西等。另外,尽可能记住作案人的特征。被骚扰妇女受害后千万不要急于洗澡、洗衣服,这是很不明智的。而且还要注意提供其他证据特别是人证,这是很关键的。

最后要注意的一点是要及时报案。

什么时候继承才能开始?

《中华人民共和国继承法》(以下简称《继承法》)第二条规定:“继承从被继承人死亡时开始。”这就是说,被继承人的个人财产只有在他死亡的时候，继承人才能开始继承，但也不是说被继承人刚死就立即分割遗产。这里所说的死亡，除了自然死亡之外，还包括宣告死亡。根据《民事诉讼法》第一百三十四条的规定，宣告死亡是指一个公民离开自己的住所没有任何消息或因遇危险或意外事故等原因，由利害关系人申请，人民法院根据被宣告失踪人死亡的事实是否得到确认，作出终结审理的裁定或者宣告死亡的判决。

被宣告死亡的人，以人民法院宣告其死亡的时间作为他（她）的死亡时间，因此，宣告死亡的时间，也是继承开始的时间。

哪些人有法定继承权？

在死者生前没有立任何遗嘱或遗赠扶养协议的情况下，法律规定其遗产分配顺序，只有近亲属之间才享有继承权，包括死者的配偶、父母、子女、兄弟姐妹、祖父母、外祖父母。但这些人继承遗产是有顺序的，配偶、子女、父母是法律规定的优先继承人（第一顺序继承人），他们之间的地位完全平等，遗产将在他们之间平均分配；其他有继承权的近亲属即兄弟姐妹、祖父母、外祖父母，只有在前述三类亲属都已经不存在的前提下，才享有遗产继承权。

《继承法》所规定的有继承权的子女都包括哪些？

婚生子女是指婚姻关系成立后，妻受孕后出生的子女。非婚生子女，指没有婚姻关系的男女所生之子女。未婚男女或已婚男女与第三人发生性行为所生的子女；无效婚姻当事人所生子女及经过丈夫否认为婚生子女的人；以及妇女被强奸后所生之子女，均属于非婚生子女。配偶一方对他方与前配偶所生的子女，称作继子女。公民依据法定的条件和程序领养他人子女为自己子女，该子女即为该公民的养子女。我国《继承法》规定，公民去世后，其婚生子女、非婚生子女、养子女和有抚养关系的继子女均有权继承其遗产。这里要强调的是，在判断继子女是否有权继承养父或母的遗产时的一个原则是，该子女必须同养父或母形成了抚养关系。一般认为，养子女在未成年时或者属于限制民事行为能力、无民事行为能力人时，同养父或母生活在一起，就认为双方形成了抚养关系。至于在一起生活时间的长短，不影响继承。

继子女能继承继父母的遗产吗？

确认继子女的继承权应从以下几个方面考虑：

（一）继子女的继承权条件。继子女继承继父母遗产的条件关键就是他们之间是否形成了抚养关系，只有在继子女受到继父母的抚养或扶助，经法律确认其形成了抚养关系时，继子女才有继承权。根据有关法律规定，继子女与继父母间的继承关系确定的具体条件有以下几个：(1)继子女受继父母经济上的供养；(2)继子女受继父母生活上的抚养、教育；(3)继子女在经济上供养继父母；(4)继子女在生活上扶助继父母。

（二）在现实生活中，继子女与继父母之间的关系大致有如下几种情况：(1)前夫或前妻的子女与继父或继母长期生活在一起，形成了事实上的抚养关系，继子女与继父母之间的权利、义务关系与生父母子女关系相同，互有继承权。(2)生父母再婚时，子女已长大成人，分居另过或者其生父母再婚后，继子女并未与继父或继母共同生活，而由祖父母或外祖父母抚养教育成人。继子女对继父或继母没有尽过什么赡养义务，没有形成抚养关系，彼此之间也就不存在继承权问题了。(3)继子女与继父母共同生活，但继子女的生活费用由其生父或生母供给一部分或全部；或者继父母对继子女尽了抚养、教育义务，而继子女未对继父母尽赡养义务。这种情况一般视为形成了抚养关系，但分配遗产时应根据情况适当减少其份额。

(三)继子女继承继父母的遗产，不妨碍其继承生父母的遗产。双方都有继承权。

父亲先于祖父母死亡，孙子能继承祖父母的财产吗？

在一般的情况下，孙子女不能继承祖父母遗产。但是，如果被继承人的子女比被继承人死得早(就是《继承法》上所说的“继承人先于被继承人死亡”)，那么，被继承人的孙子女就可以代替自己的父母，继承祖父母的遗产，这叫做代位继承。

享有代位继承权的，只能是被继承人的晚辈直系亲属，即孙子女、曾孙子女。代位继承人只能继承自己父母有权继承的那一部分遗产。

但是，如果代位继承人的父亲丧失继承权，则代位继承人(孙子)不能继承祖父母的财产。

丧偶的儿媳能继承公婆的遗产吗？

丧偶的儿媳和女婿不是法定继承人，原则上不能继承公、婆、岳父、岳母的遗产。但是，在生活实践中，一些丧偶儿媳或女婿在丧偶后，仍然担负其赡养公、婆、岳父、岳母的主要责任，使老人安度晚年。为鼓励这种行为，弘扬中华民族的传统美德，我国《继承法》对丧偶的儿媳和女婿的继承权作出了特殊规定。

《中华人民共和国继承法》第十二条规定：“丧偶的儿媳和女婿对公、婆、岳父、岳母尽了主要赡养义务的，作为第一顺序继承人。”据此,如果儿媳或者女婿丧偶后,对公、婆、岳父、岳母提供了主要的经济支持、精神抚慰,使其安度晚年,则视为尽了主要的赡养义务,可享有第一顺序继承人的权利;如果没有尽主要义务,仅尽了一般义务,则不享有对公、婆、岳父、岳母遗产的继承权。一般认为,丧偶的儿媳单独同公、婆生活、居住在一起,对公、婆进行照顾,则可判断该丧偶的儿媳对公、婆尽了主要的赡养义务。

父母双亡,子女谁来抚养?

如果父母已经死亡,或者没有能力抚养自己的子女,在这种情况下,法律规定下列亲属也有抚养该子女的义务:(一)有负担能力的祖父母、外祖父母,对未成年孙子女、外孙子女有抚养义务;(二)有负担能力的亲兄、姐,对弟、妹有扶养义务。

同样道理,该子女将来对抚养过自己的祖父母、外祖父母也有赡养的义务;由兄、姐扶养长大的有负担能力的弟、妹对兄、姐也有扶养义务。

男方去世后,其兄弟能否以女方改嫁为由剥夺女方继承权?能否剥夺女方对孩子的监护权?

根据《中华人民共和国继承法》第三十条规定,夫妻一方死亡后另一方再婚的,有权处分所继承的财产,任何人不得干涉。也就是说,夫死妻再嫁或妻死夫再娶,都有合法带走自己从死亡配偶方合法继承的财产的权利。因此,男方去世后,其兄弟无权以女方改嫁为由剥夺女方继承权。

监护是指对未成年人、无民事行为能力或者限制民事行为能力的精神病人的人身、财产以及其他一切合法权益进行监督和保护的一种民事法律制度。

设置监护制度的目的就在于保护无民事行为能力人和限制民事行为能力人的合法权益。监护权是监护人对被监护人的人身、财产和其他合法权益进行监督和保护的一种权利。通常权利主要体现为权利人的利益,但监护权主要体现被监护人的合法权益。因此,监护权本质上是一种责任而非民事权利。根据《民法通则》的有关规定,未成年人的父母是当然的法定监护人。父母一方生存的,生存的一方为未成年人的监护人。这种监护权是基于父母的身份对未成年子女人身和财产方面的管教和保护的权利,实际上也就是亲权。因此,男方去世后,其兄弟不能以女方改嫁为由,剥夺女方对孩子的监护权。

嫁出去的姑娘有权继承父母的遗产吗?

根据我国《继承法》的规定,女儿是法定的第一顺序继承人。女儿对父母遗产的继承权,并不以是否出嫁为条件。女儿不论是否出嫁,都有权继承父母的遗产。

寡妇改嫁后,对已故丈夫的遗产还有继承权吗?

寡妇可以在继承已故丈夫的遗产后改嫁再婚。但是在现实生活中常常有这样的情况:在丈夫去世后,并不立即开始继承分割遗产,寡妇同其他继承人继续共同生活,在改嫁再婚前,并没有取得已故丈夫的遗产。

那么,在寡妇改嫁后,她对已故丈夫的遗产是否还有继承权?

根据我国《继承法》第十条的规定,配偶是第一顺序继承人,其继承地位并不因配偶是否再婚而改变。寡妇再婚前有权继承,再婚后仍然有权继承。特别要注意,寡妇在再婚后主张对已故丈夫的继承权,不得超过诉讼时效。

继子女在继承继父母的遗产后，是否还有权继承生父母的遗产？

我国《婚姻法》第二十四条对婚生父母子女间的权利义务关系作了明确的规定：“父母和子女有相互继承遗产的权利。”而在生父母一方死亡或离婚后，另一方带子女再婚形成的继父母子女关系是拟制血亲，与自然血亲不同，并非所有的继父母子女都产生父母子女间的权利义务。《婚姻法》第二十七条第二款规定：“继父或继母和受其抚养教育的继子女间的权利和义务，适用本法对父母子女关系的有关规定。”继父母子女之间只有形成了抚养关系，才产生父母子女间的权利义务。因此，继子女与继父母长期共同生活，继父或继母负担子女生活费和教育费的一部分或全部，或者对继子女予以生活上的照顾、教育和保护的，可以认定为形成抚养关系。《继承法》第十条规定，有抚养关系的继父母子女间有继承权，且继子女有赡养继父母的义务。同时，依照《最高人民法院关于贯彻执行〈中华人民共和国继承法〉若干问题的意见》第二十一条规定，继子女继承了继父母遗产的，不影响其继承生父母的遗产。

兄、姐对弟、妹的扶养义务要满足什么法定条件？

(1)兄、姐必须具有负担能力；(2)弟、妹必须为尚未成年，且其父母已经死亡或者不具有抚养能力时，方可依法享受由兄、姐扶养的权利。

弟、妹对兄、姐的扶养义务要满足什么法定条件？

(1)弟、妹必须是由兄、姐扶养长大的；(2)弟、妹必须具有承担扶养兄、姐的能力；(3)兄、姐必须处于缺乏劳动能力又缺乏生活来源的状况。

什么情况下，继承人丧失继承权？

根据《继承法》的规定，继承人有下列行为的，丧失继承权：(1)故意杀害被继承人的。继承人无论出于何种动机而故意杀害被继承人，也不论既遂还是未遂，都应确认其丧失继承权。(2)为争夺遗产而杀害其他继承人的。需要指出的是，只有出于争夺遗产的动机而杀害其他继承人的，才能确认其丧失继承权。如因其他原因而杀害其他继承人的，则不能确认其丧失继承权。(3)遗弃被继承人的，或者虐待被继承人情节严重的。凡有上述行为，不论其是否构成犯罪及是否被追究刑事责任，都应确认其丧失继承权。(4)伪造、篡改或者销毁遗嘱，情节严重的。根据《最高人民法院关于贯彻执行〈中华人民共和国继承法〉若干问题的意见》第十二条，继承人伪造、篡改或者销毁遗嘱，侵害了缺乏劳动能力又无生活来源的继承人的利益，并造成其生活困难的，应认定其行为属于情节严重，确认其丧失继承权。

母亲去世后，父亲卧床不起时，子女可以协议将父母的财产进行分割吗？

我国《继承法》规定的继承是指自然人去世后，由法律规定的一定范围内的人或者遗嘱指定的人依法取得死者遗留的个人合法财产的法律制度。根据该制度，只有当被继承人死亡后，才能对其财产进行分割，否则就是侵犯了他人的财产权。

当母亲去世后，父亲虽然卧床不起，但父亲仍然拥有民事权利能力，他的合法财产权理应受到法律的保护，禁止任何人非法处分。

子女以其父亲年纪大了,老糊涂了为由,认为有权处分其财产的主张是没有任何法律依据的。公民的民事权利能力是伴随一生的,是不分年龄、智力状况的。因此,作为一个公民,父亲的财产权利这一基本的民事权利是属于其父亲的,是任何人不能剥夺和擅自处分的。因此,子女签订的将父母的财产进行分割的协议,因处分了他们父亲的财产,违反了法律规定,理应无效。

在女方怀孕期间男方去世,遗产分割时是否应当保留胎儿的继承份额?

根据《继承法》第二十八条的规定:"遗产分割时,应当保留胎儿的继承份额,胎儿出生时是死体的,保留的份额按照法定继承办理。"如果被继承人留有尚未出生的胎儿,继承人在分割遗产时,应当为胎儿保留一定的遗产份额。所保留的遗产份额,一般应等同于各继承人所得的遗产份额的平均数。《最高人民法院关于贯彻执行〈中华人民共和国继承法〉若干问题的意见》第四十五条第一项指出,应当为胎儿保留的遗产份额没有保留的,应从继承人所继承的遗产中扣回。为胎儿保留遗产时,并不意味着该胎儿此时即已继承了这份遗产,因为此时胎儿还无权利能力,只有等到胎儿活着出生成为婴儿时,他才具有权利能力,真正取得遗产。通常为胎儿保留的遗产份额由胎儿的母亲代为保管或行使权利。如果胎儿出生时是死体,则为该胎儿保留的遗产份额仍然作为被继承人的遗产,由被继承人的其他继承人按照法律规定继承。

如何在法定继承人之间更好地分配遗产?

《继承法》第十三条对法定继承的遗产分配原则作了明确规定:

（一）一般情况下同一顺序继承人继承遗产的份额应均等。

（二）特殊情况下法定继承人的继承份额可以不均等。根据法律的有关规定，特殊情况主要是指：（1）对生活有特殊困难又缺乏劳动能力的继承人，分配遗产时应给予照顾。（2）对被继承人尽了主要赡养义务或者与被继承人共同生活的继承人分配遗产时，可以多分。需要指出的是，这里是可以多分，而不是应当多分，不具有强制性。（3）有扶养或赡养能力和扶养或赡养条件的继承人，不尽扶养或赡养义务的，分配遗产时，应该不分或少分。

父债子必须还吗？

《继承法》第三十三条规定："继承遗产应当清偿被继承人依法应当缴纳的税款和债务，缴纳税款和清偿债务以他的遗产实际价值为限。超过遗产实际价值部分，继承人自愿偿还的不在此限。继承人放弃继承的，对被继承人依法应当缴纳的税款和债务可以不负偿还责任。"所以在被继承的遗产不足以支付债务或者继承人放弃继承的情况下，对父亲生前的债务，儿子可以不予以偿还。

因车祸死亡赔付死亡赔偿金是遗产吗？债权人能要求用死亡赔偿金偿债吗？

从法律对死亡赔偿金的规定分析，它既不是对死者财产损失的赔偿，也不是对死者生命的赔偿，也就是说死亡赔偿金不是对死亡者本人的赔偿，因此，该赔偿金不应认为是死者的遗产。死亡赔偿金的目的是对死者近亲属由于失去亲人而产生的精神损害的补偿，只有当自然人的物质性人格权（生命权、健康权、身体权）受到不法侵害，受害人才能请求精神损害抚慰金赔偿，包括残疾赔偿金、死亡赔偿金以及其他情形的赔偿金。对于自然人的精神性人格权（名誉权、姓名权、名称权、肖像权、荣誉权、人格尊严权、人身自由权、隐私权）受到不法侵害，造成受害人精神利益损害，可以请求精神损害赔偿。死亡补偿费系最高人民法院《关于审理人身损害赔偿案件适用法律若干问题的解释》（以下简称《解释》）实施前所适用的赔偿项目，其性质是对死者亲属的经济补偿和精神抚慰，不属于死者的遗产。现在的死亡赔偿金就是精神损害抚慰金，是给死者近亲属的，不是遗产。因此，债权人不能要求死亡者的亲属用死亡赔偿金偿还债务。

没能等到分遗产就死了，财产由谁得？

依据《最高人民法院关于贯彻执行〈中华人民共和国继承法〉若干问题的意见》第五十二条规定"继承开始后，继承人没有表示放弃继承权，并于遗产分割前死亡，其继承遗产的权利转移给他的合法继承人"和第五十三条规定"继承开始后，受赠人表示接受遗赠，并于遗产分割前死亡的，其接受遗赠的权利移转给他的继承人"的规定，继承人在继承开始后，分割遗产前死亡的，该继承人的法定继承人代其实际接受其有权继承的遗产。该项规定在法律上称之为转继承。转继承一般应具备以下条件：（一）只有在被继承人死亡之后，遗产分割之前，继承人也相继死亡，才发生转继承；（二）只有继承人在前述的时间内死亡而未实际取得遗产，而不是放弃继承权；（三）只能由继承人的法定继承人直接分割被继承人的遗产；（四）转继承人一般只能继承其被转继承人应得的遗产份额。

让他人代写的遗嘱有效吗?

代书遗嘱是指非由立遗嘱人亲自书写的遗嘱,而是由代书人根据立遗嘱人的意思表示代为书写的遗嘱。由于其非自书性,在实践中产生的争议就比较多,在对其效力的认定上也存在一些争议。

根据我国《继承法》的规定,代书遗嘱应当有两个以上见证人在场见证,由其中一人代书,注明年、月、日,并由代书人、其他见证人和遗嘱人签名。

从上述规定可以看出有效的代书遗嘱应具备以下几个要件:(1)有两个以上的现场见证人。(2)由见证人之一为代书人。(3)遗嘱上须标明年、月、日。(4)代书人、其他见证人和遗嘱人签名。上述4个要件缺一不可,不具备这4个要件的代书遗嘱当属无效。

什么人不能作为遗嘱见证人?

根据《继承法》的规定,下列人员不能作为遗嘱见证人:

(1)无行为能力人、限制行为能力人。即不满18周岁的未成年人或者精神病患者。

(2)继承人、受遗赠人。这些人和遗嘱人有着直接的利害关系。

(3)与继承人、受遗赠人有利害关系的人。这些人是和遗产的处理结果有直接关系的人。他们或者与继承人、受遗赠人有较近的血缘关系、婚姻关系,如继承人的兄弟姐妹、妻子儿女,或者是继承人、受遗赠人的债权人。

公民能立前后不一致的几份遗嘱吗?

我国《继承法》规定,公民可以依照法律规定立遗嘱处分个人财产,并可以指定遗嘱执行人,公民可以立遗嘱将个人财产指定由法定继承人的一人或者数人继承,公民可以立遗嘱将个人财产赠给国家、集体或者法定继承人以外的人。公民在生前可以依据自己的意愿对其死亡后遗留的个人财产进行处分。因此,法律允许公民立多份前后不一致的遗嘱。但《继承法》同时规定,立有数份遗嘱,内容相抵触的,以最后的遗嘱为准。自书、代书、录音、口头遗嘱,不得撤销、变更公证遗嘱。

哪些遗嘱属无效遗嘱?

按《继承法》第二十二条规定,下列遗嘱无效:

(1)无行为能力或者限制行为能力人所立的遗嘱无效。

(2)遗嘱必须表示遗嘱人的真实意思,受胁迫、欺骗所立的遗嘱无效。

(3)伪造的遗嘱无效。

(4)遗嘱被篡改的,篡改的内容无效。

口头遗嘱在什么情况下失效?

我国《继承法》规定,遗嘱人在无法用其他方式立遗嘱的危急情况下可以立口头遗嘱,且应当有两个以上见证人在场见证;危急情况解除后,遗嘱人能够用书面或者录音形式立遗嘱的,先前所立的口头遗嘱无效。

公民是否可以立遗嘱将个人财产赠给法定继承人以外的人？

《继承法》第十六条规定，公民可以立遗嘱将个人财产赠给国家、集体，或者法定继承人以外的人，这种行为在法律上称为遗赠。遗赠是遗赠人死后生效的单方面的无偿的法律行为，不需要征得受遗赠人的同意。受遗赠人可以接受遗赠，也可以不接受遗赠。如果受遗赠人不接受遗赠，遗赠的财产可依法定继承的方式由遗赠人的法定继承人继承。遗赠人生前也可以单方取消原先设立的遗赠。

如果受遗赠人先于遗赠人死亡，则遗赠无效，而不能由受遗赠人的继承人继承，只能由遗赠人的法定继承人继承。另外，《最高人民法院关于贯彻执行〈中华人民共和国继承法〉若干问题的意见》第五十三条规定："继承开始后，受遗赠人表示接受遗赠，并于遗产分割前死亡的，其接受遗赠的权利转移给他的继承人。"

此外，遗赠人所立遗赠遗嘱必须合法，否则遗赠无效。

什么是"借腹生子"？法律允许吗？

"借腹生子"就是一种代孕技术，通常是把一对夫妇的精子、卵子在体外的试管中人工受精，再将人工胚胎移植到一位有正常子宫的代孕母亲的子宫里，所产出的没有血缘关系的孩子。2001年3月，卫生部颁布了《人类辅助生殖技术管理办法》，明令禁止医疗机构和医务人员实行任何形式的代孕技术。"借腹生子"目前在我国是不允许的。

“五保户”的遗产怎么处理？

“五保户”是指因生活有特殊困难而在农村集体经济组织里享受“保吃、保穿、保住、保医、保葬”待遇的人员。有权申请享受农村“五保”供养待遇的人员是：老年人、残疾人或未满 16 周岁的村民，无劳动能力、无生活来源又无法定赡养、抚养、扶养义务人或其法定赡养、抚养、扶养义务人无赡养、抚养、扶养能力的。

根据我国《继承法》和《最高人民法院关于贯彻执行〈中华人民共和国继承法〉若干问题的意见》的有关规定，对于农村“五保户”的遗产应该按照以下原则进行处理：(1)我国农村集体组织对“五保户”实行“五保”(即保吃、保住、保穿、保生病治疗和保死后安葬)时，双方订有遗赠扶养协议的，按照协议处理。(2)农村集体组织与“五保户”未订立遗赠扶养协议，死者有遗嘱继承人或者法定继承人要求继承的，按照遗嘱继承或者法定继承处理，但集体组织有权要求扣回“五保”费用。(3)“五保户”没有继承人或者继承人放弃继承或者丧失继承权的，如果其生前为农村集体组织的成员，遗产归集体组织所有；如果死者生前不是农村集体组织的成员，则遗产归国家所有。(4)对“五保户”生前有过一定扶助的人，可以在遗产分配中给予适当的照顾。

“五保户”生前将房屋遗赠给他人，村委会有权要回该房屋吗？

根据我国《继承法》和《最高人民法院关于贯彻执行〈中华人民共和国继承法〉若干问题的意见》的有关规定，我国农村集体组织对“五保户”实行“五保”(即保吃、保住、保穿、保生病治疗和保死后安葬)时,双方订有遗赠扶养协议的,按照协议处理。农村集体组织与“五保户”未订立遗赠扶养协议,死者有遗嘱继承人或者法定继承人要求继承的,按照遗嘱继承或者法定继承处理,但集体组织有权要求扣回“五保”费用。“五保户”生前将房屋遗赠给他人,损害了村委会的利益,村委会可以在变卖房屋后,将所得价款在扣除“五保”费用后如有剩余,交给受赠人继承。

收养应当符合哪些条件?

收养是指将他人的子女作为自己的子女,使收养人和被收养人之间确立法律拟制的父母子女关系的正式法律行为。

一般情况下,收养人、被收养人和送养人三方要具备一定的资格条件。收养人:(1)无子女;(2)有抚养教育被收养人的能力;(3)未患有在医学上被认为不应当收养子女的疾病;(4)年满30周岁。被收养人:(1)不满14周岁的未成年人;(2)丧失父母的孤儿;(3)查找不到生父母的弃婴和儿童;(4)生父母有特殊困难无力抚养的子女;(5)收养年满10周岁以上未成年人的,应当征得被收养人同意。送养人:(1)有特殊困难无力抚养自己子女的父母;(2)被收养人的监护人;(3)抚养弃婴、孤儿和残疾儿童的社会福利机构。

办理收养登记,收养人要提供哪些证明?

收养人在向民政部门申请办理收养登记时,应提交如下证明:(1)收养人的收养申请;(2)收养人所在单位的证明,证明有收入,有经济条件收养;(3)收养人所在街道居委会或村委会的证明,证明是当地居民,有收养要求;(4)收养人的体检合格证,证明身体健康,有条件抚养孩子;(5)收养人的身份证和户口簿;(6)收养人所在地派出所的证明,证明收养人无犯罪记录;(7)如果收养福利院的孩子,需要给福利院交一定的抚养费。

收养儿童需要办理的申请手续有哪些?

(一)收养社会弃婴需要办理的手续:(1)无子女证明;(2)收养人情况证明;(3)户口簿、身份证、结婚证复印件;(4)捡拾弃婴报案证明(公安部门)及捡拾人证明和身份证明;(5)收养人健康证明;(6)收养人、被收养人1寸照片各一张,三人2寸合影照片一张;(7)填写收养登记申请书。

(二)收养丧失父母的孤儿需要办理的手续:(1)孤儿父母死亡证明;(2)收养人情况证明;(3)户口簿、身份证、结婚证复印件;(4)收养人健康证明;(5)收养人、被收养人1寸照片各一张,三人2寸合影照片一张;(6)填写收养登记申请书。

(三)收养社会福利机构抚养的弃婴和儿童需要办理的手续:(1)社会福利机构监护报告;(2)法定代表人同意送养意见;(3)法定代表人户口簿、身份证;(4)社会福利机构同意送养登记表;(5)收养人情况证明;(6)收养人户口簿、身份证、结婚证复印件;(7)收养人健康证明;(8)收养人、被收养人1寸照片各一张,三人2寸合影照片一张;(9)填写收养登记申请书。

(四)收养生父母有特殊困难无力抚养的子女需要办理的手续:(1)生父母特困证明;(2)收养协议书;(3)生父母同意送养意见书;(4)一方死亡需提供死亡证明;(5)无子女证明;(6)收养人情况证明;(7)收养人户口簿、身份证、结婚证复印件;(8)收养人健康证明;(9)收养人、被收养人1寸照片各一张,三人2寸合影照片一张;(10)填写收养登记申请书。

(五)收养三代以内旁系血亲的子女需要办理的手续:(1)亲属关系证明;(2)收养协议书;(3)生父母同意送养意见;(4)

收养人无子女证明;(5)收养人情况证明;(6)户口簿、身份证、结婚证复印件;(7)收养人健康证明;(8)收养人、被收养人1寸照片各一张,三人2寸合影照片一张;(9)填写收养登记申请书。

(六)收养残疾儿童需要办理的手续:(1)残疾儿童病情鉴定(残联标准);(2)收养人情况证明;(3)户口簿、身份证、结婚证复印件;(4)收养人健康证明;(5)收养人、被收养人1寸照片各一张,三人2寸合影照片一张;(6)填写收养登记申请书。

(七)收养父母为无完全民事行为能力人的子女需要办理的手续:(1)是未成年人的须由抚养义务人和监护人出具同意送养协议;(2)由法院出具生父母无完全民事行为能力的证明;(3)村委会、居委会、生父母单位、民政部门有抚养义务的监护人出具证明;(4)收养人无子女证明;(5)收养人情况证明;(6)收养人户口簿、身份证、结婚证复印件;(7)收养人健康证明;(8)收养人、被收养人1寸照片各一张,三人2寸合影照片一张;(9)填写收养登记申请书。

女方在怀孕期间离婚,孩子生下后能否将孩子送给他人收养?

《中华人民共和国收养法》(以下简称《收养法》)第十条规定:“生父母送养子女,须双方共同送养。生父母一方不明或者查找不到的可以单方送养。”根据以上规定,夫妻离异以后,父母与子女之间的法律关系依然存在,与夫妻离异之前并无实质性的区别,必须由生父母双方共同送养。否则,送养行为不具有法律效力。因此,女方在怀孕期间离婚,孩子生下后在没有征得孩子父亲同意的情况下,是不能将孩子送给他人收养的。

收养关系当事人弄虚作假骗取收养登记的或为收养关系当事人出具虚假证明材料的应承担哪些法律责任?

(1)收养关系当事人弄虚作假骗取收养登记的,收养关系无效,由收养登记机关撤销登记,收缴收养登记证。

(2)为收养关系当事人出具证明材料的组织,应当如实出具有关证明材料。出具虚假证明材料的,由收养登记机关没收虚假证明材料,并建议有关组织对直接责任人员给予批评教育,或者依法给予行政处分、纪律处分。

父母子女能否通过协议解除关系?

父母子女关系有两种:一种是有血缘关系的直系血亲父母子女关系,另一种是没有血缘关系的拟制血亲的父母子女关系。对于没有血缘关系的拟制血亲的父母子女关系,可以依法解除;然而具有血缘关系的直系血亲父母子女关系,却是无法解除父母子女关系的。现实中的确存在着所谓断绝父母子女关系的情况,但是,这只能说明父母子女关系恶化到了极端严重的地步。"断绝父母子女关系"的这种行为并不具备法律上的效力。

另外,根据法律规定,父母有抚养子女的义务,子女有赡养父母的义务,这都是法定义务,不能免除,也不能通过协议改变。而且父母对子女的义务与子女对父母的义务之间也不存在对等关系,即子女不能因为父母没有对自己尽抚养义务而拒绝履行赡养义务。

收养可依法解除吗?

收养关系已经合法成立,当事人就应当忠实地履行因收养而产生的法定义务。否则,就可能损害收养关系当事人的合法权益,不利于被收养子女的健康成长。因此《收养法》规定:收养人在被收养人成年以前,不得解除收养关系。但是收养关系毕竟是一种法律拟制的血亲关系,养父母与养子女之间的感情比较容易起变化;收养方与送养方条件的改变,也能使收养的既成事实对双方尤其是被收养人不利,而有必要解除。有鉴于此,《收养法》在规定收养人不得单方解除与未成年养子女的亲子关系的同时,又规定:收养人、送养人双方协议解除的除外。就解除收养关系的程序而言,《收养法》规定,当事人解除收养关系应当达成书面协议,并到办理成立登记的机关办理解除收养关系的登记;不能达成协议的,可以向人民法院起诉。根据《收养法》的这些规定,收养关系的解除可以采取两种方式,即协议解除和通过诉讼程序解除。

(一)协议解除收养关系

收养关系既然可以依照当事人双方的协商一致而成立,也当然可以依照当事人协商一致而解除。鉴于协议解除收养关系是变更公民人身关系的重大民事法律行为,不可轻易进行,应当符合下列条件:

(1)收养关系当事人必须一致同意。即无论收养关系的解除是由哪一方当事人提出,也不论收养关系是经过登记还是既经过登记又经过公证,只要是通过协议的方式解除,就必须经过双方当事人的同意。收养方如果是夫妻共同收养,就必须经过收养人夫妻双方的同意。送养人是生父母的,也必须经过夫妻双方的同意。对于养子女年满 10 周岁以上的,还应当征得其本人的同意。对于养子女已经年满 18 周岁的,应由养子女与收养人协议解除收养关系,送养人不再参与收养关系的解除。

(2)协商解除收养关系,必须符合《民法通则》第五十五条的规定。根据《民法通则》的规定,结合解除民事收养关系的实际,要求协议解除收养关系的当事人必须具有从事解除收养关系的完全的民事行为能力,当事人协议解除收养关系的意思表示是当事人自由自愿基础上的真实的意思表示,当事人协议解除收养关系的目的、动机、内容和方式不得违反法律的规定和社会公共利益。

(3)有关补偿收养人支出的生活费、教育费的问题及其他经济纠纷,应当在协议中得到妥善处理。如果双方未就此达成协议的,仍不能通过协议的途径解除,当事人只能诉请法院解决。

(4)协议解除收养关系应当到民政部门办理协议解除收养关系的登记。

(二)通过诉讼解除收养关系

在需要解除的收养关系中,并不是所有的解除都可以通过当事人的协商而解决。如果收养关系当事人对于是否解除收养关系的问题不能取得一致意见,或者虽然对于解除收养关系取得了一致意见,但是对于有关经济补偿、损害赔偿等具体问题不能统一意见时,任何一方当事人都有权诉请人民法院予以解决。根据我国《收养法》的规定以及最高人民法院的司法解释,当事人有下述情形之一不能协商一致的,可以向人民法院起诉。

(1)收养人对养子女不加善待,不尽抚养教育义务,有虐待、遗弃、剥削劳动力等行为的,送养人有权要求解除养父母与养子女的收养关系。

(2)收养关系成立后,未成年养子女生父母一方反悔,要求解除收养关系的,法院为保护无过错养父母的合法权益,不应当按照解除收养关系处理。但是,生父母故意泄露收养秘密或有其他不利于收养关系的事实发生,法院可以应生父母或者养父母的要求解除收养关系。在此情况下，生父母除应当补偿养父母为养子女支付的生活费、教育费、医疗费等费用外，还应当对侵害养父母监护权的行为负责，承担损害赔偿的责任。

(3)养父母一方反悔，或者发现收养的子女有生理缺陷或者其他病症，要求解除收养关系的，一般不予支持。但是，生父母在送养时有意隐瞒的，可以予以解除。

(4)养父母与成年养子女关系恶化，再继续共同生活对双方确实不利，一方坚决要求解除收养关系的，一般可准予解除。

养子女成年后回到亲生父母身边，对养父母不尽赡养义务怎么办？

收养是指公民依照法律规定的条件和程序，与非直系血亲的人确立拟制父母子女关系的一种法律行为。收养关系一旦成立，收养人和被收养人之间便产生了父母子女间的权利义务关系。具体地讲就是，收养关系成立之后，养父母对于未成年的养子女有抚养教育、保护和管教的义务。成年养子女对于养父母有赡养扶助的义务。当养子女不履行赡养义务时，根据我国《婚姻法》第十五条第三款的规定，无劳动能力的或生活困难的养父母有要求养子女付给赡养费的权利。当养子女成年后回到亲生父母身边，对养父母不尽赡养义务时，养父母可以通过协商处理，协商不成，可以通过诉讼途径要求养子女付给赡养费。

公民发现弃婴应如何处置？

任何单位和公民一旦发现、捡拾弃婴，应当立即向当地公安部门报案，同时协助公安部门做好报案登记。任何单位和个人都无权将捡拾的弃婴转送他人或私自抱养。

公安部门应当立案查找弃婴的生父母或者其他监护人。查找不到弃婴生父母或者其他监护人的，公安部门应当依法出具捡拾弃婴、儿童报案的证明，并将该弃婴移交当地人民政府民政部门或社会福利机构抚养。

遗弃家庭成员应负何种责任？

在家庭中负有赡养、抚养和扶养义务的人，对需要赡养、抚养和扶养的人不履行应尽的义务，遗弃情节恶劣的，根据《中华人民共和国刑法》第二百六十一条的规定，处五年以下有期徒刑、拘役或者管制。对遗弃家庭成员，受害人根据《婚姻法》第四十四条的规定提出请求的，人民法院应当依法作出支付扶养费、抚养费、赡养费的判决。

人口与计划生育篇

实行计划生育的育龄夫妻享受哪些计划生育技术服务?

实行计划生育的育龄夫妻免费享受国家规定的基本项目的计划生育技术服务。"基本项目"的计划生育技术服务范围一般包括:避孕药具、环情孕情监测、放置和取出宫内节育器、绝育术、人工终止妊娠术、技术常规规定的各项医学检查、计划生育手术并发症的诊治等。

实行计划生育的夫妻可以得到何种奖励?

(1)公民晚婚晚育的奖励。公民晚婚晚育,可以获得延长婚假、生育假的奖励或者其他福利待遇。(2)公民生育和实行计划生育手术享受的待遇和奖励。妇女怀孕、生育和哺乳期间,应按照国家有关规定享受特殊劳动保护并可以获得帮助和补偿。(3)对独生子女父母的奖励。可获得独生子女父母奖励费;增加产假和护理假;其独生子女优先入托、入学、就医;优先分配住房、安排宅基地、承包土地;优先安排就业以及养老等方面给予照顾。独生子女意外伤残、死亡,其父母不再生育和收养的,地方人民政府应当给予必要的帮助。(4)对农村实行计划生育的家庭给予优先优惠待遇。把计划生育与发展经济、扶贫开发等结合起来,针对农村的实际情况,在政策、项目、资金、技术等方面向实行计划生育的农户倾斜。在发展经济时,给予资金、技术、培训等方面的支持、优惠;尤其对实行计划生育的贫困家庭,扶贫贷款、以工代赈、扶贫项目和社会救济等方面给予优先照顾。

不符合法律、法规的规定超生怎么办?

《中华人民共和国人口与计划生育法》(以下简称《人口与计划生育法》)第四十一条第一款规定:“不符合本法第十八条规定生育子女的公民,应当依法缴纳社会抚养费。”根据该法第十八条的规定,国家提倡一对夫妻生育一个子女;符合法律、法规规定条件的,可以要求安排生育第二个子女。各省、自治区、直辖市的地方性法规规定了本地区的具体生育政策和生育第二个子女的条件,如果违反地方性法规的规定,不符合生育第二个子女的条件而超生的,应当缴纳社会抚养费。这是对公民生育行为的经济限制措施。

对公民的生育行为实行经济限制的制度始于20世纪80年代初。当时各省、自治区、直辖市的地方性法规和规章对公民的生育行为实行经济限制,其名称为“超生罚款”;1994年以后改为“计划外生育费”,个别省改为“社会抚养费”。对公民的计划外生育行为采取经济限制措施,对推动计划生育工作,控制人口过快增长,促进人口与经济社会的协调发展起到重要作用。2000年3月,中共中央、国务院作出了《关于加强人口与计划生育工作,稳定低生育水平的决定》(中发[2000]号),明确规定实行征收社会抚养费制度。2002年8月2日,国务院颁布了《社会抚养费的征收管理办法》,于2002年9月1日实施。该办法对违反计划生育生育的行为及征收社会抚养费进行了相应的规定。

此外,根据《人口与计划生育法》第四十二条的规定,违法超生的人员,是国家工作人员的,除征收社会抚养费外,还应当依法给予行政处分;其他人员还应当由其所在单位或者组织给予纪律处分。

国家为什么要征收社会抚养费?

社会抚养费的性质是对不符合法律法规规定条件生育子女的公民对社会相应增加的社会事业公共投入不足给予补偿的行政性收费,目的是对违法生育的公民给予必要的经济限制,以调节自然资源的合理利用和环境保护。《社会抚养费征收管理办法》第三条明确规定:“不符合人口与计划生育法第十八条的规定生育子女的公民,应当依照本办法的规定缴纳社会抚养费。”征收社会抚养费制度是国家推行计划生育的一项必要的经济限制措施。社会抚养费的性质属于社会补偿性的行政收费,不是行政罚款,具有补偿性和强制性的特点。设置社会抚养费的目的在于运用经济制约手段和措施,达到规范生育行为,抑制人口过快增长,有计划开发、利用社会资源的调节作用,最终减轻人口对经济社会发展、资源利用和环境保护的压力。

哪些情况应被征收社会抚养费?

(一)不符合规定生育条件生育第二个子女的;

(二)以收养形式规避法律、法规生育的;

(三)婚外生育的;

(四)非婚生育的;

(五)符合条件生育二胎但提前生育的;

(六)公民再婚生育行为不符合地方人口与计划生育法规的有关规定;

(七)公民再生育行为不符合地方人口与计划生育法规关于生育间隔或有关程序的规定。

对流动人口如何征收社会抚养费?

不符合《人口与计划生育法》第十八条规定生育子女的流动人口的社会抚养费的征收,按照下列规定办理:

(一)当事人的生育行为发生在其现居住地的,由现居住地县级人民政府计划生育行政部门按照现居住地的征收标准作出征收决定;

(二)当事人的生育行为发生在其户籍所在地的,由户籍所在地县级人民政府计划生育行政部门按照户籍所在地的征收标准作出征收决定;

(三)当事人的生育行为发生时,其现居住地或者户籍所在地县级人民政府计划生育行政部门均未发现的,此后由首先发现其生育行为的县级人民政府计划生育行政部门按照当地的征收标准作出征收决定。

当事人在一地已经被征收社会抚养费的,在另一地不能因同一事实再次被征收社会抚养费。

如何来确定社会抚养费的征收标准?

社会抚养费的征收标准,分别以当地城镇居民年人均可支配收入和农村居民年人均纯收入为计征的参考基本标准,结合当事人的实际收入水平和不符合法律、法规规定生育子女的情节,确定征收数额。社会抚养费的具体征收标准由省、自治区、直辖市规定。

任何单位和个人不得违反法律、法规的规定擅自增设与计划生育有关的收费项目,提高社会抚养费征收标准。

公民实行计划生育义务的内容主要有哪些?

(一)依法生育的义务。主要指生育须遵守相关法律、法规规定,如进行婚前医学检查;依法结婚后始得生育;生育不得违反法定条件;对于患有医学上认为不宜生育的遗传性疾病和其他危及下一代健康的疾病,应当禁止生育或采取有效的节育措施,已怀孕的应当终止妊娠;禁止非医学需要的胎儿性别鉴定和选择性别的人工流产等。

(二)夫妻双方共同承担实行计划生育的义务。主要是自觉执行计划生育法律、法规,主动落实避孕节育措施。目前应当鼓励男性积极参与计划生育,主动承担避孕节育措施的落实。

(三)自觉落实避孕节育措施,接受计划生育技术服务指导的义务。已婚育龄夫妇落实避孕节育措施是实行计划生育的重要手段和控制人口增长的重要环节。自觉落实避孕节育措施,可以防止非意愿妊娠,避免和减少人工流产,从而有利于保护妇女的身心健康。

公民享有的生育权利,有哪些具体内容?

(一)生殖健康(保健)权利,包括获得科学知识和信息的权利,获得避孕节育、生殖保健技术服务、咨询、指导的权利;

(二)男女平等权利,即女性与男性在实行计划生育方面地位平等,双方都有要求实行计划生育的权利;

(三)知情选择权利,即避孕节育方法和知情选择权;

(四)健康及安全保障权利。

农村部分计划生育家庭奖励扶助制度是怎么回事?

农村部分计划生育家庭奖励扶助制度是我国在各地现行计

划生育奖励优惠政策基础上，针对农村只有一个子女或两个女孩的计划生育家庭，夫妇年满 60 周岁以后，由中央或地方财政安排专项资金给予奖励扶助的一项基本的计划生育奖励制度。

奖励扶助对象按人年均不低于 600 元的标准发放奖励扶助金，直到亡故为止。已超过 60 周岁的，以奖励扶助制度在当地开始执行时的实际年龄为起点发放。

实施这一制度，是建设社会主义新农村的重要内容，是我国人口和计划生育工作思路和工作方法的重大转变，是建立农村人口和计划生育利益导向机制与社会保障制度的重大突破。它有利于引导广大农民自觉实行计划生育、稳定低生育水平，有利于密切党群、干群关系，有利于促进农村人口与经济、社会、资源、环境协调发展和可持续发展。

农村部分计划生育家庭奖励扶助对象应符合哪些条件？

按照《国务院办公厅转发人口计生委财政部关于开展对农村部分计划生育家庭实行奖励扶助制度试点工作意见的通知》（国办发[2004]21 号）的有关规定，农村部分计划生育家庭奖励扶助对象应同时符合以下四个条件：(1)本人及配偶均为农业户口或界定为农村居民户口；(2)1973 年至 2001 年间没有违反计划生育法规、规章和政策规定生育；(3)现存一个子女或两个女孩或子女死亡现无子女；(4)年满 60 周岁。

奖励扶助对象户口性质有何规定，如何认定“农业户口或农村居民户口”？

（一）“农村居民户口”特指在实行户籍管理制度改革，取消“农业户口”和“非农业户口”的地区，与“城镇居民户口”相对应的户口类型。试点省(区、市)可根据本地实际情况,从是否属于农业户口、现户口登记地址是否在村委会;是否有承包责任田,以从事农业生产为主要生活来源;是否享受城镇居民社会保障和福利待遇等几个方面进行具体界定。

(二)丧偶现无配偶的,以本人户口是否为农业户口或界定为农村居民户口进行界定。

关于“1973年至2001年期间没有违反计划生育法律法规和政策规定生育”,应掌握哪些条件?

(一)奖励扶助对象范围为1973年1月1日以后出生,在2001年12月29日《中华人民共和国人口与计划生育法》颁布前,没有违反本省(区、市)计划生育法规、规章或政策性文件规定生育的夫妻。

(二)界定夫妻生育子女是否符合计划生育法规、规章和政策规定,以其生育行为发生时,所在省(区、市)的计划生育法规、规章或政策性文件为依据。

(三)生育行为发生时,所在省(区、市)尚没有法规、规章或政策性文件规定生育数量的,以其后所在省(区、市)第一个规定生育数量的法规、规章或政策性文件为依据。

如何认定“现存一个子女或两个女孩或子女死亡现无子女”?

(一)曾生育子女符合计划生育法规、规章或政策性文件规定,现存一个子女或两个女孩或子女死亡现无子女的夫妻。

(二)合法收养子女(含1992年4月1日《收养法》实施之前收养的子女,已形成事实收养关系的)后,现存子女合计数为一个子女或两个女孩或子女死亡现无子女的夫妻。

（三）再婚夫妻双方均未违反计划生育法规、规章和政策规定，再婚前后生育子女的现存数合并计算只有一个子女或两个女孩的夫妻。

（四）生育子女送他人收养，该子女现存活的，应计入现存子女数。

（五）奖励扶助对象不包括双方均未生育的夫妻。

关于“年满60周岁”如何认定，奖励扶助对象实际年龄已超过60周岁，应从何时起领取奖励扶助金？

奖励扶助对象年龄的认定，应以其本人身份证的出生时间为准，对于从未办理过身份证的，则以户口簿登记的出生时间为准。

实行奖励扶助制度时奖励扶助对象实际年龄已超过60周岁的，以当地开始执行奖励扶助制度时的实际年龄为起点发放。

奖励扶助对象的确认有哪些程序？

（1）县级人口计生委组织所辖乡（镇）人口计生部门和村级计生专干逐村逐户对新增目标人群进行调查摸底；（2）本人提出申请；（3）村（居）民委员会审议并张榜公示；（4）乡（镇）人民政府（街道办事处）初审并张榜公示；（5）县（市、区）人口计生部门复查审核、确认并公布；（6）地（市、州）人口计生委抽查和会审；（7）省（区、市）人口计生委抽查和逻辑审核、备案；（8）对经审核不符合资格确认条件的对象进行确认回访。

村民委员会如何审议奖励扶助对象资格？

（一）村（居）民委员会对本年度申请对象和上年度奖励扶助对象要逐户上门核实情况，审议后提交村（居）民代表会议评议，并填写《农村部分计划生育家庭奖励扶助对象村（居）民代表会评议表》。村（居）民代表会议参加人员必须是具有代表性的村干部、计生协会理事、重要知情人及多名年龄较大的村（居）民代表。

（二）新增和退出对象名单须在村务公开栏、村民集聚地和对象所在村民小组人群往来较集中的地点，按统一内容、统一格式（《农村部分计划生育家庭奖励扶助对象名单公示》、《农村部分计划生育家庭奖励扶助退出对象名单公示》）张榜公示10天以上。

（三）新增对象由村（居）民委员会在《申报表》（一式三份）上签署意见，连同申请人相关证明材料复印件上报乡镇人民政府；年审退出对象由村（居）民委员会填写《农村部分计划生育家庭奖励扶助对象退出情况报告单》（以下简称《报告单》），上报乡镇人民政府。

（四）村级审议的内容包括：(1)是否符合奖励扶助对象的政策条件；(2)申请人身份证、户籍证明、结婚证、实行计划生育的有关证明、村民代表大会评议意见等相关资料是否真实、齐全。

乡（镇）人民政府对奖励扶助对象资格如何初审？

（一）乡镇人民政府组成评审组，对村级上报的资料进行初审（包括新增对象和退出对象），逐人逐户核实情况，并召开有多名知情群众参加的座谈会，填写群众座谈记录表和新增对象见面调查表。

（二）初审的新增对象和年审退出对象名单在乡镇政务公开栏、村务公开栏及对象所在村民小组张榜公示10天以上。

（三）乡镇人民政府主要领导和有关人员，依据核查情况和相关资料，在经审核通过的拟奖励扶助对象《申报表》上签署意见、签名并加盖公章，连同申请人相关证明材料上报县级人口计生部门。对审核过程中不符合条件的对象，必须入户告知本人，并做好解释工作。

(四)对经过年审的对象，由乡镇人民政府填写经对象本人和入户核查人员共同签名确认的《奖励扶助对象年审表》，年审退出对象由乡镇人民政府汇总报告单一并上报县级人口计生部门。

村民委员会怎样才能做好计划生育工作?

(一)向辖区内所属人员宣传人口与计划生育的法律、法规、政策，普及人口与计划生育科学知识；

(二)及时向人民政府计划生育部门或工作机构通告所辖区域、所属人员人口与计划生育工作情况、信息；

(三)维护实行计划生育公民的合法权益，督促落实法律、法规规定的奖励与优待的规定；

(四)组织村民参与人口与计划生育方案；

(五)对政府和计划生育行政机关开展计划生育工作实施监督等。工作的形式包括建立相应组织工作机构，配备专兼职工作人员，合理解决工作人员报酬，建立健全工作、协调、联系制度等。

计划生育技术服务的对象和内容是什么?

计划生育技术服务，是指通过手术、药物、工具、仪器、信息和其他手段，有目的地调节人的生育行为，并围绕生育、节育、不育开展相关的生殖保健服务。包括：为落实计划生育基本国策，满足人民群众在避孕节育及其他生殖保健方面的需求，向群众提供的宣传教育以及与生育、不育、节育相关的咨询、医学检查、诊断、治疗、手术、随访和出具有关医学证明等活动。计划生育技术服务还包括为满足基层机构和人员在计划生育方面所提供的指导、培训等活动。计划生育技术服务的对象主要是健康的育龄人群。计划生育技术服务要达到的目的主要是两个方面：一方面是围绕生育、节育和不育，为育龄人群提供安全、有效、适宜的避孕节育药具和临床技术服务；另一方面是提供咨询指导、孕情检查、术前的宣传教育和术后随访等服务。

政府采取哪些措施为公民提供计划生育、生殖保健技术服务?

(1)坚持宣传教育为主、避孕节育为主、经常性工作为主，预防和减少非意愿妊娠。(2)依靠科学进步，继续研究开发计划生育、避孕节育的技术和方法。(3)向实行计划生育的育龄夫妻免费提供国家规定的基本项目的计划生育技术服务。(4)进一步建立、健全由计划生育技术服务机构和从事计划生育技术服务的医疗、保健机构组成的计划生育技术服务网络。(5)开展以技术服务为重点的优质服务。

乡级计划生育技术服务机构能为村民提供哪些计划生育技术服务项目?

(一)放置宫内节育器；

(二)取出宫内节育器；

(三)输卵(精)管结扎术；

(四)早期人工终止妊娠术。

医院可否应当事人的请求，对胎儿进行性别鉴定或者选择性别的人工终止妊娠？

《计划生育技术服务管理条例》第十五条明确规定，任何机构和个人不得进行非医学需要的胎儿性别鉴定或者选择性别的人工终止妊娠。禁止采取技术手段对胎儿进行性别鉴定是为了防止性别歧视，保护妇女的利益。目前一些地方的个别人受传统落后观念的影响，借对胎儿进行性别鉴定的手段达到不生女孩或少生女孩的目的。如果放任这种行为发展下去会造成人口性别失调，带来一系列的社会问题。因此，必须从法律上严格禁止。怀疑胎儿可能为伴性遗传病需进行性别鉴定的由省级病残儿医学鉴定组确定，到指定的机构按照有关规定进行鉴定。鉴定确诊后，需选择性进行人工终止妊娠的，应出具省级病残儿医学鉴定组的鉴定意见和处理意见。

个体医疗机构可以从事计划生育手术吗？

计划生育手术包括节育手术和恢复生育手术。节育手术主要包括：宫内节育器放置术和取出术，为避免非意愿妊娠而采取的人工终止妊娠术，输精管结扎、粘堵、栓堵术和复通术，输卵管结扎、粘堵、栓堵、银夹术和复通术，皮下埋置剂植入术和取出术等。计划生育手术的成败有着十分重要的意义，如果发生了事故，不仅损害受术者的身心健康，还会造成很坏的影响，损害计划生育工作的形象，影响基本国策的落实。为加强对计划生育手术质量的管理，规定个体医疗机构不得从事计划生育手术。

对流动人口如何进行计划生育管理？

对需要进行计划生育管理的流动人口主要是指现居住地不

是户籍所在地，异地从事务工、经商等活动或者以生育为目的异地居住，可能生育子女的已婚育龄人员。

根据《流动人口计划生育工作管理办法》的规定，流动人口的计划生育工作由其户籍所在地和现居住地的地方人民政府共同管理，以现居住地管理为主。流动人口现居住地的地方人民政府负责对流动人口计划生育工作的日常管理，并将流动人口计划生育工作纳入当地计划生育管理。

成年流动人口在离开户籍所在地前，应当凭合法的婚姻、身份证件，到当地县级人民政府计划生育行政管理部门或者乡（镇）人民政府、街道办事处办理婚育证明。成年流动人口到现居住地后，应当向现居住地的乡（镇）人民政府或者街道办事处交验婚育证明。

已婚育龄流动人口申请在现居住地生育子女的，应当在其户籍所在地的县级人民政府计划生育行政管理部门或者乡（镇）人民政府、街道办事处按照当地有关规定办理生育证明材料。

已婚育龄流动人口可以凭其户籍所在地的县级人民政府计划生育行政管理部门或者乡（镇）人民政府、街道办事处出具的生育证明材料，在现居住地生育子女。

流动人口是否需要定期回乡接受避孕节育情况检查？

流动人口在现居住地已接受避孕节育情况检查，并且现居住地乡（镇）人民政府、街道办事处已将其避孕节育情况通报其常住户籍所在地的乡（镇）人民政府、街道办事处的，或由本人将其现居住地的乡（镇）人民政府、街道办事处出具的避孕节育情况证明寄回其常住户籍所在地的乡（镇）人民政府、街道办事处的,不需要定期回乡接受避孕节育情况检查。

怎样办理一孩生育证?

(一)符合办证条件的夫妻,在已婚育龄妇女常住地申请办理;常住地不明确或有多处事实常住地的,在已婚育龄妇女的户籍地申请办理;

(二)由村民委员会出具初婚初育证明及申请生育一孩计划生育服务证介绍信,并携带双方户口簿、结婚证,送所在乡镇人民政府审核,经核实申请材料齐全、有效的,由乡镇人民政府发给一孩生育服务证。

如何办理独生子女证审批手续?

(一)夫妇双方为农业户口,由夫妻双方申请,所在村委会或单位核实,经乡人民政府批准,发给独生子女光荣证。申领时提供如下资料:(1)夫妻双方身份证;(2)夫妻双方户口簿;(3)申请人在村委会或单位出具的只有并且自愿只要一个子女的证明;(4)申请表一式三份。

(二)丧偶或者离婚的,由符合条件的一方向所在村委会提出申请;经初审,送符合条件一方常住户口所在地的乡(镇)人民政府或者街道办事处审核后,报县级计划生育委员会批准发证。

申请病残儿鉴定需要哪些手续?

病残儿童是指因先天性原因(包括遗传性和非遗传性疾病)或后天患病、意外伤害而致残,目前无法治疗或经系统治疗仍有可能不能成长为具有正常劳动能力和生活自理能力的儿童。

病残儿鉴定是指病残儿鉴定的专门组织运用现代医学知识、技术和手段对被鉴定儿童做出是否为病残及其程度的鉴定结论，并根据《病残儿童医学鉴定诊断标准及其父母再生育二胎的准则》提出其父母再生育意见。凡认为其子女有明显伤残或患有严重疾病，符合法律、法规规定条件，要求安排再生育的，均可申请病残儿医学鉴定。

需要办理的手续主要有：(1)提出书面申请。原则上应向女方单位或女方户籍所在地的村(居)民委员会提出书面申请，并提交户口簿、有关病史资料及县级以上人民政府计划生育行政部门规定的其他材料。(2)单位或村(居)民委员会进行初审后出具书面意见，加盖公章，并在20个工作日内报女方户籍所在地的乡镇、街道计划生育管理部门。(3)乡(镇、街道)计划生育管理部门进行再次核实后签署意见，加盖公章，并在20个工作日内报县级计划生育行政部门。(4)县级计划生育行政部门负责审查后签署意见，加盖公章，于鉴定日前30个工作日内将所有材料报设区的市级计划生育行政部门。设区的市级计划生育行政部门根据情况半年或一年组织一次鉴定。

哪种情形不属于独生子女？

(一)双胞胎或者多胞胎；

(二)父母生育一个子女后又收养一个子女的；

(三)父母依法收养一个子女后又生育一个子女的；

(四)父或母再婚前已生育一个子女或者收养一个子女，再婚后又生育一个子女或者又收养一个子女的；

(五)同胞兄弟姐妹中，有属于1982年11月25日以后超生的，但未满18周岁死亡而仅剩本人的；

(六)再婚后的夫妻原有子女总数两个及两个以上，且发生抚养教育行为的。

父或母再婚后又生育一个子女的，以及再婚后的夫妻双方原有子女总数两个的情形还能享受独生子女保健费吗？

不能。父或母再婚后又生育一个子女的，以及再婚后的夫妻双方原有子女总数两个的，应停止享受独生子女保健费，同时将独生子女父母光荣证退回发证机关，已享受的独生子女保健费不再退回。

独生子女家庭可享受哪些待遇？

各地对实行计划生育的奖励优待主要体现在对独生子女及其父母的奖励和照顾上，主要有：(1)发放独生子女父母奖励费；(2)增加产假；(3)在独生子女入托、入园、入学、就业、就医或健康检查方面给予优待；(4)在农村分配宅基地、村级集体经济收益分红等利益分配方面的优待；(5)对独生子女父母年老时的优待。

二胎生育证如何办理？

申请办理二胎生育证时应当提交下列证件和证明：

(一)生育第二个子女的申请书；

(二)双方居民身份证、结婚证和户口证明；

(三)双方所在单位或者村(居)民委员会出具的本人生育证明；

(四)已收养子女的，民政部门出具的收养证明；

(五)照顾二胎生育审批表；

女方户籍地与现居住地分离的，女方户籍所在地在办理生育证后 3 日内应当向女方现居住地发生育证办理情况联系函。

计划外生育的子女能办理户口吗?

我国对户口的管理实行申报登记管理制度,每一个公民的出生、死亡、迁出和迁入都必须到当地的户口登记管理机关申报登记。户口登记是我国公民应当享有的一项基本权利,任何人不得侵犯,即使是计划外生育的婴儿,也是中华人民共和国的合法公民,与合法生育的婴儿享有同等的权利,受同等的保护,任何机关、个人不得歧视。所以当计划外生育婴儿的父母按户籍管理的规定向当地户口登记机关申报户口登记时,户口登记机关不得以任何理由拒绝登记。应注意的是,计划外生育婴儿的父母或者监护人申报出生登记时,必须按照《户籍登记管理条例》的规定,持夫妻双方的结婚证(非婚生除外)、身份证和户口簿、违反计划生育的处罚证明、出生证等有关证件到户口所在地的公安机关,申报出生登记;父母户口不在同一地区的,新生婴儿可随母或父登记。

伪造、变造计划生育证书应承担什么法律责任?

《人口与计划生育法》第三十七条规定:“伪造、变造、买卖计划生育证明的,由计划生育行政部门没收违法所得,违法所得 5000 元以上的,处违法所得 2 倍以上 10 倍以下的罚款;没收违法所得或者违法所得不足 5000 元的,处 5000 元以上 2 万元以下的罚款;构成犯罪的,依法追究刑事责任。”

村计生办主任的工作职责是什么?

村计生办主任在村党支部和村委会以及计划生育领导小组领导下,具体负责本村计划生育的日常工作。

（一）具体落实上级和村计划生育领导小组制定的措施和下达的任务。

（二）指导育龄妇女小组长开展工作。

（三）组织本村的计划生育宣传教育活动和已婚育龄妇女定期查环、查孕、查病工作。

（四）了解本村育龄人群的结婚、怀孕、生育和避孕节育情况。向村民宣传晚婚、晚育和计划生育，动员对象落实节育措施，做好术后随访和慰问工作。

（五）及时反映村民对计划生育工作的意见和建议，帮助村民解决生产、生活、生育方面的困难。

（六）及时、如实上报有关表册、数据。

（七）依照国家有关规定为申请结婚、生育、流出、流入的人员办理、出具有关证明，并做好对这些人员的管理和服务工作。

（八）做好对居住在本村的流动人口的计划生育管理和服务工作。

（九）做好计划生育档案管理工作，保证表、卡、册准确无误，对计划生育资料进行归档和保管。

怎样生一个健康的孩子？

（一）进行婚前检查；

（二）坚决禁止近亲结婚；

（三）到医院找妇产科医生进行优生咨询；

（四）定期到医院进行检查，胎位是否正常，胎儿发育是否正常等等；

（五）产前检查、诊断；

（六）选择有利于优生的时机受孕，夫妻双方身体状态、心理状态都非常好的时候同房；

（七）孕妇要预防病毒感染；

（八）孕妇所在的环境不能嘈杂，要舒适、卫生、安静；

（九）孕妇要加强营养；

（十）怀孕期间慎重用药，最好是一点药都不吃；

（十一）夫妻双方都要同时禁止吸烟、喝酒；在准备要孩子的前三个月，夫妻双方戒烟戒酒；

（十二）怀孕期间，尽量少过性生活，特别是怀孕后期。

（十三）选择最佳生育年龄生育孩子。女性最佳生育年龄大约为23～27周岁。

哪些人不宜生育？

（一）不宜生育的人

按照优生学原则，凡是夫妇双方患有相同的遗传性疾病均不宜生育。夫妇任何一方有下列情况之一者，因其所生子女患遗传的风险太大，也应不生育后代：严重的常染色体显性遗传病，如长骨发育不全、视网膜母细胞瘤等；多基因遗传病并属高发家系（指除患者本人外，其父母兄弟姐妹中有一人或更多人患同样疾病）者，如重症先天性心脏病、躁狂抑郁性精神病，即使病情稳定亦不宜生育；不属上述范围的罕见遗传病，凡能致死或造成生活不能自理，且子女直接发病又不能治疗者，如马凡氏综合征等。

（二）限制性别生育的人

严重的X连锁隐性遗传病，如血友病等，根据男方或女方患者及其家族中发病情况，经过产前诊断做性别预测，以决定是否施行选择性流产。

目前，世界上很多国家已经制定了优生法，从法律上确定了哪些疾病患者不准结婚或生育。我国的《优生法》尚未问世，但农村青年男女仍应按优生学规律去择偶、婚育，以保证后代的健康、幸福。

育龄夫妻可以享受哪些免费的计划生育技术服务项目？

计划生育技术服务是指通过手术、药物、工具、仪器、信息和其他手段，有目的调节人的生育行为，并围绕生育、节育、不育开展相关的生殖保健服务。

计划生育技术服务包括计划生育技术指导、咨询以及与计划生育有关的临床医疗服务。

计划生育技术指导、咨询是指：(1)生殖保健科普宣传、教育、咨询；(2)提供避孕药具有相关的指导、咨询、随访；(3)对已经施行避孕、节育手术和输卵(精)管复通手术的，提供相关的咨询、随访。

与计划生育有关的临床医疗服务是指：(1)避孕和节育的医学检查；(2)计划生育手术并发症和计划生育药具不良反应的诊断、治疗；(3)施行避孕节育手术和输卵(精)管复通手术；(4)开展围绕生育、节育、不育的其他生殖保健项目。

公民在实施计划生育中应当履行哪些义务？

(一)公民有实行计划生育的义务；

(二)夫妻双方在实行计划生育中负有共同的责任；

(三)公民有按照法律规定的条件依法规范生育行为的义务；

(四)公民有自觉落实避孕节育措施，接受计划生育技术服务指导的义务；

(五)公民有协助政府开展人口和计划生育的义务；

（六）违反法律法规规定条件生育子女的公民，有依法缴纳社会抚养费的义务；

（七）法律法规规定的其他义务。

公民在实行计划生育中享有哪些权利？

（一）依法生育的权利；

（二）实行计划生育男女平等的权利；

（三）获得计划生育、生殖健康信息和教育的权利；

（四）获得避孕节育技术和生殖保健服务的权利；

（五）获得知情选择安全、有效、适宜的避孕节育措施服务的权利；

（六）获得法律法规和政府规章规定的奖励、优待、社会福利、社会保障、社会救助的权利和平等发展的权利；

（七）公民实行计划生育，其人身权、财产权不受侵害的权利；

（八）公民有获得法律救济的权利。

只要缴纳社会抚养费就可以多生孩子吗？

认为只要缴纳社会抚养费就可以多生孩子的想法是错误的。第一，公民生育子女，必须符合法律、法规规定的要求，做到依法生育。第二，按照规定，生育第二个子女必须符合法定条件并履行审批手续。第三，征收社会抚养费是一种经济制约手段，是违法生育的公民对社会增加的公共投入的补偿，是从经济上承担的法律责任，而绝不意味超生的合法化。第四，对于不符合法律、法规规定条件生育子女的公民，除了征收社会抚养费以外，《人口与计划生育法》还规定，是国家工作人员的，应当依法给予行政处分；其他人员还应当由其所在单位或者组织给予纪律处分。

《人口与计划生育法》第十七条规定，公民享有依法生育的权利，同时应当依法履行计划生育的义务，其生育行为应当符合《人口与计划生育法》的规定。这就是说公民有生育权，但生育权的行使必须依法进行，而依法行使生育权与依法履行计划生育义务是密切联系的。只有履行了计划生育义务，生育权的行使才具有合法性。缴纳社会抚养费，是公民违法生育必须承担的法律后果，并不意味着公民只要缴纳社会抚养费就可以随心所欲地生育子女，更不意味着超生的合法化。

对于拒绝、阻碍计划生育行政部门及其工作人员依法执行公务的应当如何处理？

《人口与计划生育法》规定，对于拒绝、阻碍计划生育行政部门及其工作人员依法执行公务的，将由计划生育行政部门给予批评教育并予以制止；构成违反治安管理行为的，依法给予治安管理处罚；构成犯罪的，依法追究刑事责任。

什么是生育保险？

生育保险是通过国家立法规定，在劳动者因生育子女而导致劳动力暂时中断时，由国家和社会及时给予物质帮助的一项社会保险制度。

我国生育保险待遇主要包括两项：一是生育津贴，用于保障女职工产假期间的基本生活需要；二是生育医疗待遇，用于保障女职工怀孕、分娩期间以及职工实施节育手术时的基本医疗保健需要。

生育保险主要待遇有哪些?

(一)产假。是指国家法律、法规规定,给予职工在生育过程中休息的期限。具体解释为女职工在分娩前和分娩后的一定时间内所享有的假期。产假的主要作用是使女职工在生育时期得到适当的休息,使其逐步恢复体力,并使婴儿得以受到母亲的精心照顾和哺育。

我国在20世纪80年代以前,把怀孕、生育和产后照料婴儿的假期规定为56天。1988年公布《女职工劳动保护规定》后,对原规定作了很大的修改。现法定正常产假为90天,其中产前假期为15天,产后假期为75天。难产的,增加产假15天。若系多胞胎生育,每多生育一个婴儿增加产假15天。流产产假以4个月划界,其中不满4个月流产的,根据医务部门的证明给予15~30天的产假;满4个月以上流产的,产假为42天。很多地区还采取了对晚婚、晚育的职工给予奖励政策,假期延长到180天。

(二)生育津贴。国家法律、法规规定对职业妇女因生育而离开工作岗位期间,给予的生活费用。有的国家又叫生育现金补助。

我国生育津贴的支付方式和支付标准分两种情况:

(1)在实行生育保险社会统筹的地区,支付标准按本企业上年度职工月平均工资的标准支付,期限不少于90天;

(2)在没有开展生育保险社会统筹的地区,生育津贴由本企业或单位支付,标准为女职工生育之前的基本工资和物价补贴,期限一般为90天。

部分地区对晚婚、晚育的职业妇女实行适当延长生育津贴支付期限的鼓励政策。还有的地区对参加生育保险的企业中男职工的配偶，给予一次性津贴补助。

（三）医疗服务。生育医疗服务是由医院、企业医生或合格的助产士向职业妇女和男工之妻提供的妊娠、分娩和产后的医疗照顾以及必须的住院治疗。生育医疗服务是生育保险待遇之一。各国的生育保险提供给怀孕妇女的医疗服务的项目不同，一般是根据本国的经济实力和社会保险基金的承受能力，制定相应的服务范围。大多数国家为女职工提供从怀孕到产后的医疗保健及治疗。我国生育保险医疗服务项目主要包括检查、接生、手术、住院、药品、计划生育手术费用等。

如何做流动人口的计划生育工作？

流动人口的计划生育工作由其户籍所在地和现居住地的人民政府共同负责管理，以现居住地为主。人口的流动，对于发展经济、繁荣市场、促进劳动力资源的合理配置等起着重要的作用，但同时也给计划生育管理带来许多新的问题和困难。针对这种情况，在管理流动人口计划生育工作方面应采取：(1)共同管理的原则。包括流动人口户籍所在地与现居住地共同管理，各有关部门和单位、个人要配合计划生育部门实行共同管理；(2)以现居住地管理为主的原则。流动人口的生活、工作主要是在现居住地进行，其劳动贡献、纳税也是为现居住地作出的，所以，现居住地应当对其承担主要的管理与服务责任；同时由于户籍所在地对外出的人员难以及时掌握信息并提供日常管理与服务，而由现居住地负责对流动人口计划生育的日常管理与服务，相对要容易和及时。

具体要求是：成年流动人口在离开户籍所在地前，应当凭合法的婚姻、身份证件，到当地县级人民政府计划生育行政管理部门或者乡（镇）人民政府、街道办事处办理婚育证明。成年流动人口到现居住地后，应当向现居住地的乡（镇）人民政府或者街道办事处交验婚育证明。

已婚育龄流动人口申请在现居住地生育子女的，应当在其户籍所在地的县级人民政府计划生育行政管理部门或者乡（镇）人民政府、街道办事处按照当地有关规定办理生育证明材料。

已婚育龄流动人口可以凭其户籍所在地的县级人民政府计划生育行政管理部门或者乡（镇）人民政府、街道办事处出具的生育证明材料，在现居住地生育子女。

哪些人应当是流动人口计划生育工作的管理对象？

（一）现居住地不是户籍所在地。一般以跨乡（镇）以上行政区域的流动为起点，包括跨乡（镇）、跨县（市）、跨地（市）、跨省（自治区、直辖市）。对于同一乡（镇）或者同一县（市）之内的流动不在此范围。

（二）异地从事务工、经商等活动或者以生育为目的异地居住。流动人口离开户籍所在地，是为了到异地机关、企事业单位、社会团体及个体工商户、居民家中从事务工，获得工资收入，也包括自己独立经商、办企业取得收入等情况；同时，有的人流动的目的就是为了生育，当然其中有属于符合计划生育政策法规规定的情况，也有属于违反规定的情况。

（三）可能生育子女的。即指处于育龄期的、有生育能力的人员。

（四）已婚育龄人员。管理直接对象就是已经结婚，能够生育的人员。

流动人口在计划生育方面有哪些合法权益?

流动人口在计划生育方面的合法权益有:凭合法生育证明在现居住地生育子女的权益;获得避孕节育有关的服务的权益;提交现居住地乡(镇)人民政府或者街道办事处出具的有效证明后不必回乡参加避孕节育情况检查的权益;独生子女的父母有获取奖励的权益;由用工单位或者常住户籍所在地乡(镇)人民政府(或者街道办事处)支付或者报销节育手术费的权益。

流动人口在计划生育方面有哪些应尽的义务?

流动人口在计划生育方面应尽的义务有:离开常住户籍所在地前领取流动人口婚育证明;到达现居住地后及时向现居住地乡(镇)人民政府或者街道办事处交验流动人口婚育证明;接受现居住地乡(镇)人民政府或者街道办事处的计划生育管理;与用工单位或个人、出租或出借房屋的房主等签订计划生育合同。

如何办理流动人口婚育证明?

流动人口婚育证明由流动人口户籍所在地的县级计划生育行政部门或者乡(镇)人民政府、街道办事处(以下简称发证机关)办理。申领流动人口婚育证明,应当填写办理(流动人口婚育证明)申请表,并向发证机关提交下列证明材料:(1)本人的居民身份证;(2)村(居)民委员会或者所在单位出具的婚育情况证明;(3)本人近期一寸正面免冠照片两张。

已生育子女的,还应当提交由施术单位或者计划生育部门出具的避孕措施情况证明;计划外生育的,还应当提交处理执行情况证明。

不办理流动人口婚育证明的，应如何处理？

不办理流动人口婚育证明，经现居住地的计划生育行政管理部门告知后，逾期仍不补办的，或者拒不交验《流动人口婚育证明》的，由现居住地县级以上人民政府计划生育行政管理部门给予警告，并可给以500元以下罚款处理。

流动人口在现居住地要求生育子女，应在哪里办理什么手续？

根据《流动人口计划生育工作管理办法》第十三条规定，已婚育龄流动人口申请在现居住地生育子女的，应当在其户籍所在地的县级人民政府计划生育行政管理部门或者乡（镇）人民政府、街道办事处按照当地有关规定办理生育证明材料。已婚育龄流动人口可以凭其户籍所在地的县级人民政府计划生育行政管理部门或者乡（镇）人民政府、街道办事处出具的生育证明材料，在现居住地生育子女。

流动人口的节育手术费由谁承担？

根据《流动人口计划生育工作管理办法》第十七条的规定，已婚育龄流动人口的节育手术费，有用工单位的，由用工单位负担；无用工单位的，先由本人支付，凭其现居住地的乡（镇）人民政府或者街道办事处证明，由本人在其户籍所在地的乡（镇）人民政府或者街道办事处报销。

流动人口发生计划外生育应如何处理？

根据《流动人口计划生育工作管理办法》第十九条的规定，已婚育龄流动人口违反计划生育规定的，由其现居住地或者户籍所在地的乡(镇)人民政府、街道办事处或者计划生育行政管理部门按照本省、自治区、直辖市的有关规定予以处理。

已婚育龄流动人口因违反计划生育规定在一地受到处理的,在另一地不因同一事实再次受到处理。

流动人口持假婚育证明应如何处理?

《流动人口计划生育工作管理办法》规定,伪造、出卖或者骗取婚育证明的,由县级以上地方人民政府计划生育行政管理部门给予警告,可以并处1000元以下罚款;有违法所得的,没收违法所得,可以并处违法所得3倍以下的罚款;构成犯罪的,依法追究刑事责任。

领取独生子女父母光荣证的条件是什么?

只生育一个子女包括曾生育过一个以上子女但同时只存活一个子女,以及符合法律法规规定生育或收养且同时存活过两个以上子女,但以后只存活一个子女的情况。合法收养一个子女包括法律法规承认的事实收养子女的情况。

再婚夫妻再婚前后生育、收养的子女数应合并计算。但再婚夫妻再婚前一方或双方符合扶助条件,再婚后未再生育或收养子女的,符合条件的一方或双方以及未生育子女的另一方,纳入扶助范围。由于婚姻变动形成的单亲家庭以其本人实际生育的子女数计算。

独生子女父母光荣证的作用是什么?

独生子女父母光荣证是证明独生子女父母身份,并按规定享受有关独生子女待遇的凭证。

《社会抚养费征收管理办法》对社会抚养费征收的主体作何规定?

《人口与计划生育法》第四十一条和《社会抚养费征收管理办法》第四条规定社会抚养费的征收主体为县级计划生育行政管理部门。应当特别明确的是:县级计划生育行政部门委托乡(镇)人民政府作出征收决定,但作出社会抚养费征收决定的主体仍然是县级人民政府计划生育行政部门。受委托的乡(镇)人民政府应当在委托范围内以委托机关的名义作出征收决定。

社会抚养费的征收对象有哪些?

根据《社会抚养费征收管理办法》第三条第一款规定:“不符合《人口与计划生育法》第十八条的规定生育子女的公民,应当依照本办法的规定缴纳社会抚养费。”根据我国法律的规定,有以下几种情形之一的公民,应当依据本办法缴纳社会抚养费:(1)公民再生育不符合地方人口与计划生育法规规定的条件,生育子女的数量超过地方性法规规定的许可范围;(2)公民未履行法定婚姻登记程序,在未形成法定夫妻关系的前提下的生育行为;(3)公民收养子女的行为不符合《收养法》或地方人口与计划生育法规的有关规定,或依法收养后的生育行为不符合地方人口与计划生育法规的规定;(4)公民再婚生育行为不符合地方人口与计划生育法规的有关规定;(5)出国留学的中国公民,以及公民涉外、涉台港澳婚姻中的生育行为不符合国家有关规定;(6)公民其他不符合地方人口与计划生育法规规定的生育行为。

征收社会抚养费的标准如何确定?

(1)以当地城镇居民年人均可支配收入和农村居民年人均纯收入为计征的基本参考标准;

(2)结合当事人的实际收入水平和不符合法律、法规规定生育子女的情节,确定征收数额;

(3)具体征收标准由省、自治区、直辖市规定。

当事人逾期不缴纳社会抚养费怎么处理?

《人口与计划生育法》第四十一条规定:“未在规定的期限内足额缴纳应当缴纳的社会抚养费的,自欠缴之日起,按照国家有关规定加收滞纳金;仍不缴纳的,由作出征收决定的计划生育行政部门依法向人民法院申请强制执行。”当事人在接到征收决定30日内缴纳社会抚养费,否则自欠缴之日起每月加收欠缴社会抚养费的2‰的滞纳金。如果当事人确实在规定时间内因为生活困难无法缴纳的,其应当自收到征收决定之日起30日内向作出征收决定的县级人民政府计划生育行政部门提出分期缴纳的书面申请,并提供有关的证明材料。

非法鉴定胎儿性别依法应受什么处罚?

由计划生育行政部门或者卫生行政部门依据职权责令改正,给予警告,没收违法所得;违法所得1万元以上的,处违法所得2倍以上6倍以下的罚款;没有违法所得或者违法所得不足1万元的,处1万元以上3万元以下的罚款;情节严重的,由原发证机关吊销执业证书;构成犯罪的,依法追究刑事责任。

村民自治篇

村民委员会是个什么样子的机构?

村民委员会是村民自我管理、自我教育、自我服务的基层群众性自治组织,实行民主选举、民主决策、民主管理、民主监督。村民委员会是基层的群众性自治组织,不是一级政府机构,也不是政府的派出机构。村民委员会的组成人员由全体村民直接选举产生,对本村村民负责。

村民委员会有哪些主要职责和任务?

(一)宣传宪法、法律、法规和国家政策,教育和推动村民服从政府管理,履行法律、法规规定的义务,爱护公共财产;

(二)拟订、实施本村经济和社会发展规划、年度计划,支持和组织村民发展生产,承担生产的服务和协调工作,带领村民共同致富,提高村民生活水平;

(三)办理本村的公共事务和公益事业;

(四)调解民间纠纷,促进村民之间、民族之间、村与村之间的团结和家庭和睦,处理好与驻村单位的关系;

(五)协助维护社会治安,组织村民防灾、防火、防盗,促进农村社会稳定;

(六)向人民政府反映村民意见,提出建议和要求;

(七)维护以家庭联产承包经营为基础、统分结合的双层经营体制,尊重集体经济组织依法独立进行经济活动的自主权,保障集体经济组织和村民、承包经营户、联户或合伙的合法财产权及其他的合法权利和利益;

(八)依法管理属于村农民集体所有的土地和其他财产;

(九)教育村民合理开发利用自然资源,保护和改善生态环境;

（十）教育和推动村民实行计划生育；

（十一）发展文化教育，普及科学技术知识，开展多种形式的社会主义精神文明建设活动；

（十二）法律、法规赋予的其他职责和任务。

村民委员会应当如何协助维护好社会治安？

维护社会治安，是人民政府的一项重要职责，在我国，社会治安的维护工作具体是由公安机关负责的，但是，又不能够仅仅依赖于公安机关，而必须动员和组织广大群众积极参加社会治安的维护工作。协助人民政府维护社会治安，也是村民委员会的一项重要任务。

村民委员会协助人民政府维护社会治安的工作主要是由下设的治安保卫委员会进行的。这项工作，应当主要从以下几个方面着手：

第一，应当加强本村的社会治安防范工作，要随时观察和及时发现可能危及和损害本村社会治安的隐患，加强预防工作，减少和防止犯罪案件的发生。发生违反《治安管理处罚法》的行为和犯罪行为，应当坚决制止并及时与公安机关联系，协助公安机关工作。

第二，要通过多种形式广泛开展法制宣传和教育工作，将普法宣传的任务落到实处。通过法制宣传和教育，提高全体村民尤其是青少年的政治觉悟和法律意识，提高文化、道德素质，增强法制观念，使全体村民都能够学法、知法、守法，学会运用法律武器同各种违法犯罪行为作斗争。

第三，以打击和防范并举、标本兼治、重在治本为方针，开展农村社会治安综合治理，要动员和组织全体村民，运用多种手段进行综合治理，从根本上预防和减少违法犯罪，维护本村的社会秩序，保障社会稳定。对于各种民间纠纷，应当积极调解和疏导，防止矛盾激化，消除不安定因素；对于被依法剥夺政治权利的村民和违法犯罪的村民要帮助公安机关加强教育、挽救、改造工作，对于本村的刑满释放和解除劳教的人员应当妥善安置，减少重新违法犯罪。

社会治安综合治理工作，必须依靠广大群众的力量，因此，村民委员会应当努力培养村民的社会正义感和社会责任感，鼓励村民同违法犯罪现象作斗争，对于见义勇为的好村民应当给予表彰和鼓励，树立良好的村风，促进农村社会治安的全面好转。

村民委员会可以对村民罚款吗？

不可以。《中华人民共和国行政处罚法》规定，罚款是一种行政处罚行为，行政处罚只能由具有行政处罚权的行政机关在法定职权范围内实施。而村民委员会只是群众性的自治组织，不是行政机关，其无权制定行政处罚规定，也无权对村民进行罚款。

党支部能管理村委会的公章吗？

《村民委员会组织法》第三条规定：“中国共产党在农村的基层组织，按照中国共产党章程进行工作。发挥领导核心作用；依照《宪法》和法律，支持和保障村民开展自治活动、直接行使民主权利。”《村民委员会组织法》第二条还规定，村民委员会是村民自我管理、自我教育、自我服务的基层群众性自治组织。根据以上规定，党支部应当加强对村委会的领导，但村委会是自治组织，具有独立的法律地位，因而，党支部不能包办代替村委会工作，不应该管理村民委员会的公章。

村民委员会由哪些人员组成?

《村民委员会组织法》第九条规定,村民委员会由主任、副主任和委员共3~7人组成。村民委员会成员中,妇女应当有适当的名额,多民族村民居住的村应当有人数较少的民族的成员。《宪法》第四条规定:“中华人民共和国各民族一律平等。国家保障各少数民族的合法权益和利益,维护和发展各民主的平等、团结、互助关系。”第四十八条规定:“中华人民共和国妇女在政治的、经济的、文化的、社会的和家庭的生活等各方面享有同男子平等的权利。”《妇女权益保障法》也规定:“妇女有权通过各种途径和形式,管理国家事业,管理经济和文化事务,管理社会事务。”因此,为了保障妇女行使职权,维护妇女权益,在村民委员会中应当有适当的妇女成员,同时,如果在村民委员会中没有妇女成员,村民中妇女的积极性就不容易调动起来,许多直接涉及妇女权益的工作就不好开展,也不利于村民自治。另外,考虑到多民族居住的实际,在多民族居住的村应当有少数民族村民担任村民委员会成员,从而更好地开展工作,促进民族团结。

如何推选村民小组长?

在我国部分地区,由于村庄比较分散,村集体组织内部各村民居住分散,形成了以村民小组为管理单位的管理模式,土地承包分配也是以本村民小组成员为承包人口基数进行发包的,因此,选好用好村民小组长,关系到农村的稳定。

《村民委员会组织法》第十条规定村民委员会可以按照村民居住状况分设若干村民小组,小组长由本村民小组会议推选。

村民委员会主任能任命村民小组长吗?

《村民委员会组织法》第十条规定:“村民委员会可以按照村民居住状况分设若干村民小组,小组长由村民小组会议推选。”因此,村民委员会主任无权任命村民小组长,而只能由村民小组会议推选产生。村民小组会议应由村民小组全体村民参加,推选的方式比较灵活,可以由一人或者几个人推荐,大家举手表决;也可以由村民先推荐候选人,然后由全组村民投票表决。小组会议推选产生小组长后,应及时报村民委员会备案,村民对村民小组长的工作不满意的,可以随时召开会议予以撤换。

村民委员会的下属机构应当如何设置?

《村民委员会组织法》第二十五条规定,村民委员会根据需要设人民调解、治安保卫、公共卫生等委员会。村民委员会成员可以兼任下属委员会的成员。人口少的村的村民委员会可以不设下属委员会,由村民委员会成员分工负责人民调解、治安保卫、公共卫生等工作。

村民委员会成员可以脱产享受补贴吗?

《村民委员会组织法》第九条、第十九条规定,村民委员会成员不脱离生产,根据情况,可以给予适当补贴。享受补贴的人数及补贴标准由村民会议讨论决定。

村民委员会成员是属于不脱离生产的“村干部”。他们要为村民服务,要组织本村村民,执行村民会议决定的事情,必然要占用大量的时间和精力,势必直接影响他们自己的收入,所以给予适当的补贴是合理的。对村民委员会成员的补贴,可按常年工作量的多少和误工多少,区别不同情况,分别给予适当的补贴。村民委员会成员的补贴，可以从集体经济中上缴村民委员会的收益中解决，也可以从政府的转移支付中解决。补贴的方式可采用固定补贴或误工补贴。享受补贴的人数、标准和办法，应根据村的规模、经济条件和职务、工作表现，同时参照当地人民政府的有关规定，由村民会议决定，报乡、民族乡、镇人民政府备案。

乡镇人民政府是村民委员会的上级领导机关吗？

《村民委员会组织法》第四条规定，乡、民族乡、镇的人民政府对村民委员会的工作给予指导、支持和帮助，但是不得干预依法属于村民自治范围内的事项。

村民委员会协助乡、民族乡、镇的人民政府开展工作。乡镇人民政府与村委会的关系是指导与协助的关系。

从法律地位和性质上讲，乡镇人民政府是我国最基层的地方行政机关，而村民委员会是农村村民的自治组织，不是一级政府，其成员的产生及内部事务的处理都体现自治性。因此，乡镇人民政府不是村民委员会的上级领导机关。

村民委员会每届任期几年？

根据《村民委员会组织法》第十一条规定，村民委员会每届任期三年，届满应当及时举行换届选举。村民委员会成员可以连选连任。

村民委员会成员是如何产生的？

《村民委员会组织法》第十一条规定，村民委员会主任、副主任和委员，由村民直接选举产生。《村民委员会组织法》第十四条规定，应当有本村过半选民参加选举，获得参加投票的村民过半数的选票方可当选本村委员会成员。任何组织或者个人不得指定、委派或者撤换村民委员会成员。

如何保证选举的公正性?

一是民主推选产生村选举委员会,保证村民的推选权。二是做好选民登记工作,做到不错、不重、不漏登,使选民登记底数准确无误,保证村民的参选权。三是由村民直接推选确定候选人,保证村民的直接提名权。四是选举过程要合法、严密。选举日的选举,是整个换届选举工作中最重要的步骤,事先要写出周密细致的预案,严密组织、严明纪律、严肃秩序,以免出现混乱局面,保证村民的投票权。五是坚持计票统一规则,一旦出现有异议的选票,由工作人员按统一规定准确确认。六是选举结果要当场宣布。七是出现问题要及时解决。个别地方出现当天无法确认和解决不了的问题,要把全部选票装箱、加封条,由两名以上工作人员保管。第二天在全体村民代表的监督下再依法进行公正处理。

村民委员会选举由谁来组织?

《村民委员会组织法》第十三条规定:“村民委员会的选举,由村民选举委员会主持。村民选举委员会成员由村民会议或者各村民小组推选产生。”选举结果,只有经过村民选举委员会确认后才能有效。各地政府为了保障选举的正常进行,而临时设立的“村民委员会换届选举领导小组”不能干涉和主持村民委员会的选举,换届期间原村民委员会和农村党支部也是无权主持的。但是,上述机构可以辅助选举,以确保选举的正常进行,同时,上述机构可以对选举过程中的违法、违纪行为进行监督,必要时可以提请县级人大常务委员会宣布选举无效。

村民选举委员会是为了主持村民委员会换届选举而成立的临时工作机构,村民委员会换届选举完成后,即行解散。一般情况下,村民选举委员会成员由本村公道正派、有威望的村民担任。

村民选举委员会成员的产生有两种方式:一是由村民会议推选产生,二是由各村民小组推选产生。村民选举委员会成员被依法确定为村民委员会成员候选人的,即失去其在村民选举委员会中的任职资格,村民选举委员会所缺名额从上次推选结果中依次递补。

什么是村民委员会的“海选”?

“海选”是中国农民在村民自治中创造的一种直接的选举方式,用四个字概括,就是“村官直选”。

“海选”是提名确定村民委员会成员候选人的一种形式,即由村民直接提名候选人并根据提名得票多少,按照差额选举的原则确定正式候选人,其实质是村民直接行使村民委员会成员候选人的提名确定权。因此,也有人把初期的“海选”界定为“海推”。随着村民自治的不断深入和村民民主意识的不断增长,“海选”也在换届选举的实践中不断完善和提高:从开始只是村民就村党支部提出的候选人、自荐候选人进行投票,根据得票多少确定候选人,这样一种带“预选”性质的“海选”;到后来以法律的形式确定下来,“村民委员会成员候选人,由本村有选举权的村民直接投票提名产生候选人”。

“海选”充分保障了村民民主选举的权利,也使村民的民主法制意识得到了锻炼。

村民委员会换届选举经费来源如何？

选举经费是做好村民委员会选举工作的物质保障。各级人民政府组织选举工作所需经费，由本级财政列入预算。村民委员会的选举工作经费在村级收入中列支，村级收入不敷使用或经济困难的村，县、乡级财政应给予适当补助。各级财政部门要依法解决村民委员会换届选举工作经费，保证选举工作正常进行。

选举工作经费主要用于召开选举工作会议，培训选举工作人员，举办选举工作试点，印制选举宣传材料、文书、表格、选民登记册、选民证、委托投票证、选票，制作票箱，布置选举投票大会会场或投票站，选举工作人员的差旅费、办公经费或误工补贴，组织交流、观摩、检查，总结、表彰会议等。

选举工作经费应有专人负责落实，专款专用。村级选举经费应向村民代表会议报告，接受审计和监督。

村民委员会的换届程序有哪些？

（一）推选村民选举委员会；

（二）宣传、发动和教育选民参选；

（三）选民登记和推选村民代表；

（四）选民直接提名确定候选人；

（五）候选人竞选；

（六）召开选举大会或以投票站方式投票选举；

（七）宣布选举结果，新一届村民委员会成立。

村民委员会的选举程序有哪些？

村民委员会的选举，由村民选举委员会主持。在选举前，村民选举委员会应及时公布选民资格,选举的时间和地点,投票应当在选举大会会场进行。村民小组距离选举大会会场较远的,经村民会议或者村民代表会议决定,可以设立投票站。选举大会会场和投票站设发票人、登记人各 1 人,监票人 2 人。村民委员会成员候选人、竞选人及其近亲属不得担任监票人、计票人、唱票人、发票人和登记人。

(一)投票前的情况说明。投票前村民选举委员会应当向选民说明写票方法和其他注意事项,公布监票人、计票人、唱票人、发票人和登记人名单,公开检验票箱,粘贴封条。

(二)核定选票数量。选票由乡(镇)人民政府统一印制,加盖村民选举委员会印章或者由村民委员会代章。工作人员应核定发放的选票数量。

(三)选举。选举实行无记名投票的方式。选举大会会场和投票站应当设立秘密写票处和公共代笔人。

选票应当由选民本人填写。选民本人有正当理由不能填写选票的,可以在选举现场委托公共代笔人或者候选人、竞选人以外的直系亲属选民代为填写。代为填写选票不得违背委托人的意愿。受委托人最多只能接受 3 位选民的委托,并不得将选票再委托给其他选民代为填写。

选民外出或者因其他特殊原因不能参加投票的,经村民选举委员会同意,可以在选举日的 3 日前以书面形式委托自己信任的其他选民代为填写选票和投票。每个选民只能接受 1 人委托。

流动票箱仅限于因年老、伤病、残疾等原因不能到选举大会会场或者投票站投票的选民投票。使用流动票箱的,投票时应当有 3 名以上的选举工作人员在场接受投票。

(四)唱票、计票。投票结束后,投票站的票箱应当加封,并由该投票站的监票人将票箱集中到选举大会会场，公开开封检票。监票人、唱票人、计票人应当核对选票，公开唱票和计票。

收回的选票等于或者少于发出的选票的，选举有效；多于发出的选票的，选举无效。

选票上所选的人数，等于或者少于应选人数的，选票有效；多于应选人数的，选票无效。

选票内容全部无法辨认的，经村民选举委员会确认，选票无效；选票部分内容无法辨认的，经村民选举委员会确认，无法辨认的部分无效。无效票计入选票总数。

（五）宣布选举结果。选举村民委员会，选民过半数参加投票，选举有效。候选人、竞选人或者其他选民获得的赞成票超过参加投票选民半数的，始得当选。获得赞成票超过半数的人数多于应选人数时，以得票多的当选。如遇票数相等，不能确定当选人时，应当在当日或者次日就得票数相等的人组织再次投票，以得票多的当选。

获得赞成票超过半数的人数少于应选名额时，不足的名额应当在未当选的候选人、竞选人中另行选举。另行选举时，以得票多的当选，但所得赞成票不得少于参加投票选民的1/3。

（六）颁发证书。选举结果经村民选举委员会确认后当场公布，并由选举委员会向当选人颁发当选证书。

县、乡两级人民政府村民委员会选举工作指导机构的职责有哪些？

村民委员会换届选举时，县级人民政府和乡、镇人民政府成立村民委员会选举工作领导组。村民委员会选举工作领导组履行下列职责：

（一）宣传有关法律、法规；

（二）制订选举工作计划并组织实施；

（三）培训选举工作人员；

（四）指导、督促村民选举委员会拟订具体选举工作方案和选举办法，依法履行职责；

（五）受理有关选举申诉、检举和控告；

（六）监督选票的印制、保管工作；

（七）统计、汇总选举情况，建立健全选举工作档案；

（八）办理选举工作中的其他事项。

村民选举委员会人员如何组成？有何职责？

村民委员会的选举，由村民选举委员会主持。村民选举委员会由主任、副主任、委员组成，其成员应当有一定的代表性。村民选举委员会成员由村民会议、村民代表会议或者村民小组推选产生。村民选举委员会成员名单应当及时公布并报乡、镇人民政府村民委员会选举工作指导机构备案。

村民选举委员会履行下列职责：

（一）开展选举的宣传工作；

（二）拟订选举工作实施方案、选举细则，提请村民会议或者村民代表会议讨论通过后公布；

（三）确定和培训本村选举工作人员；

（四）登记选民，审查、确认选民资格，公布选民名单，发放选民证；

（五）公布选举方式、时间和地点；

（六）依法组织产生候选人，公布候选人、竞选人名单，组织候选人、竞选人演讲；

（七）主持投票选举，公布选举结果；

（八）解答选民询问，受理选民申诉；

（九）总结、上报选举情况，整理、移交选举档案；

（十）办理有关选举工作的其他事项。

什么人可以参加村民委员会的选举?

年满18周岁的村民，不分民族、种族、性别、职业、家庭出身、宗教信仰、教育程度、财产状况、居住期限，都有选举权和被选举权。但是，依照法律被剥夺政治权利的人除外。

结婚后居住在另一方所在村，但户口没有迁入的村民怎么参加选举?

结婚后在配偶户籍所在的村居住但户口未迁入，本人要求在居住的村参加选举的，经户籍所在的村出具选民资格证明和未在户籍所在的村进行选民登记的证明，并经配偶户籍所在村的村民选举委员会确认，应当予以登记。

户籍不在本村，但在本村居住和生活或者在本村从事生产、经营1年以上的其他人员，本人要求在本村参加选举的，应当经村民会议或者村民代表会议讨论。经过讨论，同意的，予以登记；不同意的，不予登记。

选民的年龄如何计算?

选民年龄的计算时间，以本村的选举日为截止日期。选民出生日期，以居民身份证记载的日期为准。刚满18周岁未办理居民身份证或者没有居民身份证的，以户籍登记为准。

常年出外打工的村民有权参加选举吗?

在我国农村，许多年满18周岁的村民出外打工，有的常年不回家。但由于他们的户籍仍在本村，仍是本村的村民。依据

《村民委员会组织法》第十二条:“年满十八周岁的村民,不分民族、种族、性别、职业、家庭出身、宗教信仰、教育程度、财产状况、居住期限,都有选举权和被选举权;但是,依照法律被剥夺政治权利的人除外。”出外打工的农民符合选举条件的有权参加选举。

根据《村民委员会组织法》第十四条的规定,选举村民委员会,有选举权的村民的过半数投票参加选举才有法律效力,获得参加投票的选民的半数以上的票方能当选。而有的村外出打工的人很多,甚至占到了一半以上,导致有的村参加选举的选民达不到法定的半数。因此,无论是从保障选民权利还是保证选举正常进行的角度出发,组织好外出打工村民参加选举都是一件十分重要的工作。

对外出打工的村民,应委托其家属通知本人回村参加选举,因特殊情况不能回村参加选举的,可委托其家人代其参加选举。具体委托办法,各地在保证选民选举权利的基础上可以作出具体规定。

村民对选民名单有异议时,应该怎么办?

在个别地方的村民委员会的选举中,选民名单公布后,许多村民发现,没有选民资格的村民被列入选民名单,而有选民资格的村民却没有被列入选民名单。对此,村民的意见很大,也影响了选举的正常进行。为此,各地有针对性地作出了相应规定,如《山西省村民委员会选举办法》规定,村民对公布的选民名单有异议的,应当在选民名单公布之日起7日内向村民选举委员会提出。村民选举委员会应当在提出异议之日起3日内作出决定,并将结果告知有关村民。村民对决定不服的,可以在作出决定之日起2日内向乡(镇)村民委员会换届选举工作领导组申诉。乡(镇)村民委员会换届选举工作领导组应当在选举日的 5 日前作出决定,书面答复申诉人,并告知该村村民选举委员会。村民选举委员会应当在选举日的 3 日前,将重新确定的选民名单张榜公布,并向选民发放选民证。

村民委员会候选人资格有特别规定吗?

《村委会组织法》第十二条规定:"年满十八周岁的村民,不分民族、种族、性别、职业、家庭出身、宗教信仰、教育程度、财产状况、居住期限,都有选举权和被选举权;但是,依照法律被剥夺政治权利的人除外。"这表明凡符合选民登记条件,被登记为本村选民的就有选举权,同时也具有被选举权。所谓选举权是指村民选举产生村委会成员的表决权利,被选举权是村民被选为村委会成员的权利,我国奉行的是选举权和被选举权一致的原则,二者统一,即凡是享有选举他人为村委会成员的权利者,也必享有被选进村委会的权利。因此,除了法定的依法被剥夺政治权利的人之外,年满 18 周岁的村民都是可以成为村民委员会候选人的。

如何确定村民委员会候选人?

村民委员会成员候选人由本村选民直接提名,由村民选举委员会召集全体选民投票。参加投票的选民应当超过本村全体选民的半数,按得票多少的顺序确定正式候选人。提名村民委员会成员候选人,不得委托他人投票。依法确定的村民委员会成员候选人,任何组织或者个人不得调整或者变更。

怎样向选民介绍候选人?

正式候选人确定后,村民选举委员会除向村民正式公告外,还要向选民介绍候选人的简历、文化程度、家庭情况、工作能力、现实表现、特长及优缺点等，以便选民在投票选举时更好地挑选自己满意的人选。村民选举委员会向选民介绍候选人的方式：一是召开选民会议，二是利用广播和黑板报，三是将候选人的情况印成书面材料发给选民或在村内公共场所张贴。村民选举委员会向选民介绍候选人必须实事求是、客观公正、不偏不倚，不能有任何不符合实际情况或不公正的介绍。除此之外，要特别重视组织候选人或者无候选人选举中的选民发表竞职演说，回答村民的询问。

村民会议由哪些人组成？

《村民委员会组织法》第十七条规定，村民会议由本村 18 周岁以上的村民组成。召开村民会议，应当有本村 18 周岁以上村民的过半数参加，或者有本村 2/3 以上的户的代表参加，所作决定应当经到会人员的过半数通过。必要的时候可以邀请住在本村的企业、事业单位和群众组织派代表列席村民会议。

村民会议有哪些职权？

村民会议是村民直接行使民主权利的组织，是村民自治的最高决策机构，其行使下列主要职权：

（一）选举、罢免、补选村民委员会成员；

（二）制定、修改村民自治章程、村规民约；

（三）审议本村经济和社会发展规划、年度计划；

（四）审议村民委员会的工作报告、村财务收支情况报告；

（五）评议村民委员会成员的工作；

（六）决定是否设立村民代表会议、村民代表推选办法，决定向村民代表会议的授权事项；

（七）撤销或改变村民代表会议和村民委员会不适当的决定；

（八）决定涉及村民利益的重大事项。

哪些事项必须经过村民会议讨论决定?

《村民委员会组织法》第十九条规定，涉及村民利益的下列事项，村民委员会必须提请村民会议讨论决定，方可办理：

（一）乡统筹的收缴方法，村提留的收缴及使用；

（二）本村享受误工补贴的人数及补贴标准；

（三）村集体经济所得收益的使用；

（四）村办学校、村建道路等村公益事业的经费筹集方案；

（五）村集体经济项目的立项、承包方案及村公益事业的建设承包方案；

（六）村民的承包经营方案；

（七）宅基地的使用方案；

（八）村民会议认为应当由村民会议讨论决定的涉及村民利益的其他事项。

村民会议与村民委员会是什么关系?

村民会议具有广泛的群众基础和民主性，是村民实行自治的权力机构，是本村全体村民自治权力的最高体现者。村民委员会是由村民直接选举产生的，是村民实行自治的执行机构和工作机构。村民委员会的直接权力来源，是本村村民和村民组成的村民会议。村民委员会及其下属机构的权力，均不能超过村民会议。因此，村民会议与村民委员会的关系应当是：村民委员会必须经村民会议选举产生，村民委员会向村民会议负责并报告工作；村民会议有权每年听取并审议村民委员会的工作报告,并评议村民委员会成员的工作。村民会议有权监督、评议村民委员会成员的工作,在必要时有权对村民委员会成员实施罢免。

谁有权提议召开村民会议?

《村民委员会组织法》第十八条规定,村民委员会向村民会议负责并报告工作。村民会议每年审议村民委员会的工作报告,并评议村民委员会成员的工作。

村民会议由村民委员会召集。有1/10以上的村民提议,就应当召集村民会议。

村民代表会议怎么产生?有何职权?

为了实行民主决策,根据《村民委员会组织法》的规定,农村集体经济组织的重大事项必须经过全体18周岁以上村民组成的村民会议讨论决定才为有效。但对于那些人数比较多、村民居住比较分散的村集体经济组织,要召集大部分村民开村民会议是比较困难的,也不利于及时高效地开展工作。为此,《村民委员会组织法》第二十一条规定,人数较多或者居住分散的村,可以推选产生村民代表,由村民委员会召集村民代表开会,讨论决定村民会议授权的事项。村民代表由村民按每5户至15户推选1人,或者由各村民小组推选若干人。各地在执行该规定上有不同的要求。如山西省规定,500人以上或2个以上自然村组成的村,可以推选产生村民代表。村民代表由村民按每5至15户推选1人为标准进行推选,或者由各村民小组推选若干人。村民代表总人数一般不得少于20人。村民代表每届任期3年,可以连选连任。村民代表由原推选的户或村民小组更换。其他任何组织和个人不得指定、委派或更换村民代表。

召开村民代表会议,必须有 2/3 以上的代表参加。所作决定应当由全体代表的过半数通过。

村民代表在什么时候推选组成?

村民代表的推选,可以在村民选举委员会推选产生后进行,也可以在新一届村民委员会选举产生后 10 日内进行。具体推选时间由村民会议或者上一届村民代表会议决定。

村民选举委员会或者新一届村民委员会应当组织村民推选村民代表,由推选产生的村民代表组成新一届村民代表会议。

村民代表每届任期 3 年,任期与本届村民委员会任期相同。村民代表出现缺额时,应当按照本届村民代表推选办法补充推选。

村民代表中应当有适当名额的妇女。多民族村民居住的村,应当有人数较少的民族的村民代表。

在换届选举期间,村民代表会议履行哪些职责?

(一)讨论决定选举工作实施方案、选举细则;

(二)村民选举委员会及其成员不履行职责时,组织重新推选或者递补;

(三)讨论决定是否在选举大会会场外设立投票站;

(四)讨论决定是否使用流动票箱及流动票箱的使用对象;

(五)通过监票人、计票人、唱票人、发票人、登记人等选举工作人员名单;

(六)讨论决定村民选举委员会提请决定的其他事项。

什么样的村规民约才是合法的?

为了加强自我管理,许多村集体经济组织通过召集村民会议的方式可以制定村民自治章程、村规民约。村规民约是村民根据相关的法律、法规和政策，结合本村的实际和存在的问题，在广泛协商的基础上制定的，由全体村民共同遵守的一种民间社会规范。其内容主要涉及土地管理、承包费的收缴和使用、生产服务、财务管理、村办企业管理、社会治安、邻里关系、婚姻家庭、敬老养老、计划生育、科技文化教育、法制道德教育、移风易俗、反对邪教和封建迷信等各方面。根据我国法律规定，村规民约不得与宪法、法律、法规和国家的政策相抵触，不得有侵犯村民的人身权利、民主权利和合法财产权利的内容。否则，依据该“村规民约”作出决定的村民认为损害其权益的，可以依法向有关部门投诉或者向人民法院提起诉讼。

村民委员会选举中存在哪些违法问题？

（一）拖延选举时间的；

（二）违反选举程序的；

（三）擅自调整、变更村民委员会成员候选人，或者指定、委派、撤换村民委员会成员或者停止其工作的；

（四）用暴力、威胁、欺骗、伪造选票、毁坏选票或者票箱等不正当手段妨害村民行使选举权和被选举权的；

（五）对检举村民委员会选举中的违法行为或者对村民委员会成员提出罢免要求的村民进行打击报复的；

（六）伪造选举文件或者谎报、瞒报选举结果的；

（七）村民委员会换届后拖延或者拒绝移交的；

（八）干扰村民委员会选举工作正常进行的其他行为。

对妨碍和破坏村民委员会选举的行为该如何处理？

《村民委员会组织法》第十五条规定，以威胁、贿赂、伪造选票等不正当手段，妨害村民行使选举权、被选举权，破坏村民委员会选举的，村民有权向乡、民族乡、镇的人民代表大会和人民政府或者县级人民代表大会常务委员会和人民政府及其有关主管部门举报，有关机关应当负责调查并依法处理。以威胁、贿赂、伪造选票等不正当手段当选的，由县级人民代表大会常务委员会宣布其当选无效。

对故意拖延选举时间的应如何处理？

《村民委员会组织法》规定，村民委员会每届任期3年，届满应当及时举行换届选举。各地根据实际情况确定换届选举的时间，如山西省规定，届满后应当在3个月内进行换届选举。

村民委员会因特殊原因不能按时换届选举的，乡（镇）人民政府应当报县（市、区）人民政府批准，但选举工作最迟应当在上届村民委员会任期届满之日起6个月内完成。浙江省规定，村民委员会任期届满，应当及时举行换届选举，遇特殊情况需要提前或者延期的，须经县级人民政府批准，提前或者延期一般不得超过6个月。江苏省规定，村民委员会任期届满应当及时进行换届选举。因特殊原因需要提前或者延期换届选举的，必须经县级以上人民政府批准。提前或者延期换届选举的时间，不得超过6个月。因区划调整需要重新组建村民委员会的，应当在6个月内进行选举。对没有及时进行换届选举的，由上一级人民政府责令有关县（市、区）、乡（镇）人民政府限期组织换届选举，并视情节轻重追究主要负责人的行政责任。

对擅自调整村民委员会成员候选人的行为应如何处理？

在不违反宪法、法律、法规规定的前提下，村民选举委员会可以根据村民委员会成员应当具备廉洁奉公、办事公道、热心为村民服务、能带领村民致富等条件，结合本村的具体情况以及村民委员会的工作需要，拟订村民委员会成员候选人的资格、条件，提请村民会议或者村民代表会议讨论通过，并向全体村民公布。村民委员会成员的候选人，由本村选民直接投票提名产生。采取确定候选人的方式进行村民委员会选举的，不得擅自调整候选人，否则，由行为人所在单位或者上级机关予以纠正，并追究行为人的行政责任。

如何罢免村民委员会成员？

本村 1/5 以上有选举权的村民联名，可以要求罢免村民委员会成员。

罢免要求应当以书面形式向村民委员会和乡（镇）人民政府提出，并写明罢免理由。

乡（镇）人民政府应当派员会同 3 名以上村民代表（村民）在接到罢免要求之日起 10 日内核实联名人数。经核实，联名人数符合法定人数的，村民委员会应当在接到罢免要求之日起 20 日内主持召开村民会议，投票表决罢免要求。

村民委员会逾期不主持召开村民会议表决罢免要求的，乡（镇）人民政府应当在接到罢免要求满 20 日之日起 20 日内组织召开村民会议，投票表决罢免要求。

村民会议讨论罢免要求时，被要求罢免的村民委员会成员有权在村民会议上进行申辩。

罢免村民委员会成员，应当采取秘密写票、无记名投票、公开计票的办法进行，不得使用流动票箱，不得委托投票。表决结果应当当场公布，并报乡（镇）人民政府和县（市、区）人民政府民政部门备案。

罢免村民委员会成员,应当经有选举权的村民过半数通过方为有效。罢免要求未能通过的,6个月内不得以同一事实和理由再次提出罢免要求。

村民委员会成员在什么情况下,应当终止职务?

村民委员会成员是基于村民的信任而被选举确立的,其应当成为带领村民致富的带头人,应认真履行职责。但由于各种原因导致部分成员不能正常地履行职责时,可以依法终止其村民委员会成员的职务。《山西省村民委员会选举办法》规定,村民委员会成员在任职期间有下列情形之一的,村民会议或者村民代表会议可以决定终止其职务:

(一)依法被追究刑事责任的;

(二)依法被劳动教养的;

(三)因健康等原因连续6个月不履行或者不能履行职责的;

(四)无正当理由连续3个月不履行职责的。

村民委员会成员职务终止后,村民委员会应当在5日内向全体村民公告。

村民委员会成员出现缺额时,应该如何补选?

村民委员会主任出现缺额,或者村民委员会其他成员出现缺额且成员不足3人时,应当在3个月内补选。补选由本届村民委员会主持,按照有关村民委员会选举的规定办理。

补选的村民委员会成员,其任期到本届村民委员会任期届满为止,补选结果,由村民委员会报乡(镇)人民政府和县(市、区)人民政府民政部门备案。

对村民反映的村民委员会换届选举中的违法行为如何进行处理？

对村民反映的村民委员会换届选举中的问题，各地、各有关部门特别是信访、民政、司法行政部门一定要尊重农民群众的申诉权、信访权，高度重视并正确对待群众的来信来访，切实有效地解决农民群众反映的问题，依法维护农民群众的民主权利。对群众反映属实，确实存在违法、违纪行为的，应及时对有关单位和人员予以查处；对群众反映与实际情况有出入的，要向群众说明情况，澄清事实，消除误解；对群众反映的问题一时解决不了的，要耐心解释，说明原因，争取群众的谅解。

上届村民委员会与下届村民委员会如何进行交接？

根据《山西省村民委员会选举办法》规定，上一届村民委员会应当在新一届村民委员会产生之日起 10 日内移交村民委员会印章、办公场所、办公设施和设备、集体财务、账目、固定资产、工作档案、债权债务等。其他省、市、自治区也作出了相应的规定。

上届村民委员会不移交公章、财务账，应该怎么办？

上一届和新一届村民委员会未能在村民委员会产生之日起规定的时间进行移交的，乡（镇）人民政府应当督促并组织移交。

涉嫌犯罪，乡政府能否撤销村民委员会主任的职务？

撤销村民委员会主任职务的行为不能由乡政府以公告形式

作出。因村民委员会主任涉嫌犯罪,需要终止职务的方式有两种可供选择,一是等待人民法院追究其刑事责任,自判决书生效之日起,其职务自行终止;二是由本村 1/5 选民联名提出罢免议案,交村民会议表决,半数以上选民投赞同票的,罢免议案即获通过。罢免议案通过后,应及时进行补选。

村务公开的具体内容有哪些?

《村民委员会组织法》第二十二条规定,村民委员会实行村务公开制度。

村民委员会应当及时公布下列事项,其中涉及财务的事项至少每 6 个月公布一次,接受村民的监督:

(一)法律规定的应当由村民会议讨论决定的事项及其实施情况;

(二)国家计划生育政策的落实方案;

(三)救灾救济款物的发放情况;

(四)水电费的收缴以及涉及本村村民利益、村民普遍关心的其他事项。

村民委员会应当保证公布内容的真实性,并接受村民的查询。

村民委员会不及时公布应当公布的事项或者公布的事项不真实的,村民有权向乡、民族乡、镇人民政府或者县级人民政府及其有关主管部门反映,有关政府机关应当负责调查核实,责令公布;经查证确有违法行为的,有关人员应当依法承担责任。

农村财务公开的主要内容有哪些?

(一)村集体经济组织年度计划,包括财务收支计划、固定资产购建计划、农业基本建设计划、兴办企业及资源开发投资计划等。

（二）各项收入

（1）集体统一经营收入；

（2）发包及上缴收入；

（3）土地补偿费；

（4）救济扶贫款；

（5）上级部门拨款；

（6）其他收入。

（三）各项支出

（1）生产性建设支出（包括购建生产性固定资产支出）；

（2）公益福利事业支出（包括购建公益性固定资产支出）；

（3）村组（社）干部功绩及奖金；

（4）招待费支出；

（5）统一经营支出；

（6）救济扶贫专项支出；

（7）上缴乡统筹费；

（8）集体办公经费支出；

（9）其他支出。

（四）集体财产和债权债务

（五）其他

集体经济项目发包公开的内容有哪些？

（1）村办企业、林场、农场、鱼塘、果园、机井等项目的发包办法、规模、发包收入，以及承包人资格、承包期限、承包人上缴承包费时间及兑现情况；（2）土地 30 年不变延包合同；（3）“四荒”地的拍卖及承包情况；（4）其他。

农村计划生育公开的内容有哪些？

（1）村级落实计划生育有关政策法规的方案以及符合规定条件允许生育的育龄夫妇名单和生育服务证申领发放情况；

（2）计划外怀孕、生育和计划外生育费的收缴、使用情况；

（3）向已婚育龄群众提供孕前期、孕产期和落实节育措施服务的情况；

（4）计划外怀孕或不采取补救措施、节育措施的夫妇名单和收取保证金的情况；

（5）执行计划生育“七个不准”规定的情况；

（6）独生子女户和其他计划生育户享受优待奖励的情况以及村级计划生育管理人员的待遇落实情况；

（7）群众要求公开的涉及计划生育的其他情况。

征用土地和宅基地审批公开的内容有哪些？

（1）国家和各级政府征用土地的补偿费和劳动力安置补助费；

（2）乡镇企业和农建用地的土地收益和支出情况；

（3）计划安排的宅基地面积、条件、标准及收费情况；

（4）申请户名单、理由和原有宅基地面积；

（5）批准建房的名单、地点、面积及交费情况；

（6）其他。

农民负担公开的内容有哪些？

（1）兴办集体基本建设和公益福利事业经费筹集，招标投标及资金使用情况；

（2）义务工、劳动积累工的标准及以资代劳情况；

(3)村民用电、用水和享受各种集体统一服务项目的收费标准和使用情况;

(4)其他。

村务公开应采取哪些形式?

村务公开形式要遵循“实用、方便、明确、节俭”原则。具体采用以下形式:

(一)公开栏。这是村务公开的主要形式。

(1)凡是设立村民委员会的地方,都要在村民聚居地带、主要交通路口等群众方便阅览的地方,设立固定防雨公开栏。公开栏的规格、样式以县统一规定。

(2)公开栏的基本内容要包括村务公开的五项内容。其中:农民负担、宅基地、计划生育、水费、电费、救济扶贫等项内容要以户公开。干部报酬、标准和实领金额等要以人公开。

(3)公开栏公布内容要简明、通俗,便于群众了解。同时要设立意见箱。

(4)公开栏要长期保留公开内容,不得出现空白。

(二)其他形式:主要包括会议、广播、闭路电视、入户通知单等公开形式。这些形式作为固定公开栏的补充,同时比较适合居住松散、自然村较多的行政村使用。

村务公开的程序是什么?

公开程序要体现民主集中制的原则。村务公开的内容必须真实可靠。

(1)五公开中凡涉及上缴收入、罚款、支出等内容的,公开之前,应由民主理财小组对上述内容进行一次全面核实,并报乡(镇)农村合作经济经营管理部门审核,同时要有村民委员会负责人、民主理财小组负责人和主管会计签字。

(2)国家和各级政府征用土地面积,乡镇企业和农建用地面积,审批的宅基地农户名单及面积,计划生育超生人名单以及罚款标准等项目公开,先由有关人员列出清单,经村民代表会议审核后公布。

(3)村务公开后,村民委员会应利用村民代表座谈会、意见箱、接待村民来访等形式征求村民意见,对村民提出的询问和意见,村民委员会能够当场答复的要当场予以答复;当场解答不了的,要作出解释。多数村民对公开事项不同意的应予以纠正,并重新公开。任何人不得进行压制或打击报复。

村务公开监督小组成员由哪些人组成?

村务公开监督小组,人数为3至7人,设组长1名,由村民会议或村民代表会议从村干部及其配偶、直系亲属以外的村民代表中推选产生。人选需要具有较强的政治素质和一定的业务知识,能坚持原则,热爱集体,公道正派,有一定的议事能力,敢于监督,善于监督,在村民中享有较高的威望。其中,应有具备财会知识的成员。

民主理财小组职责有哪些?

村民委员会要建立以群众代表为主组成的民主理财小组,对财务公开活动进行监督。民主理财小组由村民代表议事会选举产生(规模小的村可由村民会议选举产生),一般由5~7人组成。

民主理财小组职责主要有:(1)有权对财务公开情况进行检查和监督;(2)有权代表群众查阅审核有关财务账目,反映有关财务问题;(3)有权对财务公开中发现的问题提出处理建议;(4)有权向上一级部门反映有关财务管理中的问题。

如何打官司篇

人民调解委员会作出的调解决定有法律效力吗?

人民调解,是指在人民调解委员会的主持下,以国家的法律、法规、规章、政策和社会公德为依据,对民间纠纷当事人进行说服教育、规劝疏导,促使纠纷各方当事人互谅互让、平等协商、自愿达成协议,消除纷争的一种活动。经人民调解委员会调解达成的有民事权利义务内容,并由双方当事人签字或者盖章的调解协议,具有民事合同性质。当事人应当按照约定履行自己的义务,不得擅自变更或者解除调解协议。但是有下列情形之一的,调解协议无效:(1)损害国家、集体或者第三人利益;(2)以合法形式掩盖非法目的;(3)损害社会公共利益;(4)违反法律、行政法规的强制性规定。人民调解委员会强迫调解的,调解协议无效。

老百姓怎样向人民调解委员会申请调解?调解收费吗?

老百姓发生纠纷后,可以共同申请当地的人民调解委员会就其纠纷进行调解;也可以由一方提出申请,请求人民调解委员会进行调解,人民调解委员会受理后,通知对方参加调解。申请调解既可以以书面的形式,也可以以口头的形式提起。我国政策法律规定,人民调解委员会调解纠纷是不收费的。

老百姓一般向哪些人民调解委员会申请调解?

老百姓发生的纠纷,由纠纷当事人所在地(所在单位)或者纠纷发生地的人民调解委员会受理调解。我国目前设立的人民调解委员会主要有以下四种形式:(1)农村村民委员会、城市(社区)居民委员会设立的人民调解委员会;(2)乡镇、街道设立的人民调解委员会;(3)企事业单位根据需要设立的人民调解委员会;(4)根据需要设立的区域性、行业性的人民调解委员会。村民委员会、居民委员会或者企事业单位的人民调解委员会调解不了的疑难、复杂民间纠纷和跨地区、跨单位的民间纠纷,由乡镇、街道人民调解委员会受理调解,或者由相关的人民调解委员会共同调解。

人民调解委员会怎样进行调解?

人民调解委员会受理调解纠纷后,应当指定一名人民调解员为调解主持人,根据需要可以指定若干人民调解员参加调解。当事人对调解主持人提出回避要求的,人民调解委员会应当予以调换。人民调解委员会调解纠纷,根据需要可以邀请有关单位或者个人参加。人民调解委员会调解纠纷,应当在查明事实、分清责任的基础上,根据当事人的特点和纠纷性质、难易程度、发展变化的情况,采取灵活多样的方式方法,开展耐心、细致的说服疏导工作,促使双方当事人互谅互让,消除隔阂,引导、帮助当事人达成解决纠纷的调解协议。经人民调解委员会调解解决的纠纷,有民事权利义务内容的,或者当事人要求制作书面调解协议的,应当制作书面调解协议。并应当载明下列事项:(1)双方当事人基本情况;(2)纠纷简要事实、争议事项及双方责任;(3)双方当事人的权利和义务;(4)履行协议的方式、地点、期限;(5)当事人签名,调解主持人签名,人民调解委员会印章。

哪些纠纷不能由人民调解委员会受理?

人民调解委员会不得受理调解下列纠纷:

(一)法律、法规规定只能由专门机关管辖处理的,或者法律、法规禁止采用民间调解方式解决的;

（二）人民法院、公安机关或者其他行政机关已经受理或者解决的。

在人民调解活动中，纠纷当事人享有哪些权利？

（一）自主决定接受、不接受或者终止调解；

（二）要求有关调解人员回避；

（三）不受压制强迫，表达真实意愿，提出合理要求；

（四）自愿达成调解协议。

在人民调解活动中，纠纷当事人应当承担哪些义务？

（一）如实陈述纠纷事实，不得提供虚假证明材料；

（二）遵守调解规则；

（三）不得加剧纠纷、激化矛盾；

（四）自觉履行人民调解协议。

亲戚朋友的调解决定有法律效力吗？

在广大农村，许多家庭内部的矛盾都是通过亲戚朋友的调解来解决纠纷的，这样的调解大家比较容易接受，一方面因为大家都是亲戚，都比较熟悉，做工作就比较好做，比较好沟通；另一方面，从情感上讲，大家不是亲情就是朋友情，当事人双方在很多情况下碍于面子，也能接受调解意见，化解矛盾。但从法律效力的角度看，亲戚朋友的调解决定是没有法律拘束力的，一方不能以亲戚朋友的调解决定，要求法院强制对方履行。

老百姓打官司，应向哪个法院起诉？

这涉及法院管辖。管辖是指在法院系统内部，确定各级法院之间以及同级法院之间受理第一审民事案件的分工和权限。打官司需要到有管辖权的法院起诉。

法院的管辖主要有以下几方面的内容：一是级别管辖，是指按照一定的标准，划分上下级法院之间受理第一审民事案件的分工和权限。法律规定：基层人民法院管辖第一审民事案件。中级人民法院直接受理的一审案件有：重大涉外案件，即争议标的额大，或者案情复杂，或者居住在国外的当事人人数众多的涉外案件；在本辖区内有重大影响的案件，争议标的额巨大的民事案件（各省、自治区有规定）、知识产权案件以及最高人民法院确定由中级人民法院审理的案件。

二是地域管辖。如果级别管辖是划分上下级法院之间的管辖范围，那么，地域管辖就是划分同级法院受理第一审案件的范围。我国对一般地域管辖实行“原告就被告”的原则，即被告的住所地在哪个法院管辖范围内，就由哪个法院受理。《中华人民共和国民事诉讼法》规定：对公民提起的诉讼，由被告住所地人民法院管辖；被告住所地与经常居住地不一致的，由经常居住地人民法院管辖。

此外，还有特殊地域管辖或专属管辖。这是以诉讼标的所在地、法律事实所在地为标准所确定的管辖。

法律对诉讼时效是怎么规定的？

诉讼时效，是指民事诉讼中权利人请求人民法院保护自己的合法民事权益的法定期限。超过了诉讼时效，虽可提起诉讼，但所主张的权利则不受法律保护。

诉讼时效分一般诉讼时效和特殊诉讼时效。一般诉讼时效是在一般情况下普遍适用的诉讼时效。根据《中华人民共和国民法通则》第一百三十五条的规定，享有民事权利的人在知道自己权利受到侵害的二年之内，应当向人民法院提起诉讼。逾期后，其民事权利将不受法律保护。特殊诉讼时效是针对某些特殊的民事法律关系所规定的时效期间，分短期诉讼时效、长期诉讼时效、最长诉讼时效。《民法通则》第一百三十六条规定了诉讼时效期间为一年的四种情况：(1)身体受到伤害要求赔偿的；人身损害赔偿的诉讼时效期间，伤害明显的，从受伤害之日起算；伤害当时未曾发现，后经检查确诊并能证明是由侵害引起的，从伤势确诊之日起算。(2)出售质量不合格的商品未声明的；(3)延付或者拒付租金的；(4)寄存财物被丢失或者损毁的。

根据《民法通则》第一百三十七条的规定，诉讼时效期间从知道或者应当知道权利被侵害时起计算。但是，从权利被侵害之日起超过20年的，人民法院不予保护。有特殊情况的，人民法院可以延长诉讼时效期间(特殊情况是指权利人由于客观的障碍在法定诉讼时效期间不能行使请求权的)。

诉讼时效因提起诉讼、当事人一方提出要求或者同意履行义务而中断。从中断时起，诉讼时效期间重新计算。

举证责任倒置是怎么回事?

所谓“举证责任倒置”，指基于法律规定，将通常情形下本应由提出主张的一方当事人(一般是原告)就某种事由不负担举证责任，而由他方当事人(一般是被告)就某种事实存在或不存在承担举证责任，如果该方当事人不能就此举证证明，则推定原告的事实主张成立的一种举证责任分配制度。在一般证据规则中，“谁主张谁举证”是举证责任分配的一般原则，而举证责任的倒置则是这一原则的例外。

根据《最高人民法院关于民事诉讼证据的若干规定》第四条的规定，下列情形就实行的是举证责任倒置方式，由对方承担举证责任。

（一）因新产品制造方法发明专利引起的专利侵权诉讼，由制造同样产品的单位或者个人对其产品制造方法不同于专利方法承担举证责任；

（二）高度危险作业致人损害的侵权诉讼，由加害人就受害人故意造成损害的事实承担举证责任；

（三）因环境污染引起的损害赔偿诉讼，由加害人就法律规定的免责事由及其行为与损害结果之间不存在因果关系承担举证责任；

（四）建筑物或者其他设施以及建筑物上的搁置物、悬挂物发生倒塌、脱落、坠落致人损害的侵权诉讼，由所有人或者管理人对其无过错承担举证责任；

（五）饲养动物致人损害的侵权诉讼，由动物饲养人或者管理人就受害人有过错或者第三人有过错承担举证责任；

（六）因缺陷产品致人损害的侵权诉讼，由产品的生产者就法律规定的免责事由承担举证责任；

（七）因共同危险行为致人损害的侵权诉讼，由实施危险行为的人就其行为与损害结果之间不存在因果关系承担举证责任；

（八）因医疗行为引起的侵权诉讼，由医疗机构就医疗行为与损害结果之间不存在因果关系及不存在医疗过错承担举证责任。

有关法律对侵权诉讼的举证责任有特殊规定的，从其规定。

举证期限是怎么回事？逾期提供证据带来哪些法律后果？

举证期限是指当事人向人民法院履行提供证据责任的期

间,在举证期限内,当事人应当向人民法院提交证据材料,当事人在举证期限内不提交的,视为放弃举证权利。

对于当事人逾期提交的证据材料,人民法院审理时不组织质证。规定举证期限是为了达到庭前固定争议点、固定证据的目的,以克服“证据随时提出主义”的弊端。

举证期限可以由当事人协商一致,并经人民法院认可。由人民法院指定举证期限的,指定的期限不少于 30 日,自当事人收到案件受理通知书和应诉通知书的次日起计算。

当事人在举证期限内提交证据材料确有困难的,应当在举证期限内向人民法院申请延期举证,但需经人民法院准许;当事人在举证期限内不提交证据,视为放弃举证权利。对于当事人逾期提交的证据,人民法院审理时不组织质证,但经对方当事人同意质证的除外。

老百姓打官司最大的困难是不能按照法院规定的举证时间提交有关证据材料,当事人总是寄希望于法院,总是认为法院会主动去调查取证的,而根据我国民事诉讼法律的有关规定,除非当事人无法取得且经当事人申请,法院一般是不主动去取证的。从而导致许多老百姓在庭审时因没能提供证据而败诉的情况发生。因此,在参加诉讼过程中,大家一定要注意法院规定的举证期间,要遵守法院的规定,向法院及时提交证据。

农民打不起官司怎么办?

农民只有在自己的利益受到损害的情况下才会去打官司的,许多农民本来生活就比较贫困,而利益受到损害后会更加贫穷,请不起律师,也交不起诉讼费。为了让打不起官司的农民利益得到保障,我国建立了法律援助制度,农民只要提交相应的材料,就可以依法向法律援助机关申请援助,由援助机关免费指派律师为农民提供法律帮助。同时,农民还可以依法向受理案件的法院提请减免或者缓交诉讼费,从而更好地维护自己的利益。

因为离婚向对方索要赔偿应该在什么时间提起?

婚姻损害赔偿的主体为离婚诉讼当事人中的无过错方的配偶,提起婚姻损害赔偿的一方是离婚诉讼中的无过错方。如果无过错方是无行为能力人或者限制行为能力人,可由其父母或其共同生活的、有完全民事行为能力的兄弟姐妹和成年子女代为提出。婚姻损害赔偿包括身体伤害和精神损害赔偿。

婚姻损害赔偿必须在依法判决离婚的前提下提出,只提出婚姻赔偿,不提出离婚诉讼或被判决不准离婚的,不能提出婚姻损害赔偿。

我国婚姻法律规定婚姻损害赔偿提起的具体时间是:

(一)无过错方作为原告向人民法院提起婚姻损害赔偿请求必须在离婚诉讼的同时提出;

(二)无过错方作为被告,如果不同意离婚也不提起请求精神赔偿请求,可以在离婚后一年内就婚姻损害赔偿单独提起诉讼;

(三)无过错方作为被告,一审时被告未提出婚姻损害赔偿请求,二审提出的,人民法院可进行调解,调解不成的,应告诉当事人在离婚后一年内可对婚姻损害赔偿另行提起诉讼。

哪些诉讼由原告住所地法院管辖?

对公民提起的民事诉讼,由被告住所地人民法院管辖;被告住所地与经常居住地不一致的,由经常居住地人民法院管辖。

但是下列民事诉讼,由原告住所地人民法院管辖;原告住所地与经常居住地不一致的,由原告经常居住地人民法院管辖:

（一）对不在中华人民共和国领域内居住的人提起的有关身份关系的诉讼；

（二）对下落不明或者宣告失踪的人提起的有关身份关系的诉讼；

（三）对被劳动教养的人提起的诉讼；

（四）对被监禁的人提起的诉讼；

（五）追索赡养费案件的几个被告住所地不在同一辖区的，可以由原告住所地人民法院管辖；

（六）非军人对军人提出的离婚诉讼，如果军人一方为非文职军人，由原告住所地人民法院管辖。

用俗名写的欠条有效吗？

俗名在我国比较常见，相信许多人在小时候父母给取了一个容易叫且好听的名字，我们一般称为“俗名、小名”。长大上学时，另外取了一个比较正规的名字，又称“大名”。随着社会交往的加深，有的人还有其他的称呼、其他的“俗名”，有时候交往的朋友仅知道俗名而不知道该人的真正大名（身份证上的名字）。从而导致一些人在借他人钱打欠条时，使用大家比较熟悉的俗名进行签名。根据我国法律规定，不管是用“大名”还是用“俗名”签字借钱，只要有真实的借钱行为，都是认为有效的。如果用俗名书写欠条的人不还款的话，债权人可以向法院起诉，但应当在起诉书中同时列出其“俗名”和“大名”。如果借款人以不是其“大名”签字否认借款时，则债权人完全可以请求有关鉴定机关进行笔迹鉴定，以查明事实，维护自己的合法权益。

打官司必须自己出庭吗？

只要委托了代理人，无论是当原告还是当被告，本人都可以不出庭。诉讼代理分为两种,一种是一般代理,属于帮助打官司,代理人不能做主,在需要作决定时由委托人自己决定;另一种叫特别授权代理,也就是平时说的全权代理,委托人把诉讼事务全部交由代理人处理,代理人有权参加诉讼,有权承认、增加、变更诉讼请求,有权参与调解。

替他人借钱而打的欠条,自己是否承担责任?

在日常生活中,我们经常会遇见一方当事人在向他人借钱时不在现场,无法出具借条。为了履行借款手续,该当事人就委托第三方代替其书写一份借条,当该当事人不能还款时,就会出现替人写欠条的第三方是否承担责任的问题。根据最高人民法院《关于人民法院审理借贷案件的若干意见》第十四条:"行为人以借款人的名义出具借据代其借款,借款人不承认,行为人又不能证明的,由行为人承担民事责任。"在实际借款人不承认而出具借条的第三方又不能证明的,则该第三人就很有可能要承担民事责任。因此,在此要提醒大家还是不要随意替他人书写借条,以免承担不必要的责任。

在别人的借条上签名就一定承担责任吗?

最高人民法院《关于人民法院审理借贷案件的若干意见》第十三条规定,在借贷关系中,仅起联系、介绍作用的人,不承担保证责任。对债务的履行确有保证意思表示的,应认定为保证人,承担保证责任。因此,判断在他人借条上签名是否承担责任的依据是,该签名的内容是否明确规定了"在借款人不能按时还款,签字人代为偿还的意思表示",如果有此明确的表示,则签名人应当承担责任,如果仅写了"见证人、介绍人"等字,则签字人不承担责任。

借款上仅写明借款数额，没有写明何时还款的，诉讼时效如何计算？

根据《民法通则》第一百三十五条、第一百三十七条的规定，向人民法院请求保护民事权利的诉讼时效期间为两年，从权利人知道或者应当知道其民事权利被侵害之日起算，法律另有规定的除外。但是，从权利被侵害之日起超过20年的，人民法院不予保护。

借款合同当事人双方没有约定债务人履行债务的期限的，按照《民法通则》第八十八条第二款第二项规定、《合同法》第六十二条第二款第四项规定，作为债权人的出借人可以随时要求债务人履行，但应当给对方留足必要的准备时间。根据上述规定，只要借款人没有明确表示拒绝还款，出借人的诉讼时效期间应当是20年，即出借人可以在出借日起算的20年内向借款人主张权利。但在出借人向借款人主张权利而借款人明确拒绝的情况下，诉讼时效期间应当从借款人明确拒绝之日起计算为2年。所以，从现实中可以看出，借款上仅写明借款数额，没有写明何时还款的，其诉讼时效期间的起算日不是借条上的日期，而是从借款人明确拒绝日起算，从而可以更好地保护出借人利益。

如何防止对方当事人转移、隐匿财产？

执行难是一个令债权人十分头痛的问题，许多人害怕赢了官司输了钱。因此，为了有效防止债务人转移、隐匿财产，顺利实现债权，应当在起诉或申请仲裁之前向人民法院申请财产保全。《民事诉讼法》第九十二条第一款规定："人民法院对于可能因当事人一方的行为或者其他原因，使判决不能执行或者难以执行的案件，可以根据对方当事人的申请，作出财产保全的裁定;当事人没有提出申请的,人民法院在必要时也可以裁定采取财产保全措施。”“利害关系人因情况紧急,不立即申请财产保全将会使其合法权益受到难以弥补的损害的,可以在起诉前向人民法院申请采取财产保全措施。”应当注意,申请财产保全,一般要向法院提供担保,且起诉前申请财产保全的,必须提供担保。担保应当以金钱、实物或者人民法院同意的担保等形式实现,所提供的担保的数额应相当于请求保全的数额。

打完官司怎么申请执行?

在判决生效后,履行义务的一方没有按照判决规定的时间履行义务的,当事人可以根据《民事诉讼法》第二百零一条:“发生法律效力的民事判决、裁定,以及刑事判决、裁定中的财产部分,由第一审人民法院或者与第一审人民法院同级的被执行的财产所在地人民法院执行”的规定依法向人民法院申请强制执行。根据《民事诉讼法》的规定,当事人申请强制执行的期间从法律文书规定履行期间的最后一日起计算;法律文书规定分期履行的,从规定的每次履行期间的最后一日起计算;法律文书未规定履行期间的,从法律文书生效之日起计算。

根据法律规定,当事人在执行期间向法院申请强制执行时,应提交生效的判决书、身份证明、强制执行申请书以及审理该案件的第一审审判长签字的证明该案件已经生效的证明材料,到第一审人民法院或者与第一审人民法院同级的被执行的财产所在地人民法院立案庭进行执行立案。目前在我国,执行立案不需要事前交费。

打官司如何举证?

证据是指人民法院审理案件时,能够证明案件真实情况的客观事实,是人民法院认定案件事实的根据。证据包括书证、物证、视听资料、证人证言、当事人陈述、鉴定结论和勘验笔录。在民事诉讼中,当事人负有举证责任,只有提出确实、充分的有利于自己的证据,方能打赢官司。因此,当事人必须树立很强的证据意识。

根据法律规定,当事人对自己提出的主张需要提供证据加以证明。一般来说是谁主张谁举证,但在举证责任倒置的案件中,则由被告负举证责任。即在下列侵权诉讼中,对原告提出的侵权事实,被告否认的,由被告负责举证:(1)因产品制造方法、发明专利引起的专利侵权诉讼;(2)高度危险作业致人损害的侵权诉讼;(3)因环境污染引起的损害赔偿诉讼;(4)建筑物或者其他设施以及建筑物上的搁置物、悬挂物发生倒塌、脱落、坠落致人损害的侵权诉讼;(5)饲养动物致人损害的侵权诉讼;(6)有关法律规定由被告承担举证责任的情形。

有些证据,如果当事人提交比较困难,可以申请法院调查收集。

哪些事实,当事人无须举证?

(一)一方当事人对另一方当事人陈述的案件事实和提出的诉讼请求,明确表示承认的;

(二)众所周知的事实和自然规律及定理;

(三)根据法律规定或已知事实,能推定出的另一事实;

(四)已为人民法院发生法律效力的裁判所确定的事实;

(五)已为有效公证文书所证明的事实。

官司打赢了,法院一直不给执行怎么办?

执行难是当前困扰人民法院工作的突出问题,许多人民法院生效的法律文书，因不能得到执行而变成了一张盖有法院大印的“白条”。执行难不仅严重地影响了人民法院的司法活动，破坏了我国法制的权威的尊严，而且损害了党和政府在人民群众中的威信和尊严。造成执行难的原因很多，有的是被执行人确实没有执行能力而无法执行；有的是被执行人有执行能力而恶意逃避执行；有的则是由于地方保护主义，行政干预导致不能执行；还有的是法院本身工作上的原因导致不能执行。根据我国《民事诉讼法》的规定，人民法院自收到申请执行书之日起超过6个月未执行的，申请执行人可以向上一级人民法院申请执行。上一级人民法院经审查，可以责令原人民法院在一定期限内执行，也可以决定由本院执行或者指令其他人民法院执行。因此，如果当事人认为某个法院一直不给执行，其可以向上一级法院申请执行，由上一级法院执行或者调换其他法院进行执行，以维护自己的合法权益。

被他人车辆碰撞受伤后，能否申请法院要求被告先支付治疗费？

《民事诉讼法》第九十七条规定，人民法院对追索赡养费、扶养费、抚育费、抚恤金、医疗费用、追索劳动报酬等的案件，根据当事人的申请，可以裁定先予执行。即由被申请人先行履行义务。因此，在被他人车辆碰撞受伤后，伤者无法自行垫付医疗费用的情况下，其可以依法向人民法院提起诉讼后，请求法院裁定由车辆所有人或者肇事司机先行给付医疗费用。

被他人车辆碰撞受伤后，如何防止车辆被取走以后无法获得赔偿？

在发生交通事故导致人身、财产损失时，交警部门一般都会对事故车辆进行留置核查,以查明事故原因。交警部门根据查明的事故原因对造成事故的人员进行责任划分并作出交通事故认定书。根据有关规定,在事故原因查明后,交警部门应及时将被留置车辆放行。

由于车辆的流动性比较强,往往出现车辆一旦被取走,受害人就无法得到及时赔偿的情况,因此,为了防止车辆被取走以后无法获得赔偿,受害人应当在接到交通事故认定书时,及时向法院申请财产保全,由法院依法对事故车辆进行扣押保全,以维护自己的合法权益。

交通事故受伤致残的,应如何计算残疾赔偿金?

根据我国法律规定,因交通事故导致他人人身损害的,依法应赔偿受害人因就医治疗支出的各项费用以及因误工减少的收入,包括医疗费、误工费、护理费、交通费、住宿费、住院伙食补助费、必要的营养费。造成伤残的,还应当赔偿其因增加生活上需要所支出的必要费用以及因丧失劳动能力导致的收入损失,包括残疾赔偿金、残疾辅助器具费、被抚养人生活费,以及因康复护理、继续治疗实际发生的必要的康复费、护理费、后续治疗费等。

残疾赔偿金的计算方法是根据受害人丧失劳动能力程度或者伤残等级,按照受诉法院所在地上一年度城镇居民人均可支配收入或者农村居民人均纯收入标准,自定残之日起按 20 年计算。但 60 周岁以上的,年龄每增加 1 岁减少 1 年;75 周岁以上的,按 5 年计算。在计算残疾赔偿金时,大家应注意生活中农村居民和生活在城市的城镇居民的赔偿标准是不一样的,一般是以户口簿上居民户口的性质来判断是城镇居民还是农村居民。

自己的亲戚朋友可以给自己作证人吗?

我国法律规定,凡是知道案件情况的人都有作证的义务,证人就了解的案件事实向人民法院作出的陈述,是证人证言。根据《民事诉讼法》的规定,不能正确表达意志的人不能作证人;本案的诉讼代理人、法定代表人、诉讼中的代表人不能兼作本案的证人。同样,本案的审判人员、鉴定人、勘验人、翻译人员也不能兼作本案的证人。除上述人不能作证人外,凡知道案件事实的人,都可以作为证人,无论他们的性别、国籍、职务、宗教、信仰、民族、种族、政治状况、文化程度、经历等状况如何。因此,虽然是自己的亲戚朋友,但只要他知道案件情况,就可以作为证人出庭作证。当然根据最高人民法院《关于民事诉讼证据的若干规定》的有关规定,证人提供的对与其有亲属或者其他密切关系的当事人有利的证言,其证明力一般小于其他证人证言。

接到法院传票,要求出庭审理案件,可以不去吗?

《民事诉讼法》第一百二十九条规定:"原告经传票传唤,无正当理由拒不到庭的,或者未经法庭许可中途退庭的,可以按撤诉处理;被告反诉的,可以缺席判决。"在现实生活中,经常会出现许多被告接到法院的开庭传票后,有抵触情绪,认为我不去你又能怎么样?从而不按照法院规定的时间出庭参加法庭审理活动,最后导致法院只能根据原告的单方证据来作出对自己不利的判决。其实,出庭参加诉讼是对自己权益的一种保护,当事人通过出庭参加审理活动,能够将争议的事实澄清。如果当事人因种种原因不方便出庭,其可以委托代理人出庭参加诉讼进行辩解,这样也能达到维护自己权益的目的,而不应该消极地放弃自己的诉讼权利。

借钱人找不见，如何打官司？

在诉讼过程中，经常出现借钱人故意躲避债务而找不到人的情况，根据《最高人民法院关于人民法院审理借贷案件的若干意见》第五条的规定，债权人起诉时，债务人下落不明的，由债务人原住所地或其财产所在地法院管辖。法院要求债权人提供证明借贷关系存在的证据，受理后公告传唤债务人应诉，公告期限届满，债务人仍不应诉，借贷关系明确的，经审理后可缺席判决；借贷关系无法查明的，裁定中止诉讼。在审理中债务人出走，下落不明，借贷关系明确的，可以缺席判决；事实难以查清的，裁定中止诉讼。因此，如果借钱人找不见，出借人可以向法院起诉，由法院通过公告送达诉讼文书的形式进行案件的审理。

因涉嫌犯罪被公安机关抓获时，可以请律师吗？

可以。我国《刑事诉讼法》规定，犯罪嫌疑人在被侦查机关第一次讯问后或者采取强制措施之日起，就可以聘请律师为其提供法律帮助。为了充分保障犯罪嫌疑人的这项权利，侦查人员在讯问时应当告知犯罪嫌疑人有权委托律师。在刑事诉讼当中，当事人往往对于犯罪的性质、可能被判处的刑罚及刑事诉讼中当事人的权利义务不知道或者不明白；对于司法机关少数办案人员的违法行为以及案件中的冤情，也可能因其被采取强制措施，而不能充分地行使申诉、控告的权利，这样对于有效地维护其诉讼权利是不利的。而且，律师在刑事诉讼中有独立的法律地位，享有一定独立的诉讼权利，在维护当事人的合法权益，保证案件的正确处理方面，发挥着重要的作用。因此，在侦查阶段，犯罪嫌疑人可以聘请律师为其提供法律帮助。

符合什么条件才算自首?

根据我国法律规定,犯罪以后自动投案,如实供述自己的罪行的,是自首。被采取强制措施的犯罪嫌疑人、被告人和正在服刑的罪犯,如实供述司法机关还未掌握的本人其他罪行的,以自首论。对于自首的犯罪分子,可以从轻或者减轻处罚。其中,犯罪较轻的,可以免除处罚。如果在犯罪后自动投案,但不能如实供述自己的罪行,或者开始如实供述自己的罪行,到法庭审理时又翻供的,均不以自首论。

公安机关最多能传唤多长时间?

传唤是在侦查活动中讯问不需要逮捕、拘留的犯罪嫌疑人的时候,依法采用的使犯罪嫌疑人到案接受讯问的一种诉讼方法。传唤犯罪嫌疑人必须严格遵守法律规定的时间,即传唤所持续的时间不得超过 12 小时,不得以连续传唤的形式变相地拘禁犯罪嫌疑人。如果在 12 个小时之内无法讯问完毕的,可以采取拘留等强制措施。

被取保候审的人是否既要提出保证人,又要交纳保证金?

根据《刑事诉讼法》的规定,取保候审的保证方式有两种:一种是提出保证人担保。也就是说,被取保候审人要提出一个符合条件的人作为自己的保证人,该保证人要承担法律规定的义务,担保被保证人能够做到随传随到、候审不误。如果被取保候审人违反规定,保证人不及时报告的,要对保证人处以罚款。构成犯罪的,依法追究刑事责任。不论取保候审是由哪个机关决定的,对取保候审保证人是否履行了保证义务,都由公安机关来认定。公安机关认为应对保证人罚款的,也由公安机关作出决定,人民检察院、人民法院不能对保证人罚款。

一种是提供保证金。犯罪嫌疑人、被告人被取保候审的,交纳一定数额的现金作担保。如果违反有关规定,保证金就会被没收,并区别情形,责令犯罪嫌疑人、被告人具结悔过,重新交纳保证金、提出保证人或监视居住、予以逮捕。对犯罪嫌疑人、被告人在取保候审期间未违反有关规定,取保候审结束时,应当退还保证金。采取保证金保证的,保证金的数额由决定取保候审的机关根据案件的具体情况确定。既要考虑其犯罪的性质、情节等案件因素,也不能忽视犯罪嫌疑人、被告人的经济承受能力。对于确定较小数额保证金就能起到保证作用的,就不应再要求更高的保证金数额。保证金的收取和保管,则统一由取保候审的执行机关即公安机关负责。人民法院、人民检察院不能直接收取取保候审保证金。

这两种保证方式,都把担保被取保候审人随传随到、候审不误同保证人或者被取保候审人一定的经济利益挂钩,增强保证人的责任心和对被取保候审人的约束力,保证刑事诉讼活动的顺利进行。

对于被取保候审的人,决定机关不能同时要求其提出保证人并交纳保证金,不能搞双重保证,在提出保证人和交纳保证金这两种保证方式中,只能选择适用其中一种,不能同时并用。取保候审案件主要适用于犯罪较轻、社会危险性较小的案件,采用保证人担保或者保证金担保的单一保证形式基本上已可起到保证作用。对于采用取保候审不能防止社会危险发生的,依法通过采取更为严厉的强制措施即逮捕措施来解决,而不能用加大保证力度的方法。如果要求被取保候审的人必须提供两种保证形式,就会使一些符合取保候审条件的人,不能适用取保候审。

例如有些人能够提出保证人，但却不能提供保证金，而有的人却能提供保证金，不能提出保证人，在这两种情况下都不能运用取保候审。

犯罪嫌疑人被羁押时，亲属能为他申请取保候审吗？

为了充分保障犯罪嫌疑人、被告人的合法权益，法律规定，如果犯罪嫌疑人、被告人被羁押，除他本人有权提出申请外，其法定代理人、近亲属也有权向公安机关、检察机关和法院提出申请，要求司法机关对犯罪嫌疑人、被告人变更羁押的强制措施，改为取保候审。犯罪嫌疑人、被告人及其法定代理人、近亲属可以在刑事诉讼的任何一个阶段提出取保候审申请。哪个机关决定拘留或者批准、决定逮捕，就应当向哪个机关提出。在向司法机关提出取保候审申请时，应当提供情况，说明犯罪嫌疑人、被告人适合取保候审的条件和理由。这样，便于司法机关在考虑或者决定是否对犯罪嫌疑人、被告人采取取保候审措施时，根据其各方面的情况综合评判，作出决定。当然，法律赋予犯罪嫌疑人、被告人及其法定代理人、近亲属有申请取保候审的权利，并不意味着申请一经提出，司法机关就必须同意其取保候审。是否同意取保候审应当由公安机关、人民检察院和人民法院根据案件的具体情况作出决定。

对犯罪嫌疑人、被告人及其法定代理人、近亲属提出取保候审的申请，司法机关应当在一定期限内予以答复。被羁押的犯罪嫌疑人、被告人及其法定代理人、近亲属申请取保候审，决定原羁押强制措施的机关应当在7日内作出是否同意的答复。同意取保候审的，依法办理取保候审手续；不同意取保候审的，应当告知申请人，并说明不同意的理由。司法机关应当严格遵守这一规定。

犯罪嫌疑人或被告人在什么情况下可以要回取保候审的保证金?

取保候审保证金是办理取保候审手续的担保形式之一,根据法律规定,公安机关决定对犯罪嫌疑人取保候审的,可以根据案件情况,责令其交纳一定数额的保证金。犯罪嫌疑人为盲、聋、哑人或者未成年人的,公安机关可以责令其法定代理人交纳保证金。犯罪嫌疑人为单位的,公安机关对其直接责任人员或者直接负责的主管人员决定取保候审时,可以责令该单位交纳保证金。

根据《刑事诉讼法》第五十六条的规定,以交纳保证金的形式被取保候审的犯罪嫌疑人、被告人应当遵守以下规定:(一)未经执行机关批准不得离开所居住的市、县;(二)在传讯的时候及时到案;(三)不得以任何形式干扰证人作证;(四)不得毁灭、伪造证据或者串供。

被取保候审的犯罪嫌疑人、被告人违反上述规定,已交纳保证金的,没收保证金,并且区别情形,责令犯罪嫌疑人、被告人具结悔过,重新交纳保证金、提出保证人或者监视居住、予以逮捕。犯罪嫌疑人、被告人在取保候审期间未违反前款规定的,取保候审结束的时候,应当退还保证金。

犯罪嫌疑人被抓进去后,多长时间就可以有审判结果了?

我国刑事法律规定办理刑事案件的公安机关、检察机关、审判机关应当遵守如下诉讼时间期限:

(一)强制措施期限

(1)传唤、拘传持续时间,不得超过12小时;

(2)正常拘留时间,一般不超过14日;特殊情况37日;

(3)取保候审时间,不得超过12个月;

(4)监视居住时间,不得超过6个月。

(二)批捕期限

自接到公安机关提请批准逮捕书后的次日起7日以内。

(三)决定逮捕期限

人民检察院对直接受理的案件中对被拘留的人认为需要逮捕的,决定逮捕的期限自执行后的次日起10日以内,特殊情况下可延长1日至4日。

(四)侦查羁押期限

(1)对犯罪嫌疑人逮捕后,不得超过2个月;

(2)案情复杂、期限届满不能终结的案件,可以延长1个月;

(3)对符合《刑事诉讼法》第一百二十六条规定情形的,可以延长2个月;

(4)对犯罪嫌疑人可能判处10年有期徒刑以上刑罚,依照《刑事诉讼法》第一百二十六条延长期限届满,仍不能侦查终结的,可以再延长2个月;

(5)发现另有重要罪行的,重新计算期限;

(6)公安机关补充侦查的期限自接到补充侦查通知书后的次日起,不得超过1个月。且不得超过两次。

(五)审查起诉期限人民检察院对于公安机关移送起诉的案件,应当在1个月以内作出决定,重大、复杂的案件,可以延长半个月。

(六)公诉案件审理期限人民法院审理公诉案件,应当在受理后1个月以内宣判,至迟不得超过一个半月。有本法第一百二十六条规定情形之一的，经省、自治区、直辖市高级人民法院批准或者决定，可以再延长 1 个月。人民法院改变管辖的案件，从改变后的人民法院收到案件之日起计算审理期限。人民检察院补充侦查的案件，补充侦查完毕移送人民法院后，人民法院重新计算审理期限。

从以上规定我们总结出，一般的刑事案件审理的期限应该是：在侦查阶段是 2 个月，在检察阶段是 1 个月，在审判阶段（一审）是 1 个月。

公安机关执行拘留必须遵守哪些程序？

拘留作为公安机关在侦查活动中的紧急情况下，对犯罪嫌疑人依法采取的限制人身自由的临时强制措施，在适用时必须遵守下列法律程序：

（1）公安机关在执行拘留时，必须向被拘留人出示拘留证。拘留证是公安机关执行拘留的凭证。拘留证应当写明被拘留人的姓名、案由等，并盖有执行拘留的公安机关印章。对抗拒拘留的人，执行拘留的人员可以采取适当的强制方法，必要时可使用戒具。

（2）公安机关拘留人以后，除有碍侦查或者无法通知的情形以外，应把拘留的原因和羁押的处所，在 24 小时以内，通知被拘留人的家属或者他的所在单位。一般在下列情况下，可以作为"有碍侦查"的情形，不必在 24 小时内通知被拘留人的家属或者他的所在单位：（1）被拘留的人属于犯罪集团案犯，或者与犯罪集团、团伙有牵连，由于其他案犯尚未被捉拿归案，其被拘留的消息传出去，可能会引起其他同案犯的逃跑、自杀、毁灭或伪造证据等情况发生，妨碍侦查工作的顺利进行。（2）被拘留人的家属或单位的人与其犯罪有牵连，通知后可能引起转移、隐匿、销毁罪证。实践中，也常常会有一些无法通知的情形，如被拘留人家属或者所在单位的地址不明，或者其家属或所在单位在边远地区，交通不便，24 小时以内难以通知到，也有的被拘留人无家属、无所在单位等。(3)公安机关对于被拘留的人，应当在拘留后 24 小时以内进行讯问，在发现不应当拘留的时候，必须立即释放，发给释放证明。对需要逮捕而证据还不充足的，可以取保候审或者监视居住。

另外，人民检察院对于直接受理的案件中，犯罪嫌疑人如果在犯罪后企图自杀、逃跑或者有毁灭、伪造证据或者串供可能，需要拘留的，人民检察院可以作出拘留决定，但仍由公安机关执行。人民检察院应当在拘留后 24 小时以内进行讯问，在发现不应当拘留的时候，必须立即释放，发给释放证明。对需要逮捕而证据还不充足的，可以取保候审或者监视居住。

刑事案件能“私了”吗?

在我国农村经常出现针对已经发生的刑事案件进行私下了结的情况，所谓的刑事案件“私了”是指对公民和单位所实施的违反刑事法律规范的一部分行为，在进入刑事诉讼程序后，由当事人双方或者在他人参与下自愿协商一致解决纠纷，侵害方给被侵害方相应的补偿(赔偿)，被侵害方放弃追究侵害方的刑事责任的请求，司法机关尊重当事人双方协商一致的意志，终止正在进行的相应刑事诉讼活动。为了促进社会的和谐发展，保障刑事受害人能够得到及时的赔偿，对于一些犯罪情节比较轻的刑事案件如告诉才处理的案件、轻伤害案等，可以允许当事人进行“私了”，公诉机关或者人民法院不再追究侵害方的刑事责任。

刑事案件上诉后，上级法院能判得更重吗？

我国刑事诉讼法律采取上诉不加刑原则。是指第二审人民法院在只有被告一方提出的上诉案件中，不得以任何理由加重被告人的刑罚。它是第二审程序中一项特殊原则，其目的在于切实保障被告一方的上诉权。上诉不加刑原则有利于消除被告人因担心加重刑罚而不愿或不敢提出上诉的思想顾虑，使被告人能够毫无顾忌地行使上诉权，保障被告人的诉讼地位不会因上诉而恶化，以便其充分行使法律所赋予的辩护权。因此，刑事案件上诉后，上级法院不能判得更重。

醉酒后伤害他人犯罪是否应追究刑事责任？

根据刑法规定，醉酒的人犯罪，应当负刑事责任。在醉酒状态下，行为人在某种程度上可能减弱判断力和控制自己行为的能力，但并不会丧失辨认和控制自己行为的能力。而且醉酒的人对自己行为控制能力的减弱是人为的，是醉酒前应当预见并可以得到控制的。所以，醉酒的人不属于无责任能力的人。刑法规定醉酒的人犯罪，应当负刑事责任，对于预防犯罪，控制酗酒，是有积极意义的。

因驾驶农用车不当导致他人死亡且负主要责任的，应负刑事责任吗？

《刑法》第一百三十三条规定，从事交通运输的人员违反规章制度，因而发生重大事故，致人重伤、死亡或者使公私财产遭受重大损失的，构成交通肇事罪。对交通肇事罪，刑法规定处三年以下有期徒刑或者拘役；对交通肇事后逃逸或者有其他特别恶劣情节的，处三年以上七年以下有期徒刑。如果驾驶人给予受害人家属积极赔偿，情节比较轻微的，可以减轻或者免除处罚。

捡到他人巨额财物，拒不交出的，能构成犯罪吗？

拾金不昧是中华民族的传统，如果拾金而昧就触犯了法律。根据《民法通则》的规定，拾得他人遗失物，是不当得利的行为，应当予以返还。如果拾得他人遗失物数额较大，拒不交出的，根据《刑法》第二百七十条的规定，则构成犯罪，处二年以下有期徒刑、拘役或者罚金；数额巨大或者有其他严重情节的，处二年以上五年以下有期徒刑，并处罚金。

律师说法篇

受工伤后，与用人单位协商赔偿的标准明显低于国家规定标准的，该怎么办？

律师你好，我是山西省的一个农民工，2005年底受雇于我们当地的一家生产水泥的公司，从事看护熟料传送带的工作。2006年5月20日晚，在我正常上班工作时，突然被厂内铲车铲进铲斗中，右腿被铲车铲断了。当时铲斗内装有1000多度的刚出炉的水泥熟料，我全身严重烧伤，生命垂危。当即被工友送到医院急救，2006年9月13日，在我的伤还没有完全好的情况下，公司以不再支付医疗费为由让我出院。我的伤经诊断为：头顶部、双上肢、背部及双下肢烧伤15%（Ⅱ°～Ⅲ°），右足外伤性缺失。两只手也因为没有得到很好的治疗而扭曲变形，导致我现在的生活基本不能自理，需要配置假肢。

受伤后我及家人多次要求公司给我认定工伤，给我工伤保险待遇，但很长时间没能得到解决，2007年3月11日，在被迫无奈的情况下，我和公司达成了一次性处理协议，由公司分三次支付我12万元，同时公司在协议中规定，不允许我以后再以任何理由申告，否则收回给我的钱。由于我现在生活不能自理，又是一个人生活，光个人基本生活费一个月就要900元，做一次手术需要3万元，还需要更换假肢，公司赔偿的钱根本不够我的生活费和治疗费。

请问我现在能否要求公司赔我钱，我该怎么办？

[律师答复]你好，你反映的情况具有普遍性。许多农民工在受伤后，往往因为各种各样的原因选择同用人单位协商私了的方式解决赔偿问题。从维权成本和化解矛盾的角度出发，协商处理是解决问题的最好办法。但是在涉及工伤保险待遇及人身损害赔偿等方面，一方利用受害人急于妥协处理的心理，从而

胁迫受害人达成明显损害受害人利益的协议,则是违法的。

依据《劳动法》第七十三条及《工伤保险条例》的有关规定,劳动者在受伤后,应依法享受工伤保险待遇。如果用人单位没有按照上述规定的标准支付工伤保险费用,同劳动者签订明显损害劳动者利益的协议,依据《中华人民共和国民法通则》第五十八条的规定,"下列民事行为无效:(一)无民事行为能力人实施的;(二)限制民事行为能力人依法不能独立实施的;(三)一方以欺诈、胁迫的手段或者乘人之危,使对方在违背真实意思的情况下所为的;(四)恶意串通,损害国家、集体或者第三人利益的;(五)违反法律或者社会公共利益的;(六)经济合同违反国家指令性计划的;(七)以合法形式掩盖非法目的的",该协议应该无效。

因此,你完全可以根据自己的伤残情况,根据国家有关工伤保险待遇的有关规定,计算你应得的工伤保险费用,如果用人单位和你协商赔偿的标准明显低于国家规定的标准,你完全可以向人民法院起诉,以协议内容损害你的合法权益为由,要求用人单位继续承担相应的赔偿责任。

未签订劳动合同,工伤后怎么办?

律师同志,我姓贾,在江苏某建筑公司山西分公司打工,我在2006年4月受雇于该公司承建的太原市一工地从事建筑钢筋工工作。2006年7月17日,我在该工地第十层楼梯通道作业时,上方人员在将钢管吊放通道上方时,钢管脱落,将正在工作的我砸倒。事故发生后,我被送到医院救治。医院诊断为:腰部砸断,腰椎粉碎性骨折,腰第3、4、5横棘突骨折,腰第4、5椎体粉碎性骨折,脊髓损伤,肺部出现大面积阴影,下身瘫痪,生活不能自理。现在我所在的公司对我的伤情不予理睬,公司也不给我进行工伤认定,我和公司也没有签订劳动合同,我应该怎么办?

[**律师答复**]贾师傅你好,你的遭遇是目前农民工受伤后普遍遇到的情况。许多农民工没有和用人单位签订劳动合同,在遭受工伤后,用人单位往往采取不承认受伤农民工在其处干活的事实,许多农民工朋友因为无法证明其用人主体,从而导致维权的成本很高。但是,无论用人单位如何狡辩,我们还是可以用事实来证明你在他们那里干活的。比如说和你一起上班的工友证明(一般需要三个人的证明材料,同时需要提供证明人的身份证明)、用人单位给你发的出门证、吃饭的饭卡。有的时候,事故刚发生后,你投诉到劳动监察部门,劳动监察部门的调查记录也是一份很重要的证据。在这里我要特别提醒的是,农民工朋友应该在受伤后及时要求工友做证明材料,因为不论是用人单位还是工友,在农民工刚受伤时,大家都是积极抢救伤员的,还没有时间考虑那么多赔偿问题,大家对伤者持同情态度。但是时间长了,一方面可能和你一起工作的工友离开了单位,导致无法作证;另一方面,经过一段时间的思考,用人单位为了逃避责任,特意不让工友出来证明,从而增加了取证的难度。因此,及时请工友做证明材料是非常重要的。

取得相关证据后,你就可以向太原市劳动和社会保障局申请工伤认定了,但应注意时间。你必须在受伤之日起1年内向劳动部门申请工伤认定,否则,劳动部门将以你超过时限为由,不予工伤认定。有的是用人单位答应赔偿一直协商,超过一年;有的是一直治疗超过一年。但由于《工伤保险条例》、《工伤认定办法》规定,劳动者申请工伤认定的时间是自伤害发生之日起一年内,因此,超过一年时间,往往会被劳动部门驳回申请。

在劳动部门进行工伤认定后,你可以根据自己的伤情申请劳动能力鉴定(伤残等级鉴定)。如果生活不能自理,还需要同时申请生活自理障碍程度鉴定(护理等级鉴定)。

在经过以上程序后,你可以依据自己的伤残等级、护理等级等,向用人单位主张工伤保险待遇。

出嫁后的姑娘有权继承母亲的土地补偿款吗?

律师你好,我是一位农村女性,我母亲在2007年2月去世(父亲在20年前去世),我有一个哥哥,不是我父母亲生的,是他小时候过继给我父母的。我哥哥在30年前同我大嫂结婚(大嫂在嫁给我哥哥前,结过婚,她丈夫因病去世了),大嫂当时带了4个孩子嫁给我哥哥,没有为我哥哥生育子女。我哥哥同母亲住在一个院子里,1997年,哥哥因病去世。2007年9月至今,我们村因为土地被国家征收(2006年征收)发放补偿款,根据村里的规定,在2006年前有承包地的人不论是否在世,每人分得土地补偿款6万元。根据规定,我母亲应分得6万元补偿款,但被我大嫂领取了。在我得知这些情况后,我向我大嫂要求由我和我大嫂一起平分母亲的土地补偿款,我大嫂的4个孩子说他们也有权继承我母亲的土地补偿款,我们农村人讲我是出嫁的姑娘,不应该继承财产。请问我有权继承我母亲的土地补偿款吗?我大嫂和她的4个孩子都有权继承吗?

[**律师答复**]你好,根据《中华人民共和国继承法》第九条规定,你作为你母亲的婚生女儿,在你母亲去世后,你有权继承村集体经济组织分配给你母亲所有的土地补偿款。由于你母亲生前是和你哥哥、大嫂住在一起的,在你哥哥去世后,你大嫂和你母亲生活在一起,对老人的起居进行照顾,依据《中华人民共和国继承法》第十二条规定,你大嫂尽了主要赡养义务,她是有权继承你母亲的遗产的。你同意和你大嫂一起分配你母亲的土地

补偿款是正确的。

你大嫂的 4 个孩子主张有继承权，其实质是法律上讲的代位继承问题，代位继承是法定继承方式的一种。当父母去世后，孩子能代替父母继承祖父母或外祖父母的遗产，这就是代位继承。我国《继承法》规定，被继承人的子女先于被继承人死亡的，由被继承人子女的晚辈直系血亲代位继承。你家的情况是：你哥哥是你母亲的养子女，你大嫂的 4 个子女不是你哥哥的亲生子女而是继子女，根据《最高人民法院关于贯彻执行〈中华人民共和国继承法〉若干问题的意见》第二十六条“被继承人的养子女、已形成扶养关系的继子女的生子女可代位继承；被继承人亲生子女的养子女可代位继承；被继承人养子女的养子女可代位继承；与被继承人已形成扶养关系的继子女的养子女也可以代位继承”的规定，你大嫂的 4 个孩子不符合上述规定，无权代位继承你母亲的土地补偿款的。

结婚后，户口落在娘家，有权领土地补偿款吗？村委会有权将村民户口撤销吗？

律师你好，我是太原市的一位农村妇女，我父母有两个孩子，我和我姐姐。我姐姐已经结婚，户口落在我们村。2000 年我和另外一个村的村民结婚，婚后仍然住在我娘家的村里面，2001 年生下一个孩子，我们的户口均落在我娘家的村里面，村里面也给了我们承包地。2007 年初，因为国家征收了我们的土地，村里给每位村民分 2.6 万元。当我去领取时，村干部告诉我，根据村里面有关女儿结婚后，只能有一个女儿享受本村村民待遇的规定，我和我姐只能有一人(家庭)享受土地征收补偿款，我姐姐领取了，我就不能领。我不服就向有关部门反映，要求村里给我和我孩子、爱人分配土地补偿款。2007 年 8 月，村干部以我向有关部门反映情况,影响村里面形象为由将我的户口抽出来,说我已经不再是我村的村民了。

我现在不知道该怎么办,村里不给我分配征地补偿款对吗?我的户口村里是否有权撤销?

[**律师答复**]你的这种情况,在太原市周边农村是一个普遍存在的现象。有些村里以村民代表会议的形式,决定将村民根据其村龄(我们讲的新户、老户)、离婚户、女儿户进行区别计算其分配的土地补偿款。村里的这种划分是违法的,损害了相关村民的合法权益,应该是无效的,你完全可以要求同其他村民一样享受相应的待遇。首先,根据《中华人民共和国物权法》第一百三十二条的规定,农村承包地被征收的,土地承包经营权人有权依照法律规定获得相应补偿。你作为该村村民,在你的承包地被国家征收后,你有权获得因国家征收土地而支付的土地补偿费、安置补助费、地上附着物和青苗的补偿费等费用。其次,根据《中华人民共和国村民委员会组织法》第二十条规定,村民自治章程、村规民约以及村民会议或者村民代表讨论决定的事项不得与宪法、法律、法规和国家的政策相抵触,不得有侵犯村民的人身权利、民主权利和合法财产权利的内容。因此,村干部以你们村村民会议作出决定剥夺你享有的土地补偿费等费用,损害了你的利益,你们村的村民会议决议应该无效。第三,根据《山西省征收征用农民集体所有土地征地补偿费分配使用办法》第十一条的规定:"土地补偿费主要用于被征地农户。农村集体经济组织不得以任何名义,侵占被征地农户依法享有的土地补偿费;不得违法划分老户、新户、女儿户。"你们村不给你分配土地补偿费也是违反国家规定的。因此,你完全可以要求村里给你分配土地补偿款,如果协商不成,你可以向当地法院起诉,以维护自己的合法权益。

至于村干部将你的户口抽出，不承认你是本村村民的行为是完全违法的。根据《中华人民共和国户口登记条例》的规定，户口的登记、主管机关是各级公安机关，村民委员会无权将你的户口撤销。没有经过你的同意，公安机关也不可能将你的户口迁出的。

乘坐运输公司的车发生车祸受伤，应向谁要求赔偿？

律师你好，我是一名从陕西来太原打工的农民工，从事室内装潢工作，我在太原生活了 3 年。2008 年初我乘坐太原一个运输公司的车从老家返回太原时，被一辆山东牌照的大货车碰撞，导致我和车上另外 4 名乘客受伤。经交警部门认定，山东的大货车负全部责任。我受伤后，被送到太原某医院救治，我的腿粉碎性骨折，住院 3 个月，经法医鉴定部门鉴定我伤残九级。出院后，我要求我乘坐的太原运输公司赔偿我的损失，但该公司讲他们没有责任，我应当向山东大货车要求赔偿。请问：我可以向太原运输公司要求赔偿吗？我能获得哪些赔偿？

[**律师答复**]你好，根据你反映的情况，你是可以向太原运输公司要求赔偿的。

你乘坐太原运输公司的客车从老家返回太原的这一行为，依据《合同法》第十条、第二十二条的规定，你和太原运输公司形成了客运合同关系，作为承运人的太原运输公司就有义务将你安全地运送到目的地。你在乘坐太原运输公司车辆过程中人身受到损害，依据《合同法》第三百零二条的规定，太原运输公司应承担损害赔偿责任。

另外，由于山东大货车违反《道路交通管理法》的有关规定造成你人身伤害，你也可以要求山东大货车司机及其车主对你进行人身损害赔偿。也就是说，本案件中，你有选择被告的权利，即你可以以人身损害赔偿要求山东大货车赔偿你的损失，也可以以合同违约要求太原运输公司赔偿你的损失。现在，你依据《合同法》第一百二十二条的规定，以客运合同纠纷对太原运输公司提起诉讼、主张权利是完全应该获得支持的。至于在太原运输公司赔偿你以后，该公司可以依据《合同法》第一百二十一条的规定，向山东大货车另行起诉要求赔偿，但太原运输公司不能以山东大货车承担全部责任为由拒绝对你进行赔偿。

根据你的伤残程度和实际工作情况，你可以获得医疗费、误工费、护理费、交通费、住院伙食补助费、营养费、鉴定费、残疾赔偿金、被抚养人生活费等赔偿。其中医疗费需要医院的正规收据，实报实销；误工费要根据你实际收入减少的数额确定，你是装潢公司雇用的工人，因为你受伤住院治疗期间导致你无法工作，收入减少，你可以要求你公司出具你收入减少的证明，作为索赔的依据；护理费的赔偿标准是给你护理的人员因为护理你导致收入减少或者你雇佣专业的护理工而支付的费用计算；交通费是你处理该事故实际产生的交通费用，需要有正规的票据；住院伙食补助费按照住院期间每日 15 元标准计算；营养费是根据医生建议而进行具体核算的，一般每日 30 元左右；鉴定费是你申请伤残等级鉴定时支付的费用；残疾赔偿金的计算，因为你的情况比较特殊，户口是农村的，如果按照农村居民的赔偿标准，你将得到比较少的赔偿；但由于你在太原连续工作 3 年了，生活、居住、消费均在城市，因此，你可以凭你在太原的暂住证或者单位的证明，要求对方以城市居民的标准赔偿你残疾赔偿金。

孩子在车祸中受伤，车主无力赔付，怎么办？

律师你好，我是晋中市的一位农民，我 12 岁的孩子在放学回家途中被一辆面包车撞倒，头部严重受伤，诊断为急性重型闭合性颅脑损伤、原发性脑干损伤，左额、右颞区脑挫裂伤，广泛性蛛网膜下腔出血等。孩子在医院住院两个月了，至今昏迷不醒。

交警部门认定面包车司机负全部责任，面包车司机今年只有 19 岁，车主是他的父亲。一开始他们家还给了 9000 元医药费，但后来就不给了。为了治疗我孩子的伤，我已经花了 10 万元了，我借遍了亲戚朋友的钱，已经没有能力再为孩子治疗了，但我不能眼睁睁地看着孩子痛苦的样子不给他治疗，请问我该怎么办？

[**律师答复**]你好，我对你孩子的遭遇深感同情，希望你不论有什么困难，还是应该坚持给孩子治疗。像你孩子这种因遭遇车祸无法得到及时赔偿的情况属于一种社会现象，为此，《中华人民共和国道路交通安全法》第七十五条明确规定，肇事车辆参加机动车第三者责任强制保险的，由保险公司在责任限额范围内支付抢救费用；抢救费用超过责任限额的，未参加机动车第三者责任强制保险或者肇事后逃逸的，由道路交通事故社会救助基金先行垫付部分或者全部抢救费用。根据该条规定，你可以要求面包车投保的保险公司先行赔付；如果面包车没有参加机动车第三者强制保险，由于山西还没有实行道路交通事故社会救助，你很难获得社会救助的。

为了孩子能够得到及时治疗，你还可以根据《中华人民共和国民事诉讼法》第九十七条的规定，向当地法院申请要求先予执行对方的财产，以减轻你的压力，给孩子好好治疗。